노인과 가족

노인과 가족

한림대학교 고령사회연구소 편

小花

과거에 비해 오래 살 수 있다는 점은 분명 축복이기는 하지만 길어진 노년기는 새로운 문제 역시 제기하고 있다. 장수로 인해 신체상태의 악화, 인지 기능의 감퇴 등 일상생활을 독립적으로 할 수 없는 기간이 길어지기 때문이다. 즉 길어진 노년기로 인해 우리는 노인의 삶을 누가, 어떻게 지원하는가 하는 새로운 과제에 직면해 있다. 우리 사회에서 노인을 돌보는 것은 전통적으로 가족의 의무로 여겨져 왔다. 노인을 가족이 수발하는 것은 크게 두 조건이 충족되었기 때문인데, 우선 여성이 가사활동에 전념하여 필요한 시간에 가족에 대한 수발을 제공할 수 있었다. 다른 한편으로 노인이 자녀와 동거하거나 가까운 거리에 거주함으로써 공간적으로도 노인수발이 가능하였다. 그러나 급속한 산업화를 거치면서 가족이 노인을 수발하는 데 필요한 환경은 급속한 변화를 경험하고 있다.

과거 자녀와의 동거가 일반적이었던 반면 최근 2013년 고령자 통계에 의하면 고령가구 중 자녀동거가구의 비율은 9.2%에 불과하다. 더욱이 수도권 중심의 경제성장 과정에서 젊은 층은 학업이나 직장을 위해 대도시로 이동하게 되는데, 이로 인해 노부모와 자녀가 가까운 거리에 거주하는 것 또한 현실적으로 어려운 실정이다. 이와 함께 과거 전업주부로 가정 내 서비스를 전담하던 여성의 경제활동 참여율은 꾸준히 증가하여 2013년 현재 50.2%에 이르러 더 이상 전업주부의 역할을 기대하기 힘든 실정이다.

노년기를 자녀에게 의지하는 것이 점점 어려워지는 현실에서도 가족은 여전히 노인의 가장 중요한 지원자이다. 뒤늦은 사회복지의 발전, 강력한 가족주의 이념 등으로 인해 변화하는 사회환경에도 불구하고 우리 사회는 여전히 노인을 돌보는 것은 가족의 책임이자 규범으로 인식하고 있으며, 노인에 대한 지원 대부분을 가족이 책임지고 있다. 변화하는 사회환경에도 불구하고 여전한 가족 중심의 노인수발은 가족 구성원들의 삶에 커다란 부담이 될 뿐만 아니라 긴장과 갈등을 유발시키는 요인이 되고 있다.

이 책은 가족이 노년기의 삶에서 갖는 중요성에 주목하여 노인과 가족의 관계가 노인의 삶에 어떠한 영향을 주는지 다양한 분석을 통해 이해하고, 이를 바탕으로 노년기에 바람직한 노인과 가족의 관계를 구축하기 위한 방안을 모색하기 위해 마련되었다. 이 책은 크게 세 부분으로 구성된다.

제1부는 노년기의 가장 중요한 지원자인 배우자와의 관계를 중심으로 구성되었다. 배우자는 노년기에 가장 중요한 지원자이다. 배우자는 일상생활을 가장 오랫동안 공유한, 경험과 감정의 동반자일 뿐만 아니라 바로 옆에서 도움을 제공하는 경제적·도구적 지원자이다. 이 점에서 배우자와의 사별은 가장 친밀한 대상의 상실을 의미할 뿐만 아니라 새로운 역할과 지위에 적응해야 함을 의미한다. 본 연구의 첫 부분은 노년기에 배우자 사별이 갖는 중요성에 주목하여 배우자 사별의 경험이 노인의 사회관계에 어떠한 변화를 수반하는지, 그리고 사별 이후 노인의 삶의 질은 어떻게 변화하는지를 분석하여 사별 노인을 위한 정책대안들을 모색한다.

제2부는 자녀와 노인의 관계를 중심으로 구성되었다. 자녀와의 접촉과 지원은 삶에서 의미 있는 활동을 유지할 수 있다는 자기효능감을 제공할 뿐만 아니라 가족에 대한 소속감을 느끼게 함으로써 신체 및 정신건강을 유지하는 데 기여할 수 있다. 자녀와의 지원교환이 갖는 긍정적 측면과 더불어 부정적 측면 역시 주목할 필요가 있는데, 일상생활을 독립적으로 영위하기 어려운 노인을 돌보는 경우 가족은 다양한 심리적·신체적 부담을 느끼게 된다. 자녀와의 관계에 대한 논의를 중심으로 구성된 제2부는 우선 노인의 수발자가 수발 과정에서 느끼는 부담을 자녀와 배우자를 중심으로 비교하고 노인의 건강상태에 따라 노인의 사회관계가 어떻게 변화하는지 살펴본다. 이어 자녀와 노부모의 지원교환에 주목하여 지원교환의 특성을 분석한 후 지원교환의 특성이 노후의 삶에 어떠한 영향을 주는지 파악한다.

마지막 제3부는 세대 간 인식의 차이에 주목한 논문을 중심으로 구성하였다. 세대 간 규범과 가치의 차이를 강조하는 이론은 자아정체성이 형성되는 청소년기 동안 생존이나 안전과 같은 물질적 가치를 충족시켰느냐에 따라 성인기의 가치관에 큰 차이를 보인다고 주장한다. 즉 청년기 동안 물질적 가치를 충족하지 못한 세대는 성인이 되어 물질적으로 풍요로운 상황에서도 여전히 물질적 가치를 중요하게 여기는 반면, 청년기 동안 이를 충족시킨 세대는 성인이 되어 인간의 존엄이나 자존감 등 보다 탈물질적인 가치를 선호한다는 것이다. 지난 50년간 급속한 사회 변동을 경험하였다는 점에서 우리 사회는 세대에 따라 가치관의 차이를 보일 가능성을 배제할 수 없다. 제3부에서는 우리 사회가 경험한 사회 변동이 세대에 따라 전통적 가치관과 규범에 어떠한 영향을 주었는지 분석한 글들을 모았다.

가족은 가장 오래 유지되는 사회관계이며, 다양한 경험과 규범을 공유하고 있는 사회관계이기도 하다. 복지제도가 발전을 거듭하고 있음에도 불구하고 여전히 가족은 미래에도 가장 중요한 자원으로 남아 있을 것이다. 이 책이 노인과 가족의 관계가 보이는 다양한 특징과 그것이 노년기 삶에 갖는 다양한 영향을 이해하는 데 기여할 수 있기를 기대한다.

한림대학교 고령사회연구소 소장
윤현숙

차례

서론

노년기 가족관계의 변화 :
한림고령자패널자료에 기초한 종단분석

윤지영

I. 서론

노인의 수명연장은 가족 간의 관계수명도 연장시킨다. 개별 노인이 경험하는 가족구조의 다양한 변형과 관계의 질적 변화가 길어진 노년기에 지속적으로 전개되고 있다. 유례없이 빠른 속도로 진행되는 인구고령화와 급격한 가족환경의 변화들은 가족지원의 기회를 이전 과는 다른 방식에서 활용해야 할 필요성을 제기한다.

노년기 거주형태는 단순히 노인이 누구와 사느냐 하는 표면적 의미를 넘어 노인의 일상 생활과 안녕을 결정하는 중요한 요인이며(원영희, 1995 ; 한경혜·윤순덕, 2001 ; Davis et al., 1997 ; De Jong Gierveld & Van Tilburg, 1999 ; Grundy, 2001 ; 윤현숙·윤지영·김영자, 2012 : 250 재인용), 배우자 또는 자녀와의 지원교환 정도와 교환형태는 관계의 만족도와 더불어 노년 기 성공적 노화 여부를 가늠하는 중요한 기제로 작동한다.

예전부터 배우자와 자녀는 노인에게 사회적 통합의 핵심적 연결망이며, 지원교환의 기능 적 대상자로서 핵심적 역할을 수행하여 왔다(윤지영, 2012). 특히 연령이 증가하면서 정서적 안녕을 추구하게 되는 노년기에는 건강기능이 쇠퇴하고, 사회관계망이 축소되어 비공식적인 1차적 관계인 배우자나 자녀의 중요성이 점차 증대된다. 이에 노화에 따른 노인의 삶의 질 향상을 도모하는 학자나 공적 부양체계의 향방을 모색하는 정책자 모두에게 노년기 세대관 계나 부부관계의 특성 변화들은 보다 유용한 실증적 증거로서의 의미를 가질 것이다.

본 논문에서는 한림고령연구(Hallym Aging Study, HAS) 패널종단자료를 활용하여 연령집 단의 차이가 아니라 개별 노인이 나이가 들어가면서 경험하는 가족관계의 변화 특성에 주목하여, 노년기 생애과정(나이 듦)에 따라 배우자나 자녀와의 관계가 어떻게 변화하고 있는지 분석하고자 한다. 한림대학교 고령사회연구소에서는 2003년 국내 최초로 고령자를 대상으로 한 패널연구를 실시하였다. 노화에 따른 다양한 삶의 영역들의 변화를 기반으로 2년마다 동일한 대상을 반복 관측하여 현재 2009년까지 4개 연도 자료가 구축되어 있다.

여기에서 본 연구의 목적은 앞에서 지적한 대로 노인의 거주형태, 가족관계 및 지원교환의 변화를 각 연도별(2003, 2005, 2007, 2009)로 비교·분석함으로써 노년기 가족생활의 변동을 구체적으로 파악하고자 한다. 이에 본 연구의 구성은 다음과 같다. II장에서는 연구방법 및 연구대상자 그리고 구체적인 연구내용을 기술하고, III장에서는 패널에 관한 일반적 특성과 가족현황 변화를 살펴본다. IV장에서는 노년기 거주형태 및 자녀동거 여부와 자녀와의 관계 만족도 변화를, V장에서는 노년기 자녀 및 배우자 간 지원교환과 관계 만족도 변화를 분석한다. 마지막으로 VI장에서는 연구결과를 토대로 노인의 가족생활 실태와 전망을 제시하고, 길어진 노년기에 대응하는 사회적 지원체계 마련을 위한 정책적 함의를 논하고자 한다.

II. 연구방법 및 연구내용

1. 연구방법 및 연구대상자

본 연구의 분석자료는 한림대학교 고령사회연구소에서 실시한 "한국 노인의 삶의 질에 관한 연구"에서 수집된 패널자료의 일부이다. "한국 노인의 삶의 질에 관한 연구"는 2003~2009년도 2년마다 네 차례에 걸쳐 45세 이상 동일한 조사대상자를 대상으로 다차원적인 노인의 삶에 대한 자료를 축적해 왔다. 조사대상자의 선정은 대도시를 대표하는 서울 지역과 도농 복합도시의 특성을 갖고 있는 춘천 지역 거주자를 대상으로 구별 층화표집(stratified sampling)과 구 내의 동, 통에 대한 집락표집(cluster sampling), 그리고 조사 구 내에서의 계통표집(systematic sampling)방법을 통해 이루어졌다.

연도별 반복 조사율을 보면(〈표 1〉), 1차 연도인 2003년에 2,529명이 조사에 참여하였고, 2005년, 2007년, 2009년에 각 1,805명, 1,274명, 1,155명이 설문에 응답하여 2003년 대비 2005년 71.4%, 2007년 50.4%, 2009년 45.7%의 참가율을 보였다.

1차 연도인 2003년부터 4차 연도인 2009년까지 2년마다 4개 연도에 모두 참여한 조사자는 836명으로 나타났다(〈표 2〉). 지역별로 보면 서울 37.6%, 춘천 62.4%의 분포를 보였으며, 성별은 여성이 58.6%로 남성 41.4%보다 많았다. 1차 연도의 응답자 중 최연소자는 46세

<표 1> 조사대상자의 지역별 분포와 반복 조사율

(단위 : 명, %)

구분		1차 연도 (2003)	2차 연도 (2005)	3차 연도 (2007)	4차 연도 (2009)
거주지역	서울	1,009(39.9)	681(37.7)	572(44.9)	360(31.2)
	춘천	1,520(60.1)	1,124(62.3)	702(55.1)	795(68.8)
총계		2,529(100.0)	1,805(100.0)	1,274(100.0)	1,155(100.0)
반복 조사율(2003년 대비)		100.0	71.4	50.4	45.7

<표 2> 1~4차 연도 계속 응답자 기초 특징

(단위 : 명, %)

구분		1차 연도 (2003)	2차 연도 (2005)	3차 연도 (2007)	4차 연도 (2009)
거주지역	서울	314(37.6)	좌동	좌동	좌동
	춘천	522(62.4)			
성별	남성	346(41.4)	좌동	좌동	좌동
	여성	490(58.6)			
연령	평균(S.D)	68.18(8.29)	70.18(8.29)	72.18(8.29)	74.18(8.29)
	범위	46~93	48~95	50~97	52~99
총계		836(100.0)	836(100.0)	836(100.0)	836(100.0)

<표 3> 65세 이상 1~4차 연도 계속 응답자 기초 특징

(단위 : 명, %)

구분		1차 연도 (2003)	2차 연도 (2005)	3차 연도 (2007)	4차 연도 (2009)
거주지역	서울	240(38.8)	좌동	좌동	좌동
	춘천	378(61.2)			
성별	남성	262(42.4)	좌동	좌동	좌동
	여성	356(57.6)			
연령	평균(S.D)	72.07(4.90)	74.07(4.90)	76.07(4.90)	78.07(4.90)
	범위	65~93	67~95	69~97	71~99
총계		618(100.0)	618(100.0)	618(100.0)	618(100.0)

이며 최고령자는 93세, 평균연령은 68.18세였다. 6년 후인 4차 연도의 평균연령은 1차 연도부터 계속 응답한 동일한 대상임으로 매 시점마다 연령이 2세씩 증가하여 74.18세였다.

1~4차 연도 모두에 응답한 836명 가운데 본 연구의 분석대상은 1차 연도인 2003년 65세 이상의 노인으로 2차 연도, 3차 연도, 4차 연도인 2009년까지 2년마다 총 4회에 걸쳐 조사에 참여한 618명이다(<표 3>). 서울 지역이 38.8%, 춘천 지역이 61.2%의 분포를 보이고 있으며, 남성이 42.4%, 여성이 57.6%를 차지한다. 1차 연도의 평균 연령은 72.07세이다.

연구분야	소주제
배경문항	가족상황, 교육 및 근로경력, 주거상황, 경제상황
건강 및 의료	건강수준, 위험 요인, 보건의료 이용실태
심리	정서경험, 주관적 복지, 노인욕구, 대인관계 특성, 인지기능 검사
사회복지	대인관계, 사회복지서비스 욕구, 주택 및 주변 환경, 은퇴 및 노후에 대한 견해, 종교
사회활동 및 유대	비공식적 사회활동, 사회적 접촉, 사회적 지지

이상 618명의 연구 참여자를 대상으로 본 연구에서는 노년기 개인 단위에서의 변화양상에 주목하고자 한다. 변화양상을 관찰하는 것이 변수 간 관계를 통계적으로 유의미하게 규명하는 것은 아니지만, 연령 변화에 따른 가족관계의 특성 변화들이 발견되면 노화의 결과로 간주하는 식의 경험적 연구들이 수행되는 만큼(정경희 외, 2012), 연령 증가에 따른 가족관계의 변화를 추적하는 것은 노화 관련 연구에서 의미 있는 자료가 될 수 있을 것이다.

2. 연구내용

한림고령연구의 설문내용은 연구분야별로 작성되었고, 고령자들의 다양한 삶의 영역을 파악할 수 있도록 구체적으로 다섯 영역으로 구성되어 있다. 각 분야의 설문 내용을 간략하게 요약하면 위의 〈표 4〉와 같다.

제시한 한림고령연구의 설문문항 중 가족 특히 자녀, 배우자를 대상으로 한 주요 설문문항을 정리하면 〈표 5〉와 같다. 이를 바탕으로 본 연구에서 다루게 될 구체적인 연구내용은 다음과 같다.

〔연구내용 1〕노년기 거주형태 변화 및 가족관계 만족도의 변화양상을 파악한다.

1-1. 노년기의 거주형태의 변화와 비동거 자녀와의 접촉빈도는 어떻게 변화하는가?

1-2. 노부모의 자녀에 대한 부양책임 태도는 어떻게 변화하는가?

1-3. 자녀 및 배우자와의 관계 만족도는 어떻게 변화하는가?

1-4. 자녀와 동거 / 비동거에 따라 자녀관계 만족도는 어떻게 변화하는가?

〔연구내용 2〕노년기 가족과의 사회적 지원교환유형과 가족관계 만족도의 변화양상을 파악한다.

2-1. 노년기 사회적 지원의 주 제공자와 수혜자 현황은 어떻게 변화하는가?

2-2. 자녀 및 배우자와의 사회적 지원 상호교환의 정도는 어떻게 변화하는가?

2-3. 거주형태별 자녀 및 배우자와의 사회적 지원의 수혜율과 제공률은 어떻게 변화하는가?

2-4. 자녀 및 배우자와의 사회적 지원교환유형에 따라 관계 만족도는 어떻게 변화하는가?

<표 5> 자녀, 배우자 관련 설문지의 주요 내용 및 측정

변수	내용	측정
거주형태	누구와 함께 살고 계십니까?	① 노인독거　　③ 자녀동거 ② 노인부부　　④ 기타
	자녀동거 여부	① 동거　　② 비동거
비동거 자녀 접촉	• 연락 일주일에 몇 번이나 전화를 하십니까?	① 전혀 없음　　④ 일주일 두세 번 ② 일주일 한 번 미만 ⑤ 하루 한 번 ③ 일주일 한 번　⑥ 하루 두 번 이상
	• 만남 함께 외출하거나 집을 방문하는 것을 포함해 한 달에 몇 번이나 만나십니까?	① 전혀 없음　　④ 한 달 두세 번 ② 한 달 한 번 미만 ⑤ 일주일 한 번 ③ 한 달 한 번　⑥ 일주일 두 번 이상
자녀와 재동거 선택이유	자녀와 다시 살게 된 주된 이유는 무엇입니까?	① 자녀의 필요 ② 배우자 사별·이혼 ③ 본인·배우자의 건강 ④ 본인·배우자의 경제적 이유 ⑤ 기타
부양의식 및 부양책임	• 부양책임의식 6문항 (1) 결혼한 자녀는 부모 가까이 살아야 한다 (2) 부모가 건강하지 못할 때, 자녀는 부모를 돌보아야만 한다 (3) 자녀는 부모에게 경제적 도움을 주어야 한다 (4) 부모 가까이 산다면, 자녀는 일주일에 한 번은 부모를 방문해야 한다 (5) 먼 곳에 사는 자녀는 일주일에 한 번은 편지/전화해야 한다 (6) 자녀는 부모에 대한 책임감을 느껴야 한다	① 전혀 그렇지 않다 ② 그렇지 않다 ③ 그저 그렇다 ④ 그렇다 ⑤ 매우 그렇다
	• 노후 생활비 본인의 노후 생활비를 어떻게 마련하는 것이 좋다고 생각하십니까?	① 본인/배우자가　④ 국가가 ② 본인과 자녀가　⑤ 기타 ③ 자녀가
	• 노후 수발 본인이 노환으로 자리에 눕게 될 때, 누가 보살펴 주어야 한다고 생각하십니까?	① 본인/배우자가　④ 국가가 ② 본인과 자녀가　⑤ 기타 ③ 자녀가

자녀/배우자 관계 만족	자녀들과의 관계가 얼마나 만족스러우십니까? 배우자와의 관계에 얼마나 만족하십니까?	① 매우 불만족 ② 대체로 불만족 ③ 그저 그렇다 ④ 대체로 만족 ⑤ 매우 만족	
사회적 지원 교환 정도	• 정서적 · 신체적 · 금전적 지원의 수혜 자녀/배우자가 선생님께서 걱정이나 고민을 말할 때 항상 들어주었습니까? 자녀/배우자가 선생님께서 몸이 아플 때 항상 도움을 주었습니까? 자녀가 선생님께서 금전적으로 도움이 필요할 때 항상 도움을 주었습니까? • 정서적 · 신체적 · 금전적 지원 제공 자녀/배우자가 걱정이나 고민을 말할 때 선생님께서는 항상 들어줍니까? 자녀/배우자의 집안일(아이 보기 혹은 가사일)에 선생님께서는 항상 도움을 주었습니까? 자녀가 금전적으로 도움이 필요할 때 항상 도움을 주었습니까?	① 전혀 그렇지 않다 ② 그렇지 않다 ③ 그저 그렇다 ④ 그렇다 ⑤ 매우 그렇다	
구체적인 사회적 지원교환 대상자	• 정서적 · 신체적 · 금전적 지원 제공자 선생님께서 걱정이나 고민을 말할 때/몸이 아플 때/금전적으로 도움이 필요할 때 가장 많이 도와주는 사람은 누구입니까? 두 번째로 많이 도와주는 사람은 누구입니까? • 정서적 · 신체적 · 금전적 지원의 수혜자 주변 분들이 걱정이나 고민을 말할 때/집안일(아이 보기 혹은 가사일)을/금전적으로 도움이 필요할 때 선생님께서 가장 많이 도와주는 사람은 누구입니까? 두 번째로 많이 도와주는 사람은 누구입니까?	① 배우자 ② 아들 ③ 딸 ④ 사위 ⑤ 며느리 ⑥ 손자 · 손녀	⑦ 부모 ⑧ 형제 ⑨ 기타 친척 ⑩ 친구 · 이웃 ⑪ 기타 ⑫ 없다

주 : 1) 금전적 지원교환의 경우 본 연구에서는 자녀만 대상으로 함.
　　2) 2003년도 사회적 지원의 수혜 정도는 '자녀/배우자에 대해 얼마나 기대하십니까?'로 구성되어 있음.

III. 패널에 관한 일반적 특성과 가족현황

1. 패널의 일반적 특성

2003년에 65세 이상인 전체 노인과 2003~2009년 4개 연도 조사에 계속 응답한 65세 이상 노인의 일반적 특성을 함께 살펴보았다(〈표 6〉). 1차 연도에 전체 노인 중 남성은 38.1%, 여성은 61.9%였고, 4개년 계속 응답 노인의 경우는 남성이 42.4%로 다소 증가하였고 여성이 57.6%로 감소했다. 연령대별로 보면 1차 연도 전체 노인 중 70~74세 노인이

<표 6> 패널의 일반적 특성 분포

(단위 : %, 명)

구분		65세 이상 1차 연도(2003) 전체 응답자	65세 이상 1~4차 연도 계속 응답자
지역	서울	41.1	38.8
	춘천	58.9	61.2
성별	남성	38.1	42.4
	여성	61.9	57.6
연령	65~69세	28.2	35.3
	70~74세	33.3	36.6
	75~79세	21.2	19.3
	80세 이상	17.4	8.9
평균연령(S.D)		73.69(5.80)	72.07(4.90)
교육수준	무학(글자 모름)	27.9	22.8
	무학(글자 해독)	9.0	7.9
	초졸 이하	36.3	37.7
	중졸·고졸 이하	20.1	22.5
	전문대 재학 이상	6.8	9.1
건강상태	매우 건강	2.7	1.9
	건강함	20.2	23.6
	보통	16.8	21.8
	건강하지 못함	44.6	42.7
	매우 건강하지 못함	15.6	9.9
평균 건강상태(S.D)		3.50(1.06)	3.35(1.00)
경제상태	매우 어려움	30.2	27.5
	조금 어려운 편	29.8	28.3
	보통	35.2	39.8
	여유 있는 편	4.1	4.0
	매우 여유 있음	0.6	0.3
평균 경제상태(S.D)		2.15(0.92)	2.21(0.90)
결혼상태	유배우	51.2	60.2
	무배우	48.8	39.8
자녀동거	동거	44.8	41.4
	비동거	55.2	58.6
계(명)		100.0(1,931)	100.0(618)

주 : 문항별 무응답은 제외함.

33.3%로 가장 많았고, 평균연령은 73.69세였다. 4개 연도 계속 응답 노인의 경우 1차 연도 전체 노인보다 1.62세가 적었고, 70~74세 노인은 36.6%로 1차 연도 전체 노인보다 다소

많았으며, 80세 이상 노인의 비율이 1차 연도 전체 노인에 비해 8.5%p가 적었다. 1차 연도 전체 노인의 교육수준은 '초졸 이하'가 36.3%로 가장 많았고 '무학(글자 모름)'이 27.9% 순으로 많았다. 4개 연도 계속 응답 노인의 경우도 역시 '초졸 이하'가 37.7%로 가장 많았고, '무학(글자 모름)'이 22.8%를 차지해 다음으로 높은 분포를 보였다. 건강상태는 4개 연도 계속 응답 노인이 평균 3.35점으로 1차 연도 전체 노인에 비해 다소 건강한 편이었으며, '매우 건강하지 못하다'고 응답한 노인의 비율은 5.7%p 적었다. 1차 연도의 전체 노인과 4개 연도 계속 응답 노인의 경제상태를 보면 '매우 여유 있음'과 '여유 있음'이라고 응답한 노인의 비율이 각각 4.7%와 4.3%에 불과하며, 평균 경제상태 점수는 4개 연도 계속 응답 노인이 2.21점으로 1차 연도 전체 노인 2.15점에 비해 0.6점 정도 높은 것으로 나타났다. 4개 연도 전체 노인의 유배우자 비율은 60.2%로 1차 연도 전체 노인의 유배우자 비율 51.2%보다 9.0%p 높았으며, 반면 자녀와의 동거율은 41.4%로 3.4%p 낮았다.

전반적으로 4개 연도 계속 응답 노인이 1차 연도 전체 노인에 비해 남성의 비율이 높으며, 교육수준과 경제수준이 다소 높은 것으로 나타났다. 건강상태에서도 1차 연도 노인 전체에 비해 양호한 것으로 나타났는데, 이는 연령이 증가하면서 신체기능이 쇠퇴하는 노인의 특성상 6년 동안 반복되는 조사에 상대적으로 건강하지 못한 노인들이 표본에서 탈락될 가능성이 높기 때문으로 여겨진다.

2. 패널의 가족현황(1~4차 연도 계속 응답자)

본 연구대상인 65세 이상의 1~4차 연도 계속 응답자의 가족현황 추이를 살펴보았다〈표 7〉. 1차 연도의 유자녀 비율은 98.1%였으며, 4차 연도에는 97.6%로 나타났다. 총 자녀수는 평

〈표 7〉 1~4차 연도 계속 응답자의 자녀와 배우자 현황

(단위 : %, 명)

구분	1차 연도(2003)	2차 연도(2005)	3차 연도(2007)	4차 연도(2008)
유자녀 비율	98.1	97.9	97.9	97.6
총 자녀수 평균(S.D)	4.19(1.68)	좌동	좌동	좌동
인근거주 유자녀 비율	67.5	73.1	71.4	75.2
인근거주 자녀수 평균(S.D)	1.29(1.29)	1.45(1.26)	1.40(1.28)	1.49(1.28)
유배우자 비율	372(60.2)	354(57.3)	341(55.2)	316(51.1)
계(명)	100.0(618)	100.0(618)	100.0(618)	100.0(618)

주 : 1) 총 자녀수는 1차 연도만 조사함.
　　2) 총 자녀수는 자녀가 있는 경우만 대상으로 함.
　　3) 인근거주 유자녀 비율은 자녀가 있는 경우만 대상으로 함.
　　4) 인근거주 자녀수는 자녀가 있는 경우만 대상으로 함.

균 4.19명이었으며, 인근지역에 거주하는 유자녀 비율은 67.5%였다. 시간이 경과하면서 인근지역에 거주하는 유자녀의 비율은 1차 연도에 비해 증가하는 추세를 보였으며, 인근지역에 거주하는 평균 자녀수는 2003년과 2009년에 각각 1.29명과 1.49명이었다. 배우자가 있는 노인의 비율은 2003년에 60.2%에서 차츰 감소하여 2009년에는 51.1%의 분포를 보였다. 대략 노인 2명 가운데 1명은 배우자 없이 지낸다고 볼 수 있다.

IV. 노년기 거주형태 및 부양의식 그리고 자녀관계 만족도에 관한 변화분석

1. 거주형태 및 접촉빈도

1) 거주형태

노인들이 경험하는 6년 동안의 거주형태 변화를 살펴보았다(〈표 8〉). 2003년에 혼자 사는 노인은 16.2%, 노인부부만 사는 경우가 35.3%, 자녀와 동거하는 노인이 41.4%였으며, 손자녀와 동거하는 노인 등을 포함한 기타가 7.1%를 차지하였다.

2년 후인 2005년에는 혼자 사는 노인이 2003년에 비해 1.1%p 증가하였으며, 노인부부가구는 34.1%로 1.2%p 감소하였다. 3차 연도인 2007년에는 혼자 사는 노인이 2005년에 비해 2.9%p 증가하였으며, 자녀와 동거하는 경우는 3.7%p 감소하는 것으로 나타났다. 4차 연도인 2009년에는 2007년에 비해 혼자 사는 노인이 2.1%p 증가하였으며, 노인부부가구도 2.3%p 증가하였고, 반대로 자녀와 동거하는 경우는 2.1%p 감소하는 것으로 나타났다.

전반적으로 6년에 걸쳐 노인독신가구와 노인부부가구를 포함하여 노인단독가구의 비율이 꾸준히 증가하고 있으며, 1차 연도에 51.5%에서 4차 연도에 60%의 노인이 노인으로만

〈표 8〉 거주형태의 변화(2003~2009)

(단위 : %, 명)

구분	1차 연도(2003)	2차 연도(2005)	3차 연도(2007)	4차 연도(2009)
노인독신	16.2	17.3	20.2	22.3
노인부부	35.3	34.1	35.4	37.7
자녀동거	41.4	41.4	37.7	35.6
기타	7.1	7.1	6.6	4.4
계(명)	100.0(618)	100.0(618)	100.0(618)	100.0(618)

<표 9> 자녀와의 동거 여부(2003~2009)

(단위 : %, 명)

구분	1차 연도(2003)	2차 연도(2005)	3차 연도(2007)	4차 연도(2009)
자녀동거	42.2	42.3	38.5	36.5
자녀비동거	57.8	57.7	61.5	63.5
계(명)	100.0(606)	100.0(605)	100.0(605)	100.0(603)

주 : 자녀가 있는 경우만 대상으로 함.

구성된 가구를 형성하고 있는 것으로 나타났다. 반면 자녀와 동거하는 노인의 비율은 연령이 증가하면서 계속 감소하여 1차 연도에 41.4%에서 6년 후인 4차 연도에는 35.6%로 급감하였다.

2) 자녀와의 동거율

자녀가 있는 노인만을 대상으로 한 경우, 2003년 자녀와 동거하지 않는 노인이 57.8%로 자녀와 동거하는 노인 42.2%보다 15.6%p 높았다(<표 9>). 자녀와 별거하는 노인은 시간이 경과하면서 더욱 증가하여 6년 후인 2009년에는 63.5%로 조사되었다. 자녀가 노인 부양의 중요한 가용 자원이라는 측면에서 볼 때, 노부모 부양을 위한 구조적 기회의 가능성이 연령이 증가하면서 더욱 제한됨을 알 수 있다. 그러나 한편으로 이는 노인의 연령이 증가하더라도 독립적인 생활이 가능하다면 자녀에게 의존하기보다는 자녀와 떨어져 사는 것을 선호하는 노인이 늘어나는 추세임을 반영한다.

3) 자녀와의 재동거 선택 이유

나이가 들어 가면서 자녀와 별거하는 노인이 점차 증가하는 것과는 달리, 자녀와 떨어져 살다가 다시 동거하게 되는 주된 이유는 무엇인지 알아보았다(<표 10>). 2003년 조사결과를 보면, 노인 본인이나 배우자의 경제적 문제나 건강문제는 각각 9.8%와 11.5%로 나타났으며, 반면 57.4%의 노인이 자녀의 필요에 의해 다시 함께 살게 되었다고 응답하였다. 배우자와의 사별이나 이혼에 따른 선택은 19.7%로 조사되었다. 2년 후인 2005년 조사에 의하면, 자녀의 필요에 의해 재동거를 선택했다는 노인은 더욱 증가하여 77.6%에 이른다. 본인이나 배우자의 건강문제는 10.4%, 배우자와의 사별이나 이혼은 9.0%, 경제적 문제는 3.0%의 순으로 나타났다. 이는 상대적으로 자녀와 교환할 자원을 가진 건강한 노인들이 의존 욕구가 큰 노인들보다 오히려 자녀와의 동거를 선택하게 되는 세대 간 지원관계의 협상 변화를 보여 준다 하겠다.

<표 10> 자녀와의 재동거 선택 이유

(단위 : %, 명)

구분	1차 연도(2003)	2차 연도(2005)
자녀의 필요에 의해	57.4	77.6
배우자와의 사별 / 이혼	19.7	9.0
본인 / 배우자의 건강 이유	11.5	10.4
본인 / 배우자의 경제적 이유	9.8	3.0
기타	1.6	0.0
계(명)	100.0(61)	100.0(67)

주 : 1) 1차 · 2차 연도만 조사됨.
　　2) 자녀와 별거하다가 동거를 선택한 노인만 대상으로 함.
　　3) 무응답은 제외함.

<표 11> 비동거 자녀와의 접촉빈도 변화(1~4차 연도)

(단위 : %, 명)

구분		1차 연도(2003)	2차 연도(2005)	3차 연도(2007)	4차 연도(2009)
연락 빈도	전혀 없음	1.8	2.5	3.9	6.6
	일주일에 한 번 미만	30.3	32.4	27.5	41.2
	일주일에 한 번	21.8	23.4	27.4	22.2
	일주일에 두세 번	27.7	27.8	25.2	19.9
	하루에 한 번	14.1	10.1	13.2	8.9
	하루에 두 번 이상	4.2	3.7	2.9	1.2
	평균(S.D)	3.35(1.21)	3.22(1.18)	3.25(1.18)	2.87(1.15)
만남 빈도	전혀 없음	3.2	3.9	6.6	13.3
	한 달에 한 번 미만	43.7	41.5	39.5	49.3
	한 달에 한 번	16.6	13.8	16.6	14.1
	한 달에 두세 번	12.4	10.6	13.6	9.1
	일주일에 한 번	14.5	17.5	12.7	10.3
	일주일에 두 번 이상	9.6	12.8	11.0	3.9
	평균(S.D)	3.20(1.44)	3.35(1.55)	3.19(1.50)	2.65(1.32)
계(명)		100.0(595)	100.0(595)	100.0(592)	100.0(594)

주 : 1) 비동거 · 자녀가 있는 경우만 대상으로 함.
　　2) 무응답은 제외함.

4) 비동거 자녀와의 접촉빈도

동거하는 자녀와는 달리 떨어져 사는 자녀와의 접촉빈도 변화에 대해 살펴보았다(<표 11>). 조사결과 노부모와 비동거 자녀와의 전화연락이나 왕래 등 직접만남 모두 시간이 경과할수록 전반적으로 줄어드는 양상을 보였다.

1차 연도에 떨어져 사는 자녀가 노부모와 연락하는 빈도는 '일주일에 한 번 미만'이 30.3%로 가장 많았으며, '일주일에 두세 번'이 27.7%로 순으로 많았다. 6년 후인 4차 연도 조사에 의하면 연락빈도가 급감하여 '일주일에 한 번 미만'이 41.2%로 증가하였고, '일주일에 한 번'이라는 응답이 22.2%를 차지하였다. 평균 연락 정도는 1차 연도에 3.35점에서 2차 연도에 3.22점, 3차 연도에 3.25점으로 1차 연도에 비해 낮았으며, 4차 연도에서는 2.87점으로 더욱 낮은 연락빈도를 보였다.

왕래 및 방문 등과 같은 만남의 경우, 1차 연도에 '한 달에 한 번 미만'이라고 응답한 노인이 43.7%로 가장 많았으며, 다음으로 '한 달에 한 번'이 16.6%, '일주일에 한 번'이 14.5%의 순으로 나타났다. 6년 후인 4차 연도에는 '한 달에 한 번 미만'이라는 응답자가 49.3%로 1차 연도에 비해 5.6%p 상승했으며, '일주일에 한 번'이라는 응답자는 4.2%p 감소하였다. 평균 만남 정도는 1차 연도에 3.20점에서 2차 연도에는 다소 증가하여 3.35점으로 나타났으나, 3차 연도에는 다시 3.19점으로 감소하였고, 4차 연도에는 더욱 감소하여 2.65점으로 나타났다.

2. 노부모 부양책임에 대한 의식과 태도

1) 노부모 부양의식

그렇다면 노인들이 자녀에게 기대하는 부양책임에 대한 의식은 어떻게 변화하고 있는지 살펴보았다(〈표 12〉). 결론적으로 나이 들어 가면서 노인이 자녀에게 기대하는 노부모에 대한 부양책임감은 전체적으로 감소하는 경향을 보였다. 1차 연도에 노인이 기대하는 노부모에 대한 부양책임의식의 정도는 22.67점이었다. 2년 뒤인 2차 연도 조사에서는 22.81점으로 다소 증가하였으나, 3차 연도에는 22.37점으로 감소하였고, 2009년인 4차 연도에는 1차 연도에 비해 1.21점이 감소한 21.46점을 나타냈다.

〈표 12〉 노부모의 부양책임에 대한 기대(1~4차 연도)

(단위 : %, 명)

구분	1차 연도(2003)	2차 연도(2005)	3차 연도(2007)	4차 연도(2009)
부양책임 평균(S.D)	22.67(2.77)	22.81(3.80)	22.37(4.12)	21.46(3.63)
계(명)	100.0(606)	100.0(605)	100.0(603)	100.0(603)

주 : 1) 자녀가 있는 경우만 대상으로 함.
　　2) 부양책임은 6문항(〈표 5〉 참조) 각 5점 리커트척도임(범위 6~30점).
　　3) 무응답은 제외함.

노부모 부양에 대한 기대는 과거 자녀의 부양행동과 상관이 있을 수 있다. 자녀 지원에 대해 부정적 경험을 가진 노인들이 자녀에게 부양을 기대하는 바가 실제 약화될 수 있기 때문이다. 또한 노인이 필요로 하는 욕구가 나이가 들수록 강해지기 때문에 이전과 같은 수준의 자녀 지원에도 불구하고 노인의 기대 수준에 미치지 못하는 것으로 평가할 수 있다. 전자이든 후자이든 노부모가 자녀에게 기대하는 부양책임은 고령으로 갈수록 약화되는 것으로 보인다.

〈표 13〉 노후 생활비 책임에 대한 태도(1~4차 연도)

(단위 : %, 명)

구분	1차 연도(2003)	2차 연도(2005)	3차 연도(2007)	4차 연도(2009)
본인 / 배우자가	43.1	57.5	53.6	54.1
본인 / 자녀가 함께	10.2	13.7	10.8	23.1
자녀가 전적으로	25.5	13.4	20.9	11.8
국가가 전적으로	16.9	15.0	13.6	10.6
기타	4.3	0.3	1.2	0.5
계(명)	100.0(605)	100.0(605)	100.0(603)	100.0(603)

주 : 1) 자녀가 있는 경우만 대상으로 함.
  2) 배우자가 3차·4차 연도에 추가됨.
  3) 무응답은 제외함.

2) 노후 생활비 마련 및 돌봄 책임에 대한 태도

부양의식의 변화와 함께 구체적으로 노후 생활비를 누가 마련하는 것이 좋은지 경제적 부양책임에 대한 태도를 살펴보았다(〈표 13〉). 1차 연도에는 본인과 배우자의 책임이 43.1%로 나타나 가장 높았으며, 다음으로 자녀의 전적인 책임이 25.5%로 높았고, 국가의 전적인 책임이 16.9%, 본인과 자녀가 함께 책임지는 것이 좋다는 응답이 10.2% 순으로 나타났다. 2차 연도, 3차 연도, 4차 연도 조사에서는 과반수를 넘는 57.5%, 53.6%, 54.1%의 노인이 본인과 배우자가 노후 생활비를 책임지는 것이 좋다고 응답하였다. 반면 자녀가 전적으로 책임을 져야 한다는 응답자는 1차 연도에 25.5%를 차지하였으나, 4차 연도에는 11.8%로 13.7%p 감소하였다. 국가가 책임져야 한다는 응답자 또한 1차 연도에 비해 나이가 들어 가면서 감소하는 경향으로 나타났다. 1차 연도에 비해 시간이 경과할수록 경제적 부양에 대해 자녀의 전적인 책임보다는 본인과 자녀가 함께, 또는 배우자나 본인 스스로 자기부양에 책임을 지는 것이 좋다는 응답자의 비율이 높게 나타났다.

노후 생활비 대책과는 다른 측면으로 본인이 노환으로 자리에 눕게 될 때, 구체적으로 누가 보살펴 주어야 한다고 생각하는지 노부모 돌봄 책임에 대한 태도를 살펴보았다(〈표 14〉).

<표 14> 노후 돌봄 책임에 대한 태도(1~4차 연도)

(단위 : %, 명)

구분	1차 연도(2003)	2차 연도(2005)	3차 연도(2007)	4차 연도(2009)
본인 / 배우자가	8.1	33.9	30.4	32.7
본인 / 자녀가 함께	4.9	9.3	11.6	25.7
자녀가 전적으로	54.9	44.3	45.0	24.5
국가가 전적으로	10.7	12.2	9.9	14.4
기타	21.5	0.3	3.1	2.7
계(명)	100.0(596)	100.0(605)	100.0(605)	100.0(603)

주 : 1) 자녀가 있는 경우만 대상으로 함.
  2) 본인 / 배우자에서 배우자는 3차·4차 연도에 추가됨.
  3) 무응답은 제외함.

1차 연도에 가장 많은 54.9%의 노인이 아플 때, 자녀가 전적으로 돌봐 주어야 한다고 응답하였고, 반면 국가가 돌봐 주어야 한다는 응답은 10.7%를 차지하였다. 아픈 노부모를 자녀가 보살펴야 한다는 부양태도는 시간이 경과하면서 점차 감소하는 것으로 나타났다. 4차 연도에 자녀의 책임이라고 응답한 노인은 24.5%로 1차 연도에 비해 무려 30.4%p가 감소하였다. 반면 본인과 배우자가 스스로 자신을 돌봐야 한다는 응답은 1차 연도에 비해 24.6%p가 증가한 것으로 나타났으며, 본인과 자녀가 함께 책임을 져야 한다는 응답자 또한 시간이 경과하면서 계속 증가하는 것으로 나타났다. 국가가 보살펴야 한다는 응답자는 2009년 14.4%로 2007년에 비해 4.5%p가 증가하였는데, 이는 2008년부터 실시된 노인장기요양보험으로 사회적 돌봄이 확대된 결과에 기인한 것으로 사료된다.

3. 자녀와의 동거 여부와 관계 만족도

1) 자녀 및 배우자와의 관계 만족도

자녀/배우자와의 관계에 얼마나 만족하는지 1~4차 연도에 걸쳐 만족도 변화를 살펴보았다(<표 15>). 노년기에 나이가 들어 가면서 노인과 자녀, 그리고 노인과 배우자의 관계는 각각 대체로 긍정적으로 변화한다고 볼 수 있다. 먼저 자녀와의 관계에 대한 평균 만족점수는 1차 시점에 3.81점으로 나타났으며, 시간이 경과하면서 2년마다 각 3.92점, 3.90점, 4.12점으로 나타나 1차 연도에 비해 증가하는 경향을 보였다. 1차 연도에 '대체로 만족'한다는 응답이 66.4%로 가장 많았으며, '그저 그렇다'가 16.4%로 다음으로 많았다. 2차 연도에는 '매우 만족'한다는 응답자가 15.9%로 1차 연도에 비해 4.7%p 증가하였으며, 3차 연도에는 '매우

〈표 15〉 자녀/배우자와의 관계 만족도(1~4차 연도)

(단위 : %, 명)

구분	1차 연도(2003)	2차 연도(2005)	3차 연도(2007)	4차 연도(2009)
	자녀와의 관계에 얼마나 만족하십니까?			
매우 불만족	1.8	1.2	1.0	0.3
대체로 불만족	4.1	3.0	4.0	2.2
그저 그렇다	16.4	14.1	20.6	15.1
대체로 만족	66.4	65.9	52.9	49.8
매우 만족	11.2	15.9	21.5	32.6
평균(S.D)	3.81(0.75)	3.92(0.72)	3.90(0.815)	4.12(0.761)
계(명)	605(100.0)	604(100.0)	596(100.0)	604(100.0)
	배우자와의 관계에 얼마나 만족하십니까?			
매우 불만족	1.4	1.1	0.9	0.7
대체로 불만족	4.1	4.0	5.4	2.3
그저 그렇다	31.3	20.9	33.1	15.3
대체로 만족	55.4	56.2	40.0	49.2
매우 만족	7.9	17.8	20.6	32.6
평균(S.D)	3.64(0.74)	3.86(0.79)	3.74(0.87)	4.11(0.78)
계(명)	100.0(368)	100.0(354)	100.0(335)	100.0(307)

주 : 1) 자녀 관계는 자녀가 있는 경우만 대상으로 함.
    2) 배우자 관계는 배우자가 있는 경우만 대상으로 함.
    3) 무응답은 제외함.

만족'한다가 21.5%로 2차 연도에 비해 5.6%p 증가한 것으로 나타났다. 4차 연도에는 더욱 증가하여 '매우 만족'한다는 응답자가 3차 연도에 비해 11.1%p 증가한 것으로 조사되었다.

배우자 관계에 대한 평균 만족점수는 1차 연도에 3.64점이었으며, 2차 연도에 3.86점, 3차 연도에 3.74점, 4차 연도에 4.11점으로, 1차 연도에 비해 대체로 증가하는 양상을 보였다. 1차 연도에 배우자와의 관계에 '매우 만족'한다는 응답자는 7.9%에 불과했으나, 2차 연도에는 17.8%로, 3차 연도에는 20.6%로, 4차 연도에는 무려 32.6%로 증가하였다.

2) 동거 / 비동거 자녀와의 관계 만족도

자녀와의 관계 만족도를 자녀와 동거 및 별거로 구분하여 살펴본 결과(〈표 16〉), 시간이 경과하면서 자녀와 동거하는 노인이 자녀와 떨어져 사는 노인에 비해 자녀관계에 더 만족하는 것은 아닌 것으로 나타났다. 1~4차 연도 6년 동안 자녀동거 노인이나 비동거 노인 모두 자녀와의 평균 만족도는 증가한 것으로 나타났다. 자녀와 동거하는 노인의 경우, 1차

<표 16> 자녀와 동거 여부별 관계 만족도(1~4차 연도)

(단위 : %, 명)

구분	자녀 동거				자녀 비동거			
	1차 연도 (2003)	2차 연도 (2005)	3차 연도 (2007)	4차 연도 (2009)	1차 연도 (2003)	2차 연도 (2005)	3차 연도 (2007)	4차 연도 (2009)
매우 불만족	2.3	0.0	0.0	0.0	1.4	2.0	1.6	0.5
불만족	3.1	1.6	3.5	2.3	4.9	4.0	4.3	1.8
그저 그렇다	15.2	14.5	17.5	15.0	17.2	13.8	22.6	15.1
만족	66.0	66.3	56.1	58.2	66.8	65.6	50.8	45.2
매우 만족	13.3	17.6	22.8	24.5	9.7	14.6	20.7	37.3
평균(S.D)	3.85 (.77)	4.00 (.62)	3.98 (.73)	4.05 (.69)	3.79 (.74)	3.87 (.78)	3.85 (.85)	4.17 (.78)
계(명)	100.0 (256)	100.0 (256)	100.0 (233)	100.0 (220)	100.0 (350)	100.0 (349)	100.0 (372)	100.0 (383)

주 : 1) 자녀가 있는 경우만 대상으로 함.
　　2) 무응답은 제외함.

연도에 관계 만족점수는 평균 3.85점으로 나타났으며, 2차 연도와 3차 연도, 4차 연도에 각 4.00점, 3.98점, 4.05점으로 나타나 시간이 경과하면서 1차 연도에 비해 높은 만족점수가 유지되었다.

자녀와 동거하지 않는 노인의 경우, 자녀와 동거하는 노인보다 1차 연도에는 평균 만족 점수가 3.79점으로 다소 낮았지만, 시간이 경과하면서 4차 연도인 2009년에는 자녀와 동거 하는 노인보다 0.12점이 더 높은 4.17점의 만족도를 보였다. 이는 자녀와 떨어져 사는 것 이 자녀와 함께 사는 것에 비해 상대적으로 자녀관계에 부정적인 요소가 아님을 알 수 있 다. 앞에서 자녀와의 재동거 선택에서 가장 큰 이유가 자녀의 필요였다는 사실은 나이가 들어 간다고 해서 노인의 필요에 의해 자녀와의 동거를 당연시할 것이라는 가정에 수정이 필요함을 시사한다.

V. 노년기 자녀 및 배우자 간 지원교환과 관계 만족도 변화분석

1. 사회적 지원의 주 제공자와 수혜자의 현황

2003~2009년의 4개 연도 조사 모두에 답한 응답자를 대상으로 배우자 혹은 자녀가 정 서적 · 신체적 · 금전적 지원의 1차적 제공자이거나 수혜자인 경우를 2년 단위로 살펴보았 다(<표 17>).

<표 17> 정서적 지원의 주 제공자와 수혜자(1~4차 연도)

(단위 : %, 명)

구분		1차 연도(2003)		2차 연도(2005)		3차 연도(2007)		4차 연도(2009)	
		배우자	자녀	배우자	자녀	배우자	자녀	배우자	자녀
주 제 공 자	노인 전체	42.2	34.0	44.2	37.1	38.1	35.8	40.8	44.6
	노인독거	1.0	46.0	0.9	53.3	0.0	45.6	1.6	64.0
	노인부부	71.1	14.8	82.5	13.7	70.8	18.8	78.1	17.8
	자녀동거	34.8	48.0	30.6	51.0	28.8	47.6	27.9	61.4
	기타	36.4	20.4	45.5	29.6	32.5	30.0	34.1	34.2
주 수 혜 자	노인 전체	44.3	32.7	43.9	36.9	39.0	35.8	41.1	45.5
	노인독거	0.0	50.0	0.0	57.0	1.6	46.4	1.6	67.2
	노인부부	76.6	13.3	78.2	15.2	73.1	19.6	77.2	20.1
	자녀동거	34.8	44.5	33.6	48.8	28.3	46.4	29.2	61.8
	기타	40.9	20.5	45.5	22.7	31.7	29.2	36.6	22.0
계(명)		100.0 (618)	100.0 (618)	100.0 (618)	100.0 (618)	100.0 (618)	100.0 (618)	100.0 (618)	100.0 (618)

주 : 1) 자녀에서 손자녀는 제외함.
　　2) 무응답은 제외함.

노인이 고민이나 걱정거리가 있을 때 가장 잘 들어주는 첫 번째 정서적 지원 제공자는 배우자가 1차 연도에 42.2%였고, 2차 연도에 44.2%로 2.0%p 증가하였다. 그러나 3차 연도, 4차 연도에는 38.1%와 40.8%로 1차 연도에 비해 감소하는 추세를 보이고 있다. 반면 정서적 지원의 주 제공자로서 자녀가 차지하는 비중은 1차 연도에 34.0%로 나타났으나, 2차 연도, 3차 연도, 4차 연도에는 37.1%, 35.8%, 44.6%로 1차 연도에 비해 높게 유지되었다. 1차 연도에는 노인의 배우자가 자녀보다 정서적 지원의 주 제공자로서 역할을 담당하지만, 시간이 경과하면서 4차 연도에 이르러서는 배우자 사망 등으로 인해 배우자에서 자녀로 점차 대체되는 양상을 보여 준다. 이는 노인이 정서적 지원을 제공하는 주 대상자로서 배우자의 비중 또한 시간이 경과할수록 1차 연도에 비해 감소하는 것과 맥을 같이한다고 볼 수 있다. 배우자의 걱정거리나 고민을 가장 잘 들어준다고 응답한 노인이 1차 연도에 44.3%였으나, 2차 연도, 3차 연도, 4차 연도에는 43.9%, 39.0%, 41.1%로 1차 연도에 비해 감소하는 추세를 보이고 있다. 반면 정서적 지원의 첫 번째 수혜자로 자녀를 꼽은 노인은 1차 연도에 32.7%였으나, 4차 연도가 되면 45.5%로 무려 12.8%p가 증가함을 알 수 있다.

거주형태별로 살펴보면, 특히 노인부부가구의 경우 정서적 지원의 1차적 제공자와 수혜자 모두 배우자가 차지하는 비중이 1차 연도에 71.1%와 76.6%로 가장 높았다. 또한 4차 연도에도 각 78.1%와 77.2%로 나타나 시간이 경과하면서 정서적 교환의 대상자로 부부역할이 점차 커진다고 볼 수 있다. 자녀와 동거하는 노인의 경우, 자녀가 첫 번째로 정서적 지원을 제공한다는 응답은 1차 연도에 48.0%였으며, 6년 후인 4차 연도에는 13.4%p 증가해 61.4%를 차지하였다. 첫 번째 정서적 지원 제공자로 배우자가 차지하는 비율은 자녀와 동거하는 노인의 경우 1차 연도에 34.8%였고, 4차 연도에는 6.9%p가 감소한 27.9%로 나타났다.

〈표 18〉 신체적 지원의 주 제공자와 주 수혜자(1~4차 연도)

(단위 : %, 명)

구분		1차 연도(2003)		2차 연도(2005)		3차 연도(2007)		4차 연도(2009)	
		배우자	자녀	배우자	자녀	배우자	자녀	배우자	자녀
주 제 공 자	노인 전체	48.5	37.8	46.3	39.9	41.3	40.7	41.9	48.1
	노인독거	0.0	57.0	0.0	58.9	1.6	53.6	1.6	73.6
	노인부부	82.6	12.4	85.8	11.3	76.3	15.1	79.9	16.4
	자녀동거	38.3	55.8	34.0	58.6	30.5	58.8	28.3	67.8
	기타	50.0	13.6	40.9	20.4	36.6	34.2	39.0	26.9
주 수 혜 자	노인 전체	52.8	22.0	46.2	31.8	44.2	27.7	37.7	35.9
	노인독거	0.0	33.0	0.9	34.6	1.6	27.2	1.6	40.8
	노인부부	90.8	3.2	87.7	3.3	85.8	6.0	74.0	14.6
	자녀동거	42.2	35.6	31.0	57.6	29.2	50.6	23.6	57.5
	기타	45.5	11.4	45.5	11.3	36.6	14.6	34.1	12.1
계(명)		100.0 (618)	100.0 (618)	100.0 (618)	100.0 (618)	100.0 (618)	100.0 (618)	100.0 (618)	100.0 (618)

주 : 자녀에서 손자녀는 제외함.

노인이 아플 때 가사나 집안일을 도와주는 신체적 지원의 첫 번째 제공자 분포 변화를 살펴보면(〈표 18〉), 배우자라고 응답한 노인은 1차 연도에 48.5%를 차지하고 있으며 2차 연도 46.3%, 3차 연도 41.3%, 4차 연도에 41.9%로 나타나 1차 연도에 비해 감소하고 있음을 알 수 있다. 노인이 주로 배우자에게 지원하는 신체적 지원 역시 1차 연도에 52.8%에서 2차 연도, 3차 연도, 4차 연도에 각 46.2%, 44.2%, 37.7%로 꾸준히 감소하고 있다. 반면 자녀의 경우 1차 연도에 비해 신체적 지원의 주 제공자로서의 역할이 시간경과와 함께 매우 증가하는 것으로 나타났다. 1차 연도에 37.8%에서 2차 연도 39.9%, 3차 연도 40.7%, 4차 연도에 48.1%로 자녀의 비중이 높아지고 있다. 또한 자녀에게 가장 많이 집안일을 도와준다는 노인은 1차 연도에 22.0%에서 4차 연도에는 35.9%로 13.9%p가 증가한 것으로 나타났다.

1차 연도에 자녀가 정서적 지원의 주 제공자로서 차지하는 비율은 34.0%였고, 신체적 지원은 37.8%로 더 높았다. 4차 연도에는 자녀가 주 제공자로서 차지하는 비율이 정서적·신체적 지원에서 각각 44.6%와 48.1%로 나타나 시간경과와 함께 자녀의 신체적 지원에 대한 역할이 커짐을 알 수 있다.

한편 나이가 들어 가면서 노인의 신체기능 약화로 첫 번째 수혜자로서 자녀에게 가사일을 도와주는 비율은 자녀로부터 도움을 받는 비율에 비해 낮은 수준을 보인다. 그러나 거주형태별로 살펴보면 자녀와 동거하는 가구의 경우 자녀가 노인으로부터 신체적 지원을 1차적으로 제공받는 비율이 1차 연도 35.6%에서, 2차 연도 57.6%, 3차 연도 50.6%, 4차 연도에는 57.5%로 점점 높아짐을 알 수 있다. 독거노인의 경우는 특히 자녀가 신체적 지원을 첫 번째로 제공하는 비율이 여타의 가구에 비해 가장 높아 4차 연도에는 73.6%를 차지하고 있다. 노인부부가구의 경우는 배우자가 1차적으로 신체적 지원을 제공하거나 수혜하는 비율이 여타 가구에 비해 월등히 높다. 노인부부가구의 경우 1차 연도에 노인에게 1차적으로 도움을 제공하는 배우자 및 자녀의 비율이 각 82.6%와 12.4%로 나타났으며, 노인이 1차적으로 도움을 제공하는 대상자 역시 배우자가 90.8%로 나타났고, 자녀의 경우 3.2%에 불과하다. 이러한 차이는 시간이 경과하면서 다소 감소하지만 여전히 배우자의 존재가 신체적 지원교환의 1차적 대상자임을 보여 주고 있다.

노인에게 가장 많은 금전적 도움을 제공하는 자녀의 비율을 보면(〈표 19〉), 1차 연도에 57.6%였으며, 2차 연도와 3차 연도, 4차 연도에는 각 63.1%, 62.3%, 64.7%를 차지해 시간이 경과하면서 1차적인 금전적 지원자로서 자녀의 비중이 높아짐을 알 수 있다. 자녀에게 가장 많은 금전적 지원을 제공한다는 노인 응답자는 1차 연도에 18.7%에서 2차 연도와 3차

〈표 19〉 금전적 지원의 주 제공자와 주 수혜자(1~4차 연도)

(단위 : %, 명)

구분		1차 연도(2003)		2차 연도(2005)		3차 연도(2007)		4차 연도(2009)	
		배우자	자녀	배우자	자녀	배우자	자녀	배우자	자녀
주 제 공 자	노인 전체	16.2	57.6	24.1	63.1	18.9	62.3	24.6	64.7
	노인독거	1.0	60.0	0.0	72.9	0.8	70.4	0.8	72.8
	노인부부	25.7	45.0	43.8	42.9	36.1	44.4	45.2	49.3
	자녀동거	14.1	70.7	18.4	77.0	12.9	75.9	18.0	77.7
	기타	15.9	38.7	22.7	54.5	17.1	56.1	24.4	48.8
주 수 혜 자	노인 전체	15.7	18.7	33.7	20.8	24.4	25.8	33.2	25.7
	노인독거	1.0	13.0	0.0	23.3	0.8	17.6	0.8	28.0
	노인부부	27.5	22.1	59.2	19.0	47.9	24.2	63.0	14.2
	자녀동거	12.1	18.8	27.7	21.5	15.0	32.6	24.0	38.2
	기타	11.4	22.8	27.3	18.1	24.4	19.5	24.4	9.7
계(명)		100.0 (618)	100.0 (618)	100.0 (618)	100.0 (618)	100.0 (618)	100.0 (618)	100.0 (618)	100.0 (618)

주 : 1) 자녀에서 손자녀는 제외함.
　　2) 무응답은 제외함.

연도, 4차 연도에 각 20.8%, 25.8%, 25.7%로 다소 증가하는 추세에 있지만, 노인에게 자녀는 1차적 금전적 수혜자라기보다는 1차적 제공자로서의 역할이 두드러짐을 알 수 있다. 특히 거주형태별로 보았을 때, 자녀와 동거하는 노인이 경우 금전적 주 제공자로서 자녀의 비율이 여타의 거주형태에 비해 가장 높았으며 시간이 경과하면서 자녀의 비중은 더욱 커지는 것으로 나타났다.

한편 독거노인의 경우 정서적 지원이나 신체적 지원에 비해 금전적인 주 제공자로서 자녀의 비중이 6년 동안 전반적으로 높은 것으로 나타났다. 혼자 사는 노인의 경우 금전적 지원에 비해 대면적 지원인 정서적 지원이나 신체적 지원에 취약할 수밖에 없는 구조적 요인이 작용한 것으로 보인다.

요약하자면 노인과 정서적 · 신체적 지원을 교환하는 첫 번째 대상자로 자녀 및 배우자가 차지하는 비율이 매우 높음을 알 수 있다. 1차 연도에 정서적 지원의 주 제공자와 주 수혜자로서 배우자와 자녀를 합한 비율은 76.2%와 77.0%였으며, 신체적 지원의 주 제공자와 주 수혜자로서 배우자와 자녀를 합한 비율은 86.3%와 74.8%를 나타냈다. 이러한 비율은 시간경과와 함께 배우자의 사망 등으로 배우자의 비율은 줄어들지만, 자녀가 차지하는 비중이 커지면서 배우자와 자녀를 합한 비율은 유지되거나 오히려 증가하는 경향을 보였다.

거주형태별로 보면 주 제공자와 주 수혜자의 특징이 더욱 뚜렷이 나타난다. 노인부부가구의 경우 정서적 지원의 주 제공자로서 배우자의 비중이 증가하였고, 자녀와 동거하는 노인의 경우에는 신체적 지원의 주 제공자로서 배우자 비중 감소, 자녀 비중 증가가 두드러진다. 또한 노인부부가구를 제외한 독거노인이나 자녀동거, 그리고 기타 가구에서는 금전적 지원의 주 제공자로서 자녀 비율이 1차 연도에 비해 뚜렷이 증가하는 양상을 보였다.

2. 자녀 및 배우자와의 사회적 지원 상호교환

1) 자녀와의 사회적 지원 상호교환

노인이 자녀와 교환하는 정서적 · 신체적 · 금전적 지원이 시간이 경과하면서 어떠한 변화양상을 보이는지 살펴보았다(〈표 20〉). 노인과 자녀의 정서적 지원교환 정도를 보면, 1차 연도에 자녀로부터 받는 정서적 지원의 평균 점수는 3.20점이었으며, 시간이 경과하면서 2년마다 3.82점, 3.65점, 3.71점으로 나타나 1차 연도에 비해 높은 수준의 정서적 지원을 제공받는 것으로 나타났다. 노인이 자녀에게 제공하는 측면에서 보면, 1차 연도에 평균 3.83점으로 자녀로부터 정서적 지원을 받는 것보다 더 높은 정서적 지원의 제공수준을 보여 주었다. 이러한 점수는 2차 연도에 3.91점으로 증가하였다가 3차 연도와 4차 연도에는 각각 3.76점

<표 20> 자녀와의 정서적·신체적·금전적 상호교환(1~4차 연도)

(단위 : %, 명)

구분		1차 연도(2003)		2차 연도(2005)		3차 연도(2007)		4차 연도(2009)	
		수혜	제공	수혜	제공	수혜	제공	수혜	제공
정서적 지원	전혀 그렇지 않다	9.4	1.0	7.8	7.3	13.8	13.8	4.0	4.0
	그렇지 않다	22.2	8.6	6.3	4.0	6.1	4.7	7.1	5.6
	가끔 그렇다	16.6	15.5	14.9	11.9	12.6	8.8	23.4	19.4
	그렇다	42.9	56.5	38.1	44.0	35.9	37.1	44.4	52.1
	매우 그렇다	8.9	18.3	32.9	32.8	31.6	35.6	21.1	18.9
	평균(S.D)	3.20 (1.16)	3.83 (.86)	3.82 (1.18)	3.91 (1.12)	3.65 (1.34)	3.76 (1.34)	3.71 (1.00)	3.76 (.95)
신체적 지원	전혀 그렇지 않다	6.4	9.8	7.2	27.2	14.5	25.5	8.1	29.2
	그렇지 않다	12.6	14.1	5.5	12.9	8.2	17.5	4.8	14.8
	가끔 그렇다	15.7	22.0	18.3	10.1	17.9	12.5	16.6	22.1
	그렇다	50.6	42.5	32.9	27.6	25.2	28.3	48.1	23.1
	매우 그렇다	14.7	11.6	36.1	22.2	34.2	16.2	22.4	10.9
	평균(S.D)	3.55 (1.08)	3.32 (1.14)	3.85 (1.18)	3.05 (1.54)	3.56 (1.40)	2.92 (1.45)	3.71 (1.11)	2.72 (1.38)
금전적 지원	전혀 그렇지 않다	13.9	38.2	8.1	36.4	12.6	33.1	17.7	35.3
	그렇지 않다	24.0	26.3	5.3	15.4	8.0	23.0	9.0	19.7
	가끔 그렇다	17.1	11.7	18.4	7.9	21.3	9.8	27.0	27.4
	그렇다	36.6	19.3	32.9	26.8	27.5	24.0	32.2	14.6
	매우 그렇다	8.4	4.5	35.3	13.4	30.6	10.1	14.1	3.0
	평균(S.D)	3.02 (1.22)	2.26 (1.16)	3.82 (1.20)	2.65 (1.51)	3.55 (1.33)	2.55 (1.41)	3.16 (1.28)	2.30 (1.17)
계(명)		100.0 (606)	100.0 (606)	100.0 (605)	100.0 (605)	100.0 (605)	100.0 (605)	100.0 (603)	100.0 (603)

주 : 1) 자녀가 있는 경우만 대상으로 함.
　　 2) 무응답은 제외함.

으로 감소하였다. 노인과 자녀의 정서적 지원교환 정도는 4개 연도 모두 노인이 자녀로부터 받는 정서적 지원보다 자녀에게 더 많은 정서적 지원을 제공하고 있음을 보여 주고 있다.

반면 노인과 자녀의 신체적 지원교환 정도는 정서적 지원교환 정도와 달리 4개 연도 모두 노인이 자녀에게 받는 지원수준이 제공하는 지원수준보다 더 높은 것으로 나타났다. 이는 연령증가에 따라 노인의 신체기능이 저하되기 때문에 당연히 예상되는 결과라고 보인다. 시간이 경과하면서 자녀가 노인에게 제공하는 신체적 지원은 1차 연도에 비해 높은 수준을 유지하는 것으로 나타났다. 1차 연도에 자녀가 제공하는 신체적 지원의 평균 점수는 3.55점이었으며, 2차 연도에 3.85점, 3차 연도에 3.56점, 4차 연도에 3.71점이었다. 반대로 노인이 자녀에게 제공하는 신체적 지원의 평균 점수는 1차 연도에 3.32점에서 2차 연도와

3차 연도에 각각 3.05점과 2.92점으로 감소하였고, 4차 연도에는 더욱 감소하여 2.72점으로 나타났다.

금전적 지원의 교환 정도도 신체적 지원과 마찬가지로 자녀로부터 노인에게 더 많이 제공되는 것으로 나타났다. 자녀가 노인에게 제공하는 금전적 지원의 평균 점수는 1차 연도에 3.02점이었으며, 이는 시간이 경과하면서 2년마다 3.82점, 3.55점, 3.16점으로 2차 연도부터 감소하는 경향을 보였지만 1차 연도에 비해 높은 수준을 유지하는 것으로 나타났다. 노인이 자녀에게 제공하는 금전적 지원 또한 비슷한 경향을 보이는데 1차 연도에 금전적 지원의 평균 점수는 2.26점이었고, 2차·3차·4차 연도에는 2.65점, 2.55점, 2.30점으로 2차 연도부터 감소하는 경향이 있지만 1차 연도에 비해서는 높은 수준을 지속하는 것으로 나타났다.

2) 배우자와의 사회적 지원 상호교환

배우자는 경제적 공동체이므로 정서적 지원과 신체적 지원을 중심으로 살펴보았다(〈표 21〉). 배우자와의 정서적 지원교환 정도는 자녀에 비해 높은 수준을 보였다. 먼저 1차 연도에 배우

〈표 21〉 배우자와의 정서적·신체적 지원 상호교환(1~4차 연도)

(단위 : %, 명)

구분		1차 연도(2003)		2차 연도(2005)		3차 연도(2007)		4차 연도(2009)	
		수혜	제공	수혜	제공	수혜	제공	수혜	제공
정서적 지원	전혀 그렇지 않다	7.3	1.9	4.5	2.0	10.1	5.0	5.2	2.6
	그렇지 않다	13.8	5.7	6.5	4.2	4.4	1.8	2.9	3.3
	그저 그렇다	12.2	10.5	8.5	8.5	9.8	7.1	11.1	9.4
	그렇다	46.5	54.9	29.5	30.9	28.1	32.3	31.9	38.8
	매우 그렇다	20.3	27.0	51.0	54.4	47.6	53.7	48.9	45.9
	평균(S.D)	3.59 (1.16)	3.99 (0.88)	4.16 (1.11)	4.31 (.93)	3.99 (1.28)	4.28 (1.02)	4.16 (1.07)	4.22 (0.93)
신체적 지원	전혀 그렇지 않다	7.0	1.1	6.8	4.0	15.5	6.5	10.1	9.4
	그렇지 않다	5.7	2.7	4.5	5.9	5.4	5.0	4.9	5.5
	그저 그렇다	4.6	6.2	6.5	9.9	6.9	10.7	6.2	20.2
	그렇다	48.4	55.9	17.3	33.4	18.2	36.1	19.5	34.9
	매우 그렇다	34.3	34.1	64.9	46.7	54.0	41.7	59.3	30.0
	평균(S.D)	3.97 (1.11)	4.19 (.75)	4.29 (1.19)	4.13 (1.07)	3.90 (1.48)	4.01 (1.14)	4.13 (1.32)	3.70 (1.22)
계(명)		100.0 (372)	100.0 (372)	100.0 (354)	100.0 (354)	100.0 (341)	100.0 (341)	100.0 (316)	100.0 (316)

주 : 1) 배우자가 있는 경우만 대상으로 함.
　　 2) 무응답은 제외함.

자로부터 받는 정서적 지원의 평균 점수는 3.59점이었으며, 2년마다 4.16점, 3.99점, 4.16점으로 1차 연도에 비해 상당히 높은 수준을 지속하였다. 마찬가지로 배우자에게 제공하는 정서적 지원의 평균 점수 또한 1차 연도 3.99점에 비해 높은 수준이 지속되어 2차 연도에 4.31점, 3차 연도에 4.28점, 4차 연도에 4.22점을 나타냈다.

배우자와의 신체적 지원의 교환 정도 또한 자녀보다 높은 수준을 보였다. 1차 연도에 배우자에게 받는 신체적 지원의 평균 점수는 3.97점이었으며, 배우자에게 제공하는 신체적 지원의 평균 점수는 4.19점이었다. 6년 후인 2009년의 상황을 보면 배우자에게 받는 신체적 지원의 평균 점수는 1차 연도에 비해 증가하여 4.13점을 나타냈으며, 반면 배우자에게 제공하는 신체적 지원의 평균 점수는 3.70점으로 나타나 상당히 감소하는 경향을 보였다. 이와 같이 감소하는 배우자의 신체적 지원은 앞에서 살펴보았듯이 자녀의 신체적 지원으로 일정 부분 대체된다고 사료된다.

3. 거주형태별 자녀 및 배우자와의 사회적 지원의 수혜율과 제공률

1) 거주형태별 자녀와의 사회적 지원의 수혜율과 제공률

노인과 자녀와의 정서적·신체적·금전적 지원의 수혜율과 제공률을 거주형태별로 살펴보았다(〈표 22〉). 먼저 전체 노인과 자녀의 정서적 지원은 매 조사시점에서 제공률이 수혜율보다 높은 것으로 나타났다. 1차 연도에 자녀와 동거하는 노인의 경우 자녀에게 제공하는 정서적 지원 제공률은 77.3%로 여타 거주형태에 비해 가장 높았다. 다음으로 노인부부가구의 경우, 자녀에게 제공하는 정서적 지원 제공률이 74.7%로 높게 나타났다. 그러나 시간이 경과하면서 자녀와 동거하는 노인보다 부부끼리 사는 가구에서 자녀에게 제공하는 정서적 지원 제공률이 더 높아지는 것으로 나타났다. 노인부부가구에서 자녀에 대한 정서적 지원 제공률은 2차 연도에 79.0%, 3차·4차 연도에 80.8%, 73.8%로 여타 거주형태에 비해 매 시점마다 가장 높은 비율을 보였다.

전체 노인과 자녀와의 신체적 지원의 수혜율과 제공률을 보면, 전체 노인이 자녀에게 받는 신체적 지원의 수혜율은 1차 연도 65.3%에서 2차 연도 69.0%로 증가하였으며, 3차 연도에는 59.4%로 감소하였다가 4차 연도 70.5%로 대폭 증가하였다. 노인의 필요욕구나 자녀의 상황에 따라 변동되는 신체적 지원의 수혜율과 달리 자녀에게 제공하는 신체적 지원의 제공률은 시간이 경과하면서 크게 감소하는 것으로 나타났다. 1차 연도에 54.1%의 신체적 지원 제공률은 2차·3차 연도에 49.8%와 44.5%로 감소하였으며, 4차 연도에는 34.0%로 3차 연도에 비해 10.5%p 감소하였다. 거주형태별로 보면 자녀와 동거하는 노인의 경우

<표 22> 거주형태별 자녀와의 정서적·신체적·금전적 지원의 수혜율과 제공률(1~4차 연도)

(단위 : %, 명)

구분		1차 연도 (2003)		2차 연도(2005)		3차 연도(2007)		4차 연도(2009)	
		수혜율	제공률	수혜율	제공률	수혜율	제공률	수혜율	제공률
정서적 지원	노인 전체	51.8	74.9	71.0	76.8	67.4	72.7	65.5	71.0
	노인독거	45.6	68.9	55.2	67.7	60.4	60.9	60.5	66.9
	노인부부	48.8	74.7	75.2	79.0	70.8	80.8	66.5	73.8
	자녀동거	58.8	77.3	75.4	78.5	69.5	71.7	70.0	71.4
	기타	40.5	73.8	59.5	76.2	56.4	66.7	42.3	61.5
신체적 지원	노인 전체	65.3	54.1	69.0	49.8	59.4	44.5	70.5	34.0
	노인독거	51.1	42.2	53.2	33.3	54.1	26.6	71.0	27.4
	노인부부	59.9	42.6	65.8	35.2	50.5	35.2	67.8	23.2
	자녀동거	75.8	68.4	81.1	71.5	71.2	62.7	76.4	50.5
	기타	59.5	52.4	47.6	28.6	53.8	38.5	42.3	23.1
금전적 지원	노인 전체	45.0	23.8	68.3	40.2	58.1	34.1	46.3	17.6
	노인독거	46.7	12.2	65.3	24.0	63.1	15.3	43.5	9.7
	노인부부	33.2	29.5	63.9	54.3	51.8	44.7	46.8	23.2
	자녀동거	54.9	21.5	75.0	35.2	63.1	34.9	49.5	16.8
	기타	42.9	33.3	54.8	38.1	48.7	23.1	26.9	11.5
계(명)		100.0 (606)	100.0 (606)	100.0 (605)	100.0 (605)	100.0 (605)	100.0 (605)	100.0 (603)	100.0 (603)

주 : 1) 자녀가 있는 경우만 대상으로 함.
　　2) 수혜율, 제공률은 각 사회적 지원의 수혜 정도와 제공 정도에서 '④그렇다'와 '⑤매우 그렇다'라고 응답
　　　한 노인의 비율임.
　　3) 무응답은 제외함.

에 자녀로부터의 신체적 지원 수혜율이 가장 높았으며, 제공률 역시 수혜율보다는 낮았지만 여타 거주형태에 비해 가장 높은 수준의 제공률을 보이는 것으로 나타났다.

전체 노인이 자녀에게 받는 금전적 지원의 수혜율은 1차 연도에 45.0%를 차지하였으며, 2차 연도에는 68.3%로 증가하였고, 3차 연도에는 58.1%로 감소하였으며, 4차 연도에는 3차 연도에 비해 11.8%p가 감소한 46.3%를 나타냈다. 자녀에게 제공하는 금전적 지원의 제공률은 수혜율에 비해 낮은 수준을 보이고 있으며, 1차 연도에 노인의 제공률은 23.8%였고 6년 후인 4차 연도에는 17.6%의 제공률을 보였다. 거주형태별로 보면 자녀와 동거하는 노인이 자녀로부터 금전적 지원을 받는 수혜율이 여타 거주형태에 비해 매 조사시점마다 가장 높은 비율을 차지하는 것으로 나타났다. 반면 1차 연도를 제외하면 자녀에게 제공하는 금전적 지원의 제공률은 여타의 거주형태에 비해 부부끼리 거주하는 노인에게 가장 높게 나타났다.

〈표 23〉 거주형태별 배우자와의 정서적·신체적 지원의 수혜율과 제공률(1~4차 연도)

(단위 : %, 명)

구분		1차 연도(2003)		2차 연도(2005)		3차 연도(2007)		4차 연도(2009)	
		수혜율	제공률	수혜율	제공률	수혜율	제공률	수혜율	제공률
정서적 지원	노인 전체	66.8	81.9	80.5	85.3	75.7	86.1	80.8	84.7
	노인독거	0.0	0.0	0.0	0.0	0.0	0.0	0.0	0.0
	노인부부	67.3	84.3	85.6	87.5	78.5	89.4	81.1	87.1
	자녀동거	67.5	77.8	73.7	80.5	72.2	81.4	80.6	79.1
	기타	64.0	88.0	70.4	88.9	68.4	73.7	71.4	57.1
신체적 지원	노인 전체	82.7	90.0	82.1	80.2	72.2	77.8	78.8	64.8
	노인독거	0.0	0.0	0.0	0.0	0.0	0.0	0.0	0.0
	노인부부	85.3	90.8	86.8	84.6	73.1	80.8	79.4	67.4
	자녀동거	78.6	88.9	75.9	72.0	71.1	74.2	76.1	59.7
	기타	88.0	96.0	74.1	81.5	73.7	68.4	85.7	28.6
계(명)		100.0 (372)	100.0 (372)	100.0 (354)	100.0 (354)	100.0 (341)	100.0 (341)	100.0 (316)	100.0 (316)

주 : 1) 배우자가 있는 경우만 대상으로 함.
    2) 수혜율, 제공률은 각 사회적 지원의 수혜 정도와 제공 정도에서 '④ 그렇다'와 '⑤ 매우 그렇다'라고 응답한 노인의 비율임.
    3) 무응답은 제외함.

2) 거주형태별 배우자와의 사회적 지원의 수혜율과 제공률

노인과 배우자의 정서적·신체적 지원의 수혜율과 제공률을 거주형태별로 살펴보았다 (〈표 23〉). 먼저 전체 노인과 배우자의 정서적 지원 평균 수혜율과 제공률은 자녀에 비해 높은 것으로 나타났다. 1차 연도에 배우자로부터 지원받는 평균 수혜율은 66.8%였으며, 2차 연도에는 80.5%로 증가하였고, 3차 연도에는 75.7%, 4차 연도에는 80.8%로 나타나 시간이 경과하면서 1차 연도에 비해 높은 수준을 지속하였다. 배우자에 대한 정서적 지원 제공률은 1차 연도에 81.9%로 매우 높았으며, 2차 연도와 3차 연도에는 85.3%와 86.1%로 더욱 증가하였고, 4차 연도에는 84.7%로 3차 연도에 비해 다소 감소하는 경향을 보였다. 거주형태별로 보면 부부끼리만 사는 노인이 여타의 거주형태 노인에 비해 배우자와 교환하는 정서적 지원의 수혜율과 제공률이 더욱 높아지는 것으로 나타났다.

전체 노인과 배우자의 신체적 지원의 수혜율과 제공률은 1차 연도에 82.7%와 90.0%로 매우 높았으며, 시간이 경과하면서 수혜율과 제공률은 1차 연도에 비해 감소하는 양상을 보였다. 6년 후인 4차 연도에 이르러 배우자로부터의 신체적 지원의 수혜율은 78.8%로 감소하였으며, 제공률 또한 64.8%로 낮아졌다. 거주형태별로 보면, 부부끼리 사는 노인의 경우 배우자와의 신체적 지원의 수혜율과 제공률 모두 자녀와 동거하는 노인보다 조사시점마다 더 높은 것으로 나타났다. 최근 4차 연도의 경우 노인부부가구의 신체적 지원의 수혜율과 제공률은 각각 79.4%와 67.4%였으며, 자녀와 동거하는 노인의 경우 배우자와의 신체적 지원의 수혜율과 제공률은 각각 76.1%와 59.7%였다.

4. 자녀 및 배우자와의 사회적 지원교환유형과 관계 만족도

1) 자녀와의 사회적 지원교환유형과 관계 만족도

노인과 자녀의 정서적·신체적·금전적 지원의 교환유형을 네 가지로 설정하였다. 노인과 자녀 간에 지원을 균형적으로 주고받는 상호교환형, 자녀에게 지원을 제공하기보다는 더 많은 지원을 받는 수혜형, 자녀로부터 지원을 받기보다는 더 많은 지원을 제공하는 제공형, 마지막으로 노인과 자녀 간 지원을 거의 교환하지 않는 무교환형으로 나누어 보았다(〈표 24〉).

정서적 지원의 4가지 교환유형의 변화를 1차 연도와 4차 연도를 중심으로 살펴보면, 1차 연도인 2003년 상호교환형이 42.2%로 가장 많은 분포를 보였으며, 제공형이 32.5%로 그다음으로 많았다. 자녀와 정서적 지원을 교환하지 않는 노인도 15.7%를 차지했으며, 수혜형의 경우가 가장 적은 9.4%를 차지하였다. 6년 후인 4차 연도와 비교해 보면, 상호교환형은 54.9%로 1차 연도에 비해 12.7%p가 증가하였고, 제공형은 16.1%로 16.4%p가 감소하였다. 무교환형은 18.4%를 차지해 2.7%p가 증가한 것으로 나타났다.

다음으로 정서적 지원교환유형에 따른 자녀와의 관계 만족도를 살펴보았다. 1차 연도에는 무교환형이 3.52점으로 자녀와의 관계 만족도가 가장 낮았으며, 제공형이 3.80점, 상호교환형이 3.90점으로 높았고, 수혜형이 3.93점으로 가장 높았다. 6년 후인 4차 연도 결과에 의하면 상호교환형이 4.32점으로 자녀와의 만족도가 가장 높아졌으며, 무교환형은 역시 만족도가 가장 낮았다.

신체적 지원의 교환유형 분포를 살펴보면 1차 연도에 상호교환형이 38.9%로 가장 많았으며, 수혜형이 26.3%로 그다음으로 많았고, 제공형이 15.2%로 가장 적었다. 시간이 경과하면서 4차 연도에는 수혜형이 40.3%로 가장 높은 분포를 보였으며, 제공형은 3.8%에 불과했다.

신체적 지원교환유형에 따른 자녀와의 관계 만족도를 살펴보면, 1차 연도에 무교환형이 3.60점으로 가장 낮게 나타났으며, 제공형이 3.80점, 상호교환형이 3.86점으로 높았고, 수혜형이 3.91점으로 가장 높았다. 6년 후인 4차 연도에는 정서적 지원과 마찬가지로 상호교

<표 24> 자녀와의 사회적 지원교환유형과 관계 만족도(1차·4차 연도)

(단위 : %, 명)

구분		1차 연도(2003)		4차 연도(2009)	
		비율	평균(S.D)	비율	평균(S.D)
정서 지원 교환 유형	상호교환형	42.2	3.90(0.68)	54.9	4.32(0.65)
	수혜형	9.4	3.93(0.59)	10.6	4.08(0.65)
	제공형	32.5	3.80(0.71)	16.1	3.95(0.86)
	무교환형	15.7	3.52(1.00)	18.4	3.74(0.83)
신체 지원 교환 유형	상호교환형	38.9	3.86(0.68)	30.2	4.27(0.68)
	수혜형	26.3	3.91(0.62)	40.3	4.15(0.70)
	제공형	15.2	3.80(0.80)	3.8	3.74(1.09)
	무교환형	19.5	3.60(0.96)	25.7	3.97(0.80)
금전 지원 교환 유형	상호교환형	8.1	3.76(0.63)	9.6	4.47(0.65)
	수혜형	36.9	3.87(0.65)	36.7	4.19(0.61)
	제공형	15.7	3.98(0.69)	8.0	4.33(0.83)
	무교환형	39.2	3.70(0.87)	45.8	3.97(0.82)
계(명)		100.0(606)		100.0(603)	

주 : 1) 자녀가 있는 경우만 대상으로 함.
    2) 사회적 지원교환유형 4가지는 ① 상호교환 : 수혜(=)제공, ② 수혜형 : 수혜>제공, ③ 제공형 : 수혜<제공, ④ 무교환형 : 수혜와 제공 없음으로 구분함.
    3) 무응답은 제외함.

환형이 4.27점으로 자녀와의 관계에 가장 만족하는 것으로 나타났다. 또한 가장 낮은 만족도는 3.74점으로 제공형이 차지하였다.

금전적 지원의 교환유형 분포를 살펴보면, 정서적·신체적 지원과는 달리 1차 연도와 4차 연도 모두 무교환형이 39.2%와 45.8%로 가장 높은 분포를 보였다. 그다음으로 수혜형이 36.9%와 36.7%로 비슷한 분포를 나타냈다. 제공형은 1차 연도 15.7%에서 4차 연도 8.0%로 감소했으며, 상호교환형은 4차 연도 9.6%로 1차 연도에 비해 1.5%p 증가한 것으로 나타났다.

금전적 지원교환유형과 자녀와의 관계 만족도를 살펴보면, 1차 연도에는 제공형이 3.98점으로 가장 만족도가 높게 나타났다. 그러나 4차 연도에는 상호교환형이 4.47점으로 가장 만족도가 높았으며, 제공형이 4.33점으로 다음 순으로 높았다. 무교환형의 경우 3.97점으로 가장 만족도가 낮은 것으로 나타났다.

자녀와의 정서적 지원교환유형은 시간이 경과하면서 상호교환형이 가장 많은 분포를 차지하였고, 신체적 지원과 금전적 지원은 수혜형과 무교환형이 가장 많은 분포를 보였다. 또한 시간이 경과하면서 정서적·신체적·금전적 지원에서 제공형이나 수혜형과 같은 비

(단위 : %, 명)

구분		1차 연도(2003)		4차 연도(2009)	
		비율	평균(S.D)	비율	평균(S.D)
정서 지원 교환 유형	상호교환형	58.9	3.81(0.63)	76.9	4.23(0.71)
	수혜형	7.8	3.62(0.62)	3.9	3.67(0.65)
	제공형	23.0	3.42(0.81)	6.8	3.88(0.94)
	무교환형	10.3	3.22(0.91)	11.4	3.60(0.91)
신체 지원 교환 유형	상호교환형	74.9	3.72(0.64)	56.4	4.23(0.75)
	수혜형	7.8	3.62(0.82)	22.5	4.17(0.61)
	제공형	15.1	3.45(0.93)	8.5	3.73(0.91)
	무교환형	2.2	2.43(1.13)	12.7	3.69(0.92)
계(명)		100.0(372)		100.0(316)	

주 : 1) 배우자가 있는 경우만 대상으로 함.
　　 2) 무응답은 제외함.

균형적인 교환유형보다는 균형적으로 자녀와 지원을 주고받는 상호교환형이 자녀와의 관계에서 가장 만족도가 높은 것으로 나타났다.

2) 배우자와의 사회적 지원교환유형과 관계 만족도

노인과 배우자의 사회적 지원교환유형은 정서적·신체적 지원을 중심으로 상호교환형, 수혜형, 제공형, 무교환형으로 나누어 살펴보았다(〈표 25〉). 배우자와의 정서적 지원교환유형을 보면, 1차 연도에 상호교환형이 58.9%로 가장 많았으며, 4차 연도에는 76.9%로 18.0%p 증가하였다. 1차 연도에 제공형은 23%였으나 시간이 경과하면서 4차 연도에는 6.8%로 감소하였다. 신체적 지원에서는 1차 연도에 상호교환형이 74.9%로 매우 높은 분포를 보였으나 4차 연도에는 56.4%로 줄어들었다. 반면 수혜형은 1차 연도 7.8%에서 14.7%p 증가하여 4차 연도에 22.5%를 차지하였다. 1차 연도에 무교환형은 2.2%에 불과하였으나, 4차 연도에는 12.7%로 증가하였다.

배우자와의 정서적·신체적 교환유형과 관계 만족도를 살펴본 결과, 1차 연도에 정서적 지원과 신체적 지원에서 상호교환형이 각각 3.81점과 3.72점으로 여타의 교환유형에 비해 가장 높은 만족도를 나타냈다. 또한 6년 후인 4차 연도에서는 4.23점으로 더욱 증가하는 양상을 보였다. 노년기 배우자와의 사회적 지원교환유형과 배우자와의 만족도는 자녀와의 만족도와 마찬가지로 서로 균형적으로 지원을 주고받을 때 가장 높은 것으로 확인되었다.

VI. 요약 및 결론

본 연구는 한림고령연구(HAS) 패널자료를 활용하여 2003~2009년 6년에 걸쳐 노년기 나이 듦에 따른 가족생활의 변화양상을 분석하였다. 첫 번째 연구주제인 노년기 거주형태 변화와 가족관계 만족도 변화분석에서는 거주형태와 비동거 자녀와의 접촉빈도, 노부모의 부양책임에 대한 태도, 노인과 자녀 및 배우자와의 관계 만족도, 자녀와의 동거/비동거에 따른 자녀관계 만족도 변화를 살펴보았다. 두 번째 연구주제인 노년기 가족과의 사회적 지원 교환유형과 가족관계 만족도 변화분석에서는 사회적 지원의 주 제공자와 주 수혜자 현황, 노인과 자녀 및 배우자와의 사회적 지원 상호교환의 정도, 거주형태별 자녀와 배우자와의 사회적 지원의 수혜율과 제공률, 마지막으로 노인과 자녀 및 배우자와의 사회적 지원교환 유형에 따른 관계 만족도 변화를 분석하였다.

주요 연구결과를 요약하면 다음과 같다.

첫째, 6년 동안 노년기 거주형태의 변화양상을 살펴보면, 노인독신가구와 노인부부가구를 포함한 노인단독가구의 비율이 51.5%(2003)에서 60%(2009)로 크게 증가한 것으로 나타났다. 반면 자녀와 동거하는 노인의 비율은 41.4%(2003)에서 점차 감소하여 35.6%(2009)로 급감하였다.

둘째, 노부모와 떨어져 사는 자녀와의 전화연락 및 직접만남 빈도는 시간이 흐를수록 모두 감소하는 것으로 나타나, 노부모와 비동거 자녀의 구조적 지원교환의 기회는 나이가 듦에 따라 점차 한계가 있음을 알 수 있다.

셋째, 노부모와 자녀의 별거율 증가와는 달리 자녀와 떨어져 살다가 다시 동거를 선택하게 된 주된 이유는, 노부모의 건강과 경제적 문제 또는 배우자 사별이나 이혼보다는 자녀의 필요에 의해서 동거하는 경우가 증가함을 알 수 있다.

넷째, 노부모가 자녀에게 기대하는 부양책임감은 나이가 들어 가면서 대체로 감소하는 경향을 보였다. 구체적으로 노후 생활비의 경우, 자녀가 전적으로 책임져야 한다는 응답률은 2003년에 비해 2009년에 대폭 감소하였고, 본인이 책임져야 한다는 응답률은 증가한 것으로 조사되었다. 노후 돌봄에 대한 책임 역시 자녀가 전적으로 책임져야 한다는 응답률은 시간이 경과하면서 감소하는 경향을 보였고, 국가의 책임이라는 응답률은 2003년에 비해 2009년에 이르러 대폭 증가한 것으로 확인되었다.

다섯째, 노년기 배우자나 자녀와의 관계는 1차 연도(2003)에 비해 6년 동안 대체로 증가하는 양상을 보였다. 주목할 것은 자녀와의 동거 및 별거에 따른 자녀와의 관계 만족도 변화이다. 1차 연도(2003)에 자녀와 동거하는 노인이 별거하는 노인에 비해 자녀와의 관계 만족도가 높았지만, 6년 후인 4차 연도(2009)에는 자녀와 별거하는 노인이 자녀와 동거하는 노인에 비해 자녀와의 관계 만족도가 더 높은 것으로 나타났다. 따라서 자녀와 별거하는 노인이 자녀와 동거하는 노인에 비해 상대적으로 자녀 관계에 더욱 만족하게 됨을 알 수 있다.

여섯째, 노인과 정서적·신체적 지원을 교환하는 첫 번째 대상자로 자녀나 배우자가 차지하는 비율이 6년 동안 약 75~90%를 차지할 정도로 높게 유지되었다. 또한 거주형태별로 나타난 첫 번째 지원 제공자의 변화를 보면, 노인부부가구의 경우 정서적 지원의 주 제공자로 배우자의 비중이 증가하였고, 자녀와 동거하는 노인의 경우 신체적 지원의 주 제공자로 자녀의 비중이 두드러지게 증가하였다.

일곱째, 노인과 자녀 및 배우자의 사회적 지원교환 정도의 변화 특징을 살펴보면, 6년 동안 노인이 자녀로부터 받는 정서적 지원보다 노인이 자녀에게 더 많은 정서적 지원을 제공하는 것으로 나타났다. 또한 배우자가 있는 노인의 경우, 신체적 지원의 수혜 정도와 제공 정도는 각각 6년 동안 자녀보다 배우자가 더 높은 수준을 유지하였다. 자녀와의 금전적 지원교환 정도는 정서적·신체적 지원에 비해 6년 동안 가장 낮은 수준을 보였다.

여덟째, 거주형태별로 노인과 자녀 및 배우자의 사회적 지원의 수혜율과 제공률의 변화 특징을 살펴본 결과, 자녀와의 신체적 지원의 수혜율과 제공률은 자녀와 동거하는 경우가 여타의 거주형태에 비해 6년 동안 가장 높은 수준을 보였다. 반면 자녀와의 정서적 지원의 수혜율과 제공률은 자녀와 동거하는 경우보다 배우자와 함께 거주하는 경우에 6년 동안 더 높게 유지되었다.

한편 배우자와의 정서적·신체적 지원의 수혜율과 제공률은 1차 연도(2003)의 정서적 지원의 수혜율을 제외하면, 노인부부가구에서 6년 동안 가장 높은 수준을 지속하였다.

마지막으로 노인과 자녀, 그리고 배우자와의 사회적 지원교환유형과 관계 만족도 변화를 살펴본 결과, 자녀와의 정서적·신체적·금전적 지원교환유형에서 수혜형이나 제공형과 같은 불균형적인 교환유형보다는 균형적인 상호교환형의 경우에 자녀와의 관계 만족도가 더욱 높아지는 것으로 확인되었다. 배우자와의 관계에서도 마찬가지로 정서적·신체적 지원 모두에서 상호교환형의 경우에 배우자와의 만족도가 더욱 증가하는 것으로 나타났다.

이상의 패널분석결과를 바탕으로 향후 노년기 가족 변화의 전망과 정책적 대응 과제를 제시하고자 한다.

첫째, 노년기 거주형태와 자녀와의 접촉이 세대관계의 기회구조를 반영한다고 볼 때(유희정, 2010), 조사결과 나타난 자녀와의 동거 감소와 비동거 자녀와의 접촉 감소는 노부모와 자녀 간 지원교환의 구조적인 기회가 시간경과와 함께 제약됨을 알 수 있다. 나이가 들어 가면서 일상생활에서 도움을 받아야 하는 신체적 의존성이 높아짐을 가정할 때, 자녀와 떨어져 홀로 살거나 부부끼리만 동거하는 노인단독가구의 보편화 현상은 노인을 둘러싼 지역사회의 지원체계를 활성화해야 할 필요성을 제기한다. 노후에 증가하는 필요욕구에 대응

할 수 있는 자녀지원의 가용성이 구조적으로 제약되는 상황에서 잠재적인 친구, 이웃 등의 비공식적 지원체계 개발과 사례관리를 통한 노인복지서비스 확충이 요구된다. 독거노인들의 안전과 의존노인들의 독립적 생활지원을 위한 주거환경 개선 및 보건의료사업 강화, 그리고 고연령 노인들의 사회적 고립을 막기 위한 다양한 지역사회 통합 프로그램이 개발·보급되어야 할 것이다.

둘째, 노년기 거주형태는 노인의 건강과 경제문제보다는 오히려 자녀의 필요에 의해 재구조화될 가능성이 높아 보인다. 독자적인 가구를 형성한 노인이 건강악화나 경제적인 어려움으로 자녀와 재결합할 가능성은 낮아지는 반면, 자녀세대의 만혼, 경제적 불안정성, 주거비용에 대한 부담, 그리고 자녀양육 등의 지원욕구에 의해 재결합 가능성이 점차 증가할 것으로 예상된다. 따라서 자녀세대가 갖는 사회적 문제에 노부모가 기여하는 역할이 재조명되어야 한다. 자녀의 필요에 의한 경제적 지원이나 손자녀 양육이나 가사활동 지원 등과 같은 생산적 활동에 대한 사회적 가치를 제고하고 인정하는 정책적 관심이 요구된다.

셋째, 자녀에 대한 부양책임감의 감소로 노후 생활에 대한 본인과 국가의 책임이 커질 것으로 전망된다. 경제적 측면에서 자녀로부터의 금전적 지원에 대한 기대가 약화되면서 노후 경제활동을 통한 소득 보존과 공적 지원에 대한 욕구가 더욱 높아질 것으로 예측된다. 보편적인 공적 연금의 확충과 노인 일자리 사업 확대를 통한 소득창출의 기회 및 노인 고용을 촉진하는 정책적 방안이 강화될 필요가 있다. 또한 노인 돌봄에 대한 사회적 책임이 부각되면서 자녀를 대체하는 장기요양서비스 수요가 증폭될 것으로 예상된다. 노인 돌봄에 대한 자녀책임의 전통적인 규범약화와 여전히 시설보다는 자녀의 노후 돌봄을 희망하는 대다수 노인이 존재하고 있는(김정석, 2005) 상황에서 자녀의 노인 돌봄을 독려하고, 재가 노인 돌봄 철회를 지연시킬 수 있는 정책적 개입 전략이 다각적으로 모색될 필요가 있다.

넷째, 노인집단 내의 다양한 거주형태 결정 동기가 세대 간 관계의 질에 지대한 영향을 미칠 것으로 보인다. 특히 자발적으로 자녀와 떨어져 사는 노인이 상대적으로 자녀와 가장 긍정적인 유대관계를 유지할 것으로 예측된다. 이는 노인이 독립적이고 자율적인 자녀와의 관계를 선호하는 추세를 반영한다고 볼 수 있다.

또한 노인의 의존이나 자녀의 필요에 의한 동거는 가족 내 역할과 위상을 다르게 특징짓는다. 동일한 거주형태에서 노인이 처한 다양한 상황에 초점을 맞추는 것은 그들에게 필요한 서비스를 개발하는 데 무엇보다 중요한 작업이 될 것이다. 특히 비자발적으로 자녀와 동거하거나 별거하는 노인들이 겪는 경제적·신체적·정서적 취약함을 충족시킬 수 있는 다양한 지원 프로그램이 마련되어야 한다.

다섯째, 향후 공적 지원의 확대와는 별개로 노인의 1차적 지원 대상자로 배우자와 자녀의 역할 비중은 여전히 높을 것으로 전망된다. 또한 자녀와 배우자가 제공하는 지원의 내용과 실태는 거주형태에 따라서도 큰 차이를 보일 것이다. 특히 노인부부가구의 증가와 함께 배우자의 정서적·신체적 지원의 역할 비중은 더욱 커질 것으로 예상되는바, 고령자인 배우자의 신체적 부담을 해소할 수 있는 재가복지서비스를 확대 실시하고, 나이가 들어 감에 따라 증가하는 배우자와의 친밀감에 대한 욕구를 향상시킬 수 있는 다양한 교육 프로그램이 제공될 필요가 있다. 자녀와 동거하는 노인의 경우, 시간이 경과할수록 1차적인 지원 제공자로서 자녀의 역할 비중이 높아지기 때문에 수발을 전담하는 가족원에 대한 대체 서비스 확대 및 정책적 보상이 적극적으로 이루어져야 한다. 반면 자녀와 동거하더라도 자녀로부터 지원을 받지 못하는 노인이 상당수 존재하기 때문에 이들에 대한 정책적 관심 또한 요구된다.

마지막으로 노인과 자녀 그리고 노인과 배우자 간 지원관계는 한쪽의 수혜와 제공이 아닌 상호균형적인 관계가 점차 늘어날 것이며, 이는 가족관계의 질을 높이는 결정적인 요소로 작용할 것이다. 그러나 노년기 연령증가와 함께 나타나는 신체기능의 저하와 소득감소 등의 현상은 자녀나 배우자와 교환할 자원의 상실 위험을 높인다. 따라서 노인의 신체적·경제적 의존성을 낮추고, 자녀나 배우자와의 균형적인 상호지원관계를 지속하기 위해서는 개별 노인의 자원능력을 제도적으로 뒷받침하고 강화해야 한다. 기본적으로 현 노인세대의 취약한 경제상황을 감안하여 기초노령연금의 액수와 대상자를 확대하고, 장기요양서비스의 선택지와 포괄범위를 확장함으로써 노년기 삶에 대한 통제력과 자율성을 높이도록 지원할 때, 가족관계의 질적 수준도 향상될 것이라 사료된다.

참고문헌

김정석(2005). 한국노부모의 노후부양관 변화 : 1994~2004년. 한국노년학 25(4), 1-11.

유희정(2010). 노년기 세대관계 유형과 변화에 관한 종단연구. 한림대학교 박사학위논문.

윤지영(2012). 노년기 비공식적 사회적 지원 변화에 관한 종단연구. 한림대학교 박사학위논문.

윤현숙 · 윤지영 · 김영자(2012). 노년기 거주형태의 변화와 영향요인에 관한 종단연구. 한국사회복지학 64(1), 249-271.

정경희 · 오영희 · 이윤경 · 손창균 · 박보미 · 이수연 · 이지현 · 권중돈 · 김수봉 · 이소정 · 이용식 · 이윤환 · 최성재 · 김소영(2012). 2011년도 노인실태조사. 보건복지부 · 한국보건사회연구원.

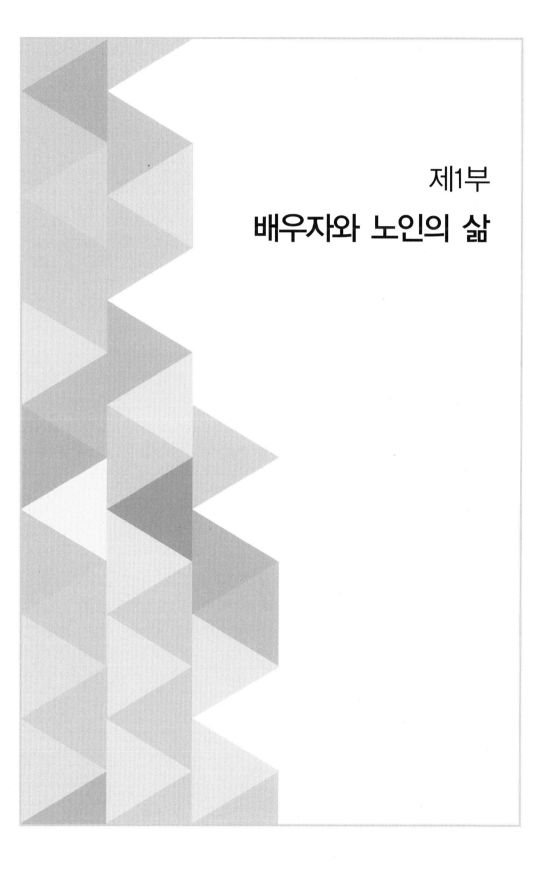

제1부
배우자와 노인의 삶

사별 여성노인의 가구유형에 따른 삶의 만족의 차이와 영향 요인에 관한 연구

최경원 · 임연옥 · 윤현숙

I. 서론

노년기에 배우자는 삶의 마지막까지 의지하고 함께하는 친구 같은 존재이며 곁에 있는 것만으로도 마음에 위안이 되는 존재이다(김미혜 · 신경림 · 강미선 · 강인, 2004). 하지만 여성노인은 남성노인에 비해 배우자와 사별하고 홀로 여생을 보낼 가능성이 커지고 있다. 2005년 전체 평균수명이 80.08세로 연장되었지만, 65세 이상 연령에서 인구 10만 명당 사망률이 남성 4.02명, 여성 2.86명으로(통계청, 2010), 노년기를 배우자와 사별하고 홀로 지내는 여성이 증가하고 있음을 알 수 있다. 배우자와 사별한 노인은 심리적으로 상실감과 외로움을 느낄 뿐만 아니라 경제적인 문제, 사회활동의 위축과 역할수행의 어려움 등을 경험한다(전길양 · 김정옥, 2000 ; 김승연 · 고선규 · 권정혜, 2007 ; 임연옥 · 박재연 · 윤현숙, 2010 ; Li, Seltzer & Greenberg, 1997). 배우자와 사별한 여성노인 중 특히 혼자 사는 경우에는 건강관리에 어려움을 더 많이 겪고 일상생활에 대한 흥미와 관심 및 활동수준이 낮아져 고립된 생활을 하게 됨에 따라 전반적인 삶의 질이 낮아진다(김희경 · 이현주 · 박순미, 2010).

그렇다면 배우자와 사별한 여성노인이 자녀와 동거할 경우 혼자 사는 것보다 삶에 대한 만족도가 높을 것인가? 한국의 전통적 사회규범에 비추어 배우자와 사별한 여성노인의 삶의 만족에 대한 연구들에 따르면, 사별한 여성노인이 자녀와 함께 사는 것은 경제적 부담 · 소외감 · 고독감 · 상실감 등을 감소시키며(박충선, 1990 ; 김희경 · 이현주 · 박순미, 2010), 자녀와의 애정적 결속은 가족 간 유대관계의 질을 향상시켜 삶의 만족도를 높일 수 있다(김태현 · 이동숙 · 정혜정, 2000). 특히 자녀와의 관계는 노인에게 존재 가치를 채워 주고 자신의 존재 가치를 확인하는 뿌듯함을 경험하게 한다(김희경 외, 2010). 이와 같이 자녀와의 관계는 여전히 노인의 행복에 매우 중요한 요소로서(김태현·김동배·김미혜·이영진·김애순, 1999), 세대 간 지지가 사회적 지원이 되어 삶의 만족에 긍정적 영향을 미칠 수 있다(김태현 외, 2000).

그런데 동거하는 자녀의 결혼 여부에 따라 노인의 삶에 미치는 영향이 달라질 수 있음을 보고한 연구가 제시되었다. 이영분·이용우·최희정·이화영(2011)은 청년들의 결혼에 대한 가치관의 변화와 경제적 불안정 등의 사회현상으로 인해 독신 성인자녀가 부모와 동거하는 가구가 늘어나고 있고, 독신 성인자녀가 기초적인 생활을 부모에게 의존하게 됨에 따라 부모 자녀 관계에 부정적으로 영향을 미치며, 독신 성인자녀가 부모로부터 독립할 때 부모의 삶의 만족도가 높아짐을 확인하였다. 이러한 이신영(2009)의 연구는 자녀와의 동거가 노인의 삶에 미치는 영향을 살펴봄에 있어서 미혼자녀와의 동거를 구분하여야 할 필요가 있음을 주목하게 하였다.

그런데 노인의 가구유형에 따른 삶에 관한 선행 연구들을 살펴보면, 가구유형을 양순미·홍숙자(2003)는 독거노인가구와 자녀동거가구로 구분하고 있고, 이민아·김지범·강정한(2011)은 노인단독가구, 자녀와 동거하는 사별 노인, 제3자와 동거하는 사별 노인, 부부노인가구, 자녀와 동거하는 부부노인가구, 제3자와 동거하는 부부노인가구의 6가지 유형으로 분류하고 있다. 이러한 선행 연구들은 기혼 성인자녀와의 동거를 전제로 할 뿐 미혼자녀와 동거하는 노인의 삶에 대해서는 다루지 못하고 있다.

본 연구는 사별 여성노인의 삶의 열악함과 최근 미혼자녀와 동거하는 노인이 늘어나고 있음에 주목하고, 사별 여성의 가구유형을 노인독신가구·기혼자녀 동거가구·미혼자녀 동거가구로 분류하여 사별 여성노인의 삶의 만족이 가구유형에 따라 어떠한 차이를 보이며, 이러한 차이는 어떠한 요인에 의해 나타나는지 분석하고자 하였다.

〔연구문제〕

1. 사별 여성노인의 삶의 만족도는 가구유형에 따라 어떠한 차이가 있는가?
2. 사별 여성노인의 가구유형에 따른 삶의 질의 차이는 어떠한 요인에 의해 나타나는가?

II. 선행 연구

1. 삶의 만족도

삶의 만족은 삶의 질이라는 용어와 함께 안녕(well-being), 행복감과 비슷하게 사용되고 있다. Belcher(1990)는 현재 생활에 초점을 맞추어 적절한 자존감, 목적 있는 삶, 최대의 안정상태가 유지되고 있을 때 삶의 만족도가 높다고 표현할 수 있다고 하였다. 손덕순 · 이홍직(2006)은 개인적 상태의 만족도와 노인을 둘러싼 환경의 안정성, 노인에 대한 사회적 태도가 긍정적으로 유지되고 있는 상태라고 하였다. 따라서 삶의 만족도는 현재 생활이 신체적 · 사회경제적 · 정서적으로 얼마나 안정되고 긍정적인 가족과의 관계가 유지되고 있는가 하는 정도를 말한다.

2. 노인의 가구유형에 따른 삶의 만족도

삶의 만족도에 영향을 미치는 가구형태의 효과는 혼자 사는지의 여부, 자녀와의 동거 여부, 배우자와의 동거 여부 등으로 분류되어 연구되어 왔다. 선행 연구들을 살펴보면, 이민아 외(2011)의 연구에서는 혼자 사는 노인의 삶의 질이 부부끼리 또는 자녀와 동거하는 노인보다 낮은 것으로 나타났다. 독거노인은 자녀와 동거하는 노인보다 건강상태가 신체적으로 그리고 정신적으로 열악하고, 우울 · 고독감 · 스트레스 등을 더 느끼며(이영자, 1999 ; 유광수 · 박현선, 2003 ; 최영, 2005 ; 한혜경 · 이유리, 2009 ; 김희경 외, 2010), 삶의 질과 삶에 대한 만족도가 떨어진다(김귀분 · 이윤장 · 석소현, 2008 ; 박순미, 2008 ; 이민아 외, 2011).

자녀와의 동거가 생활 만족도에 미치는 영향을 분석한 유성호(1997)의 연구에서 여성노인의 경우 결혼한 성인자녀와의 동거가 생활 만족도를 높이는 것으로 나타났다. 반면 한경혜 · 유순덕(2001)은 자녀와의 동거가 노인의 행복감과 고독감에 유의한 영향을 미치지 않으며 오히려 배우자의 유무가 중요한 요인이라고 밝혔다. 이영분 외(2011)는 최근의 사회현상을 반영하여 부모에게 의존하는 독신 성인자녀들에 대한 연구에서 독신 성인자녀가 부모로부터 독립했을 때 부모의 삶의 만족은 높아진다고 하였으며, 원영희(2006)는 부모로서 동거하는 자녀에게 도움을 줄 수 있을 때 삶의 만족도가 높아지는 것으로 나타난다고 하였다.

3. 삶의 만족에 영향을 미치는 요인

노인의 삶의 만족도는 일반적으로 크게 인구학적 특성을 중심으로 한 개인적 변인과 가족 관련 변인, 그리고 사회적 변인으로 나누어 연구되어 왔다. 따라서 본 연구에서도 세 변인을 중심으로 사별 여성노인의 삶의 만족도를 분석하고자 한다.

1) 인구사회학적 특성

일반적으로 연령이 증가함에 따른 사회적 역할 상실과 건강 약화가 삶의 만족도를 떨어뜨리지만, 연령 증가보다는 이로 인한 사회활동의 쇠퇴 또는 중단이 더욱 소외감을 느끼게 하고 만족도를 떨어뜨린다(김희경 외, 2010). 교육수준이 높을수록 사회경제적 지위가 높아지고 자원을 용이하게 확보할 수 있게 됨으로써 삶의 만족도에도 긍정적인 영향을 준다(김기태·박봉길, 2000). 종교는 삶의 의미를 주고 지역사회의 소속감이나 공동체 의식을 갖게 하여 노년기의 심리적 안정감을 제공하는 중요한 역할을 담당함으로써 삶에 긍정적인 영향을 미친다(이신영, 2009).

사별 여성노인의 경제적 어려움은 일시적·한시적 문제라기보다는 지속적이고 만성적인 문제이기 때문에 삶의 만족에 있어 상당히 큰 영향을 미친다(홍숙자, 1992 ; 김기태 외, 2000). 취업 여부는 여성노인의 삶의 만족에 직접 기여하지는 않지만 재정적 자원의 잠재적인 결정 요인이 되며(Choi, 2001), 일을 하고 있는 경우 재정적 자원을 얻을 수 있기 때문에 심리적 행복감을 느낀다(원영희, 1995).

본 연구에서는 경제적 상태를 분석함에 있어 소득과 직접적으로 연관성이 나타나는 한 달 용돈 정도와 취업 여부를 변수로 사용하여 삶의 만족도를 살펴보았다.

2) 건강상태

건강상태가 삶의 만족에 미치는 영향에 대한 조병은(1999)의 연구에서 여성노인의 경우 퇴행성 만성질환을 많이 앓고 있으며, 만성질환 수가 많을수록 삶의 만족도가 떨어지는 것으로 나타났다. 그리고 윤종희·이혜경(1997)의 연구에서는 의사진단에 따른 질병의 유무가 삶의 만족에 있어 유의한 영향을 미치는 것으로 나타났다. 또한 노인에게 건강은 생리적인 적응력을 의미하므로(윤종희 외, 1997), 진단 여부와는 상관없이 주관적으로 건강상태가 나쁘다고 생각하는 경우 삶의 만족에 부정적인 영향을 미치는 것으로 최일선(1997)의 연구에서 나타났다.

따라서 사별 여성의 삶의 만족도를 살펴보기 위해 의사로부터 진단을 받은 만성질환 수와 주관적 건강상태를 변수로 채택하였다.

3) 가족관계

로(John Wallis Rowe)와 칸(Robert L. Kahn)은 가족관계에서 자녀의 성공을 통해 부모로서의 만족스런 삶을 이룰 수 있으며, 성공적 노화의 요소 중 하나라고 하였다(석재은·구본미·권종희·장은진, 2010). 그리고 가족 내에서 권위를 어느 정도 인정받고 만족하는지, 그리고 자녀와의 관계에 있어서 의사소통·부양만족·가치관의 일치 등과 같은 주관적 유대가 원만할수록, 정서적 교류가 잘될수록 노년기의 생활을 만족스럽게 하는 것으로 나타났다(박충선, 1990).

본 연구에서 가족관계는 부모로서 자신에 대한 만족과 자녀와의 관계 정도를 통해 삶의 만족도를 살펴보았다.

4) 사회활동

성공적 노화를 주도한 로와 칸은 사회적 지지, 봉사, 사회참여, 타인과의 상호작용 등 활기찬 사회활동 및 생산적 활동을 통해 만족스런 삶을 이룰 수 있다고 제시하였다(석재은 외, 2010). 사회활동 참여는 외부활동을 통해 타인으로부터 지지를 받고 소속감을 갖는 인간의 기본적인 욕구이기 때문에 은퇴는 고립감이나 고독감을 높일 수 있다. 따라서 노년기에 다양한 모임에서의 활동은 새로운 삶의 의미와 보람을 찾게 되고 삶의 만족에 긍정적 영향을 미친다(김수현·강현정·김윤정, 2008).

III. 연구방법

1. 연구대상 및 표집

본 연구는 2003년 한림대학교 고령사회연구소에서 실시한 고령화패널 "고령화와 한국 노인의 삶의 질에 관한 연구"의 1차 연도 자료를 활용하였다. 고령화패널 1차 연도의 설문조사는 서울과 춘천에 거주하는 45세 이상의 성인 중 무작위추출에 의한 2,800사례를 조사하였으며, 응답 내용이 충실하지 않은 설문지를 제외한 총 2,529사례가 자료화되었다.

분석을 위한 사례의 추출과정은 다음과 같다.

① 사회에서의 은퇴시기를 고려하여 60세 이상의 노인 중 사별한 여성만을 추출하였다. 이는 인간의 발달과정에서 60세 이상의 노년기를 성숙기의 시작이라고 규정한 하비허스트

(Havighurst, 1972)의 주장을 따른 것이다.

② 사별 여성의 삶의 질이 경제적 상황에 따라 크게 차이가 나기 때문에 국민기초생활수급권자는 분석에서 제외하였다.

③ 현재 살고 있는 가구유형에 따라 노인 독신가구, 기혼자녀 동거가구, 미혼자녀 동거가구로 분류하였다. 다만, 기혼자녀 동거가구에서 성인 미혼자녀가 함께 살고 있는 경우는 분석대상에서 제외하였다.

이러한 과정을 거쳐 사별 여성노인 중 노인 단독가구 217명(35.8%), 기혼자녀 동거가구 284명(46.9%), 미혼자녀 동거가구 105명(17.3%)으로 총 606명을 분석대상으로 삼았다.

2. 연구내용

1) 삶의 만족도

로턴(M. Rowell Lawton)의 필라델피아 노화연구소 노인용 사기척도(Philadelphia Geriatric Center Morale Scale. 이하 'PGCMS') 중 삶의 만족 영역의 7개 문항을 활용하였다. PGCMS는 총 17개 문항으로 노화불안, 노화에 대한 태도, 삶의 만족 정도의 3개 하위영역으로 구성되어 있으며 연구목적에 따라 하위 척도를 별도로 사용할 수 있다(Lawton, 1975). 삶의 만족은 지난 과거의 삶에 대한 만족, 외부 사람들과의 만남, 삶에 대한 힘겨움, 삶에 대한 긍정적인 태도 등에 관한 질문으로 총체적인 삶의 만족 정도를 파악하는데, 개별문항은 5점 척도(1=전혀 아니다, 5=매우 그렇다)로 구성되어 있고 부정적 진술의 응답은 역순위로 바꾸었으며, 7개 문항의 평균을 종속변수로 사용하였다. 점수가 높을수록 삶의 만족 정도가 높은 것을 의미한다. 본 연구에서의 신뢰도 계수 Cronbach's α=.726으로 나타났다.

2) 인구사회학적 특성

일반적 특성으로 연령은 만 나이를 연속변수로 측정하였고, 교육수준은 고령자의 경우 현재와 학제가 달라 초등·중등·고등으로 구분함에 있어서 혼돈이 발생하기 때문에 교육연수, 즉 교육을 받은 총 기간을 연속변수로 측정하였다. 종교는 종류와 상관없이 유무상태를 확인하였다. 경제상태는 취업 유무와 한 달 용돈 정도를 연속변수로 측정하여 노인들이 실질적으로 경험하는 경제상태를 보았다. 일반적으로 경제상태를 볼 때 가구소득 또는 개인소득으로 측정하지만, 노인의 경우 기존 경제활동을 유지하거나 새로운 경제활동을 시작하기 어려우므로 개인적으로 사용할 수 있는 용돈의 규모가 줄어들게 되고 이는 삶의 만족에 영향을 미칠 수 있다. 그러므로 개인이 사용 가능한 한 달 용돈액수를 연속변수로 측정하였다.

3) 건강상태

노인의 건강상태는 주관적으로 평가하는 건강상태와 만성질환 수를 사용하였다. 주관적 건강상태는 5점 척도로(1점=매우 건강하다, 5점=매우 건강하지 못하다) 측정하여 역점수 처리하였다. 만성질환 수는 관절염·고혈압·당뇨 등 16개 만성질환 각각에 대해 현재 치료 중이거나 진단은 받았으나 치료받지 않고 있는지를 물어보고 몇 가지 질환을 현재 앓고 있는지를 확인하였다.

4) 가족관계

가족관계는 부모로서의 만족과 자녀와의 관계에 대한 만족으로 살펴보았다. 부모로서의 만족도는 가족 내에서의 권위가 어느 정도 인정받고 만족하는지, 그리고 자신에 대해 어느 정도 만족하는지의 2개 문항을 5점 척도(1점=매우 불만족하다, 5점=매우 만족하다)로 측정하여 평균을 계산하였으며, 자녀와의 관계에 대한 만족도는 1개 문항 5점 척도(1점=매우 불만족하다, 5점=매우 만족하다)로 측정하였다.

5) 사회활동

사회적 활동은 현재 활동하는 단체의 수를 통해 파악하였다. 종교활동을 위한 모임을 비롯하여 동창회나 종친회 모임, 자원봉사활동, 노인정 또는 노인회관, 이익옹호단체활동, 여가나 문화, 스포츠 관련 활동의 6개 영역에 참여 여부를 확인 후 참여하여 활동하는 모임의 개수를 측정하였다.

3. 분석방법

본 연구에 사용된 자료는 SPSS 13.0 프로그램을 이용하여 빈도분석 및 기술통계분석, 신뢰도 Cronbach's α, 상관관계분석, 회귀분석 등을 실시하였다. 사별 여성노인의 인구학적 특성, 건강상태, 경제상태, 사회활동 정도를 살펴보기 위해 기술통계, χ^2분석, 그리고 ANOVA를 사용하였다. 그리고 가구유형에 따른 삶의 만족도 차이를 ANOVA를 활용하여 살펴보았다.

또한 가구유형별 삶의 만족에 미치는 영향 요인을 알아보기 위해서 다중회귀 분석(multiple regression analysis)을 실시하였으며, 가구유형에 따른 영향 요인을 비교하기 위해 위계적 다중회귀분석을 적용하였다. 다중회귀분석은 위계적 다중회귀분석의 첫 번째 단계에는 가구유형을 독립변수로 투입하고, 두 번째 단계에서는 인구사회학적 요인·건강상태·가족관계·사회적 활동을 독립변수로 투입하였다. 그리고 세 번째 단계에서는 가구유형과 두 번째 단계에서 삶의 만족도에 유의미한 영향 요인으로 나타난 변수의 상호작용을 파악하기 위한 변수들을 투입하였다.

IV. 연구결과

1. 사별 여성노인의 가구유형별 특성과 삶의 만족도

1) 인구학적 특성

사별 여성노인의 가구유형에 따른 일반적 특성을 살펴보면, 조사대상자 전체의 평균 연

〈표 1〉 가구유형별 인구사회학적 특성, 건강상태, 가족관계, 사회활동

변인	변수	구분	노인 독신	미혼자녀 동거	기혼자녀 동거	전체	F/x^2
인구사회학적 특성	연령(세)	평균	72.79	70.54	73.62	72.69	10.08***
	교육 연수(년)	평균	3.16	3.52	2.40	2.90	4.65**
	종교 유무(명, %)	없음	61(32.7)	31(29.5)	93(32.7)	185(100)	1.24
		있음	155(67.3)	74(70.5)	200(67.3)	420(100)	
	한 달 용돈 정도(만 원)	평균	11.34	13.72	12.39	12.29	1.20
	취업 여부(명, %)	무직	172(79.6)	76(72.4)	245(86.3)	493100)	10.57**
		취업	44(20.4)	29(27.6)	39(13.7)	112(100)	
건강상태	주관적 건강상태(점)	평균	2.37	2.31	2.30	2.33	0.412
	만성질환 수(개)	평균	1.94	2.04	1.73	1.85	1.85
가족관계	부모로서의 만족(점)	평균	3.37	3.34	3.47	3.39	1.01
	자녀와의 관계 만족(점)	평균	3.78	3.70	3.97	3.85	7.53**
사회활동	사회활동 참여모임 수(개)	평균	1.16	0.98	0.97	1.04	3.11*
종속	삶의 만족(점)	평균	2.85	2.76	3.00	2.90	4.83**

* p<0.05, ** p<0.01, *** p<0.000

령은 72.69세였고, 기혼자녀 동거가구의 평균 연령은 73.62세, 노인 독신가구는 72.79세, 미혼자녀 동거가구는 70.54세이었으며, 세 집단 간에 통계적으로 유의미한 차이가 있었다 (F=10.08, p<.001). 가구유형별로 평균 교육 연수를 보면 미혼자녀 동거가구는 평균 3.52년, 노인독신가구 평균 3.16년, 기혼자녀 동거가구 평균 2.40년으로 세 집단 간에 통계적으로 도 유의한 차이가 있는 것으로 나타났다(F=4.65, p<.01). 세 집단 간 교육수준의 차이는 연 령의 차이에서 기인한 것으로 이해된다. 종교 유무는 노인독신가구와 기혼자녀 동거가구가 같은 수준으로 나타났는데 종교가 있는 경우 67.3%, 종교가 없는 경우 32.7%였다. 미혼자 녀 동거가구에서는 종교 있음이 70.5%, 종교 없음이 29.5%로 나타나 다른 두 유형보다 종 교를 가지고 있는 비율이 높은 것으로 나타났지만 통계적으로 유의미한 것은 아니었다.

가구유형별 경제상태의 차이를 보면, 집단 간의 한 달 용돈액수 평균이 노인독신가구 11만 3천 원, 기혼자녀 동거가구 12만 4천 원, 미혼자녀 동거가구 13만 7천 원으로 나타나 독신가구, 기혼자녀 동거가구, 미혼자녀 동거가구 순서로 월 용돈금액이 높았다. 하지만 이 러한 차이가 통계적으로 유의미하지는 않았다. 취업상태는 미혼자녀 동거가구의 27.6%, 기 혼자녀 동거가구의 13.7%, 그리고 노인독신가구의 20.4%가 경제활동을 하고 있는 것으로 나타나 미혼자녀와 살고 있는 여성노인이 다른 집단에 비해 경제활동을 더 많이 하고 있음 을 알 수 있었고 이는 통계적으로 유의미하게 나타났다(x^2=10.57, p<.01).

2) 건강상태

건강상태에 대한 변수 중 주관적 건강상태는 평균 2.33점으로 본인의 건강상태에 대해 '보통이다'인 3점보다 낮은 좋지 않은 수준으로 인식하고 있었고, 가구유형별로 보면 미혼 자녀 동거가구 2.31점, 기혼자녀 동거가구 2.30점, 노인독신가구 2.37점으로 가구유형별 차 이는 통계적으로 유의미하지 않았다. 그리고 여성노인이 전문의로부터 진단을 받고 치료 중이거나 또는 진단은 받았으나 치료하지 않고 있는 만성질환의 평균 개수는 미혼자녀 동 거가구 2.043개, 기혼자녀 동거가구 1.73개, 노인독신가구 1.94개였으며 가구유형별 차이 가 거의 없었다.

3) 가족관계

가구유형에 따른 가족관계에서 우선 부모 자신에 대한 만족도를 살펴보면, 노인독신가구 평균 3.37점, 미혼자녀 동거가구 3.34점, 기혼자녀 동거가구 3.47점으로 통계적으로 유의미 한 차이를 보이지 않았다. 그러나 자녀와의 관계는 노인독신가구의 경우 평균 3.78점, 미혼자녀 동거가구 3.70점, 기혼자녀 동거가구 3.97점이었고 통계적으로 유의미한 차이를 보였다(F=7.53, p<.01).

4) 사회활동

사회활동을 위해 참여하는 모임의 수는 평균 1개 정도였고, 가구유형별로 보면 기혼자녀 동거가구 0.97개, 노인독신가구 1.16개, 미혼자녀 동거가구 0.98개로 평균 참여모임 수는 1개 내외로 미약한 수준으로 나타났지만, 가구유형별로 통계적으로 유의미한 차이가 있는 것으로 나타났다(F=3.11, p<.05).

5) 삶의 만족도

종속변수인 삶의 만족도를 가구유형별 평균을 보면 노인독신가구 2.85점, 미혼자녀 동거가구 2.76점, 기혼자녀 동거가구 3.00점으로 미혼자녀 동거가구의 여성노인이 삶의 만족도가 가장 낮은 것으로 나타났다. 또한 통계적으로 p<.01 수준에서 유의미했다(F=4.83, p<.01).

2. 사별 여성노인의 가구유형별 삶의 만족 영향 요인

사별 여성노인의 삶의 만족에 영향을 미치는 요인을 가구유형별로 살펴보았다. 분석결과 노인독신가구의 삶의 만족에 영향을 미치는 요인은 인구학적 특성 중 한 달 용돈 정도(b=.010, p<.05)와 취업 유무(b=-.286, p<.05) 그리고 주관적 건강상태(b=.142, p<.05), 가족관계 중 부모로서의 만족(b=.171, p<.05)과 자녀와의 관계(b=.247, p<.001)였다. 즉 홀로 사는 여성노인은 한 달에 사용할 수 있는 용돈이 많을수록, 무직인 경우, 주관적으로 건강하다고 느낄수록, 부모로서 가족 내에서 권위를 인정받고 자신에 대해 만족할수록, 자녀와의 관계가 원만할수록 삶의 만족도가 높아지는 것을 알 수 있다. 이때의 설명력은 23.7%였고 통계적으로 유의미했다(R²=.237, F=7.476, p<.001).

미혼자녀 동거가구의 경우 삶의 만족에 영향을 미치는 요인은 인구사회학적 특성 중 한 달 용돈 정도(b=.011, p<.01)와 주관적 건강상태(b=.127, p<.05), 가족관계 중 부모로서의 만족(b=.305, p<.01), 그리고 사회활동모임 참여 수(b=.251, p<.05)로 나타났다. 이는 미혼자녀와 사는 여성노인의 경우 한 달에 사용할 수 있는 용돈이 많을수록, 스스로 건강하다고 생각할수록, 부모로서 가족 내에서 권위를 인정받고 자신에 대해 만족할수록, 사회활동에 참여할수록 삶의 만족도가 높아지는 것으로 해석할 수 있다. 이때 설명력은 43.6%였고 통계

<표 2> 사별 여성노인의 가구유형별 삶의 만족에 미치는 영향

변인	변수	노인 독신가구b(β)	미혼자녀 동거가구b(β)	기혼자녀 동거가구b(β)
인구사회학적 특성	연령	−.003(−.021)	.024(.172)	.001(.012)
	교육수준	.019(.095)	.027(.148)	.009(.037)
	종교 유무	.001(.011)	−.226(−.134)	−.148(−.089)
	한 달 용돈 정도	.010(.159)*	.011(.236)**	.008(.145)**
	취업 유무	−.286(−.152)*	.067(.039)	−.130(−.057)
건강상태	주관적 건강상태	.142(.170)*	.127(.161)*	.170(.214)***
	만성질환 수	−.335(−.048)	−.481(−.075)	−.512(−.069)
가족관계	부모로서의 만족	.171(.158)*	.305(.301)**	.240(.209)***
	자녀와의 관계	.247(.272)***	.060(.057)	.220(.172)**
사회활동	사회활동모임 참여 수	.073(.082)	.251(.254)*	.175(.192)**
R^2		.274	.436	.317
Adj R^2		.237	.376	.292
F		7.476***	7.257***	12.618***

* $p < .05$, ** $p < .01$, *** $p < .001$

적으로 유의미하게 나타났다(R^2=.436, F=7.257, $p < .001$).

기혼자녀 동거가구의 경우, 삶의 만족에 영향을 미치는 요인은 인구사회학적 특성 중 한 달 용돈 정도(b=.008, $p < .01$)와 주관적 건강상태(b=.170, $p < .001$), 가족관계 중 부모로서의 만족(b=.240, $p < .001$)과 자녀와의 관계(b=.220, $p < .01$), 그리고 사회활동모임 참여 수(b=.175, $p < .01$)였다. 기혼자녀와 사는 여성노인의 경우에는 한 달에 사용할 수 있는 용돈이 많을수록, 스스로 건강하다고 느낄수록, 부모로서 가족 내에서 권위를 인정받고 있다고 생각하고 자신에 대해 만족할수록, 자녀와의 관계가 원만할수록, 사회활동에 참여하는 기회가 많을수록 삶의 만족도가 높은 것으로 나타났다. 이때의 설명력은 31.7%였고 통계적으로 유의미하게 나타났다(R^2=.317, F=12.618, $p < .001$).

가구유형별로 삶의 만족 영향 요인을 분석한 결과를 보면 인구학적 특성 중 한 달 용돈 액수, 건강상태 중 주관적인 건강상태, 그리고 가족관계 중 부모로서의 만족도가 세 집단 모두에서 공통적으로 영향을 미치는 것으로 나타났다. 노인독신가구의 경우에는 앞에서 말한 공통 요인 외에 취업 유무와 자녀와의 관계 만족이 영향 요인으로 나타났고, 미혼자녀 동거가구에서는 사회활동 참여, 기혼자녀 동거가구에서는 자녀와의 관계와 사회활동 참여가 영향을 미치고 있었다. 그런데 이러한 가구유형별 영향 요인 비교는 집단 간에 서로 통제가 되지 않기 때문에 정확하게 가구유형에 따른 영향 요인을 비교하기 어렵다. 따라서 가구유형에 따른 삶의 만족 영향 요인을 구분할 수 있도록 다음의 분석을 시도하였다.

<표 3> 사별 여성노인의 가구유형에 따른 삶의 만족의 차이 영향 요인

변수	모델 I b(β)	모델 II b(β)	모델 III b(β)
노인독신가구[1]	−.123(−.076)	−.098(−.060)	−.086(−.053)
미혼자녀 동거가구[2]	−.216(−.106)*	−.136(−.066)	.136(.067)
연령		.003(.027)	.002(.018)
교육수준		.018(.085)*	.014(.067)
종교 유무		−.103(−.061)	−.096(−.056)
한 달 용돈 정도		.009(.164)***	.009(.156)***
취업 유무		−.149(−.074)*	−.199(−.100)*
주관적 건강상태		.154(.190)***	.160(.198)***
만성질환 수		−.493(−.069)	−.452(−.064)
부모로서의 만족		.230(.209)***	.223(.202)***
자녀와의 관계		.202(.189)***	.230(.213)***
사회활동모임 참여 수		.155(.170)***	.141(.154)***
미혼자녀 동거가구*교육 연수			.010(.028)
미혼자녀 동거가구*한 달 용돈 정도			.001(.009)
미혼자녀 동거가구*취업 유무			.222(.061)
미혼자녀 동거가구*주관적 건강상태			−.032(−.040)
미혼자녀 동거가구*부모로서의 만족			.167(.237)*
미혼자녀 동거가구*자녀와의 관계			−.211(−.385)*
미혼자녀 동거가구*사회활동 참여모임 수			.029(.019)
F	3.451*	22.271***	14.758***
R²	.011	.314	.327
R² change		.302	.013
F 변화량		25.747***	1.604

* p<.05, ** p<.01, *** p<.001
1) 노인독신가구 =1
2) 미혼자녀 동거가구 =1

3. 사별 여성노인의 가구유형에 따른 삶의 만족에 미치는 영향 요인

사별 여성노인의 가구유형에 따른 삶의 만족 차이가 어떠한 요인에 의해 다르게 나타나는지 살펴보기 위해 위계적 회귀분석을 실시하였다. 모델 I은 기혼자녀 동거 가구, 미혼자녀 동거가구, 노인독신가구의 세 유형으로 측정된 가구유형을 미혼자녀 동거가구와 노인독신가구를 기준으로 각각 더미 변수로 만들어 투입하여 가구유형에 따른 삶의 만족에서 차이를 확인하였다. 그 결과 미혼자녀 동거가구가 노인독신가구와 기혼자녀 동거가구보다 삶의 만족도가 낮았다(b=−.216, p<.05).

모델 II는 인구사회학적 특성, 건강상태, 가족관계, 사회활동의 독립변수들이 종속변수인 삶의 만족도에 미치는 영향을 보았다. 인구사회학적 특성 중 교육수준(b=.018, p<.05)과 한 달 용돈 정도(b=.009, p<.001) 그리고 취업 유무(b=-.149, p<.05), 건강상태 중 주관적 건강상태(b=.154, p<.001), 가족관계 중 부모로서의 만족(b=.230, p<.001)과 자녀와의 관계(b=.202, p<.001), 그리고 사회활동모임 참여 수(b=.155, p<.001)가 사별한 여성노인의 삶의 만족에 영향을 미침이 드러났다. 사별 여성노인이 한 달에 사용하는 용돈이 풍족할수록, 일을 하고 있지 않은 경우, 주관적으로 본인이 건강하다고 생각할수록, 부모로서 가족 내에서 권위를 인정받고 있고 자신에 대해 만족할수록, 자녀와의 관계가 원활할수록, 사회활동을 위해 참여하는 모임 수가 많을수록 삶의 만족이 높아지는 것으로 나타났다.

마지막으로 모델 III은 모델 II에서 삶의 만족에 통계적으로 유의미한 영향을 미치는 변수와 가구유형과의 상호작용을 변수로 투입하여 가구유형에 따른 삶의 만족 영향 요인을 살펴보았다. 그 결과 미혼자녀 동거가구*부모로서의 만족(b=.167, p<.05)과 미혼자녀 동거가구*자녀와의 관계(b=-.211, p<.05)가 통계적으로 유의미한 것으로 나타났다. 이는 모델 II에서 삶의 만족 영향 요인으로 나타난 여러 변인 중에서 부모로서의 만족과 자녀와의 관계가 미혼자녀 동거가구의 삶의 만족에 영향을 미침을 의미하는 것이다.

V. 논의 및 결론

본 연구는 사별 여성노인의 가구유형에 따른 삶의 만족의 차이와 그 영향 요인을 밝히고자 시도되었다. 가구유형을 노인독신가구, 미혼자녀 동거가구, 기혼자녀 동거가구로 분류하여 사별 여성노인의 삶의 만족이 세 가구유형에 따라 어떠한 차이가 있는지를 살펴본 결과, 미혼자녀 동거가구의 삶의 만족도가 가장 낮고 가구유형에 따른 분명한 차이가 있는 것으로 나타났다. 이 결과를 통해 독거노인의 삶이 가장 열악하다고 단정 짓지 말아야 하며, 사별한 여성노인이 자녀와 동거할 때 무조건 삶에 대한 만족이 높아진다고 단언하기보다는 동거하는 자녀의 결혼 여부에 주목하여야 할 필요가 있음을 인식하게 되었다.

사별 여성노인의 가구유형별로 삶의 만족이라는 영향을 미치는 요인을 분석한 결과, 한 달 용돈 정도, 주관적 건강상태, 부모로서의 만족이라는 세 변인이 세 집단 모두에서 유의미한 영향 요인으로 드러났고, 독신가구에서는 취업 여부와 자녀와의 관계, 미혼자녀 동거가구에서는 사회활동모임 수, 기혼자녀 동거가구에서는 자녀와의 관계와 사회활동모임 수가 영향을 미치고 있었다. 그런데 이러한 가구유형별로 실시한 회귀분석은 집단 간 통제가 이루어지지 않아 영향 요인들을 직접 비교하지 못한다는 약점을 안고 있다.

사별 여성노인의 가구유형에 따른 삶의 만족 영향 요인을 직접적으로 비교하기 위해 위계적 회귀분석을 실시하였고, 그 결과 사별 여성노인의 삶에 영향을 미치는 요인으로 인구사회학적 특성 중 교육수준, 한 달 용돈 정도와 취업 여부, 건강상태 중 주관적 건강상태, 가족관계의 부모로서의 만족과 자녀와의 관계, 그리고 사회활동모임 참여 수가 드러났으며, 영향 요인 중에서 부모로서의 만족과 자녀와의 관계는 미혼자녀 동거가구 여부에 따라 삶의 만족에 영향을 미침을 확인할 수 있었다. 이러한 연구결과를 통해 배우자를 사별한 여성의 삶의 만족을 높이기 위해서는 경제적인 안정, 건강의 확보, 사회적인 관계의 유지 및 확장, 자녀와의 원활한 관계 등이 중요함을 재확인하였다. 그리고 배우자와 사별하고 미혼자녀와 동거하는 여성노인의 경우 자녀가 성인이 되었음에도 불구하고 가정을 꾸미며 독립하지 못하고 있을 때 삶의 만족에도 영향을 받는 것으로 나타나, 사별 여성 중 미혼자녀 동거가구에 대한 사회적 관심이 필요함을 본 연구결과를 통해 알 수 있었다.

노년기에 접어들면 대부분 내향성이 증가하고 문제해결에 있어서 수동적으로 변한다. 그런데 노인이 되어서도 여전히 자녀 양육 책임이 남아 있는 경우, 내향성이 증가하거나 수동적인 태도를 취하는 전형적인 노인의 심리적 특성을 띠기보다는 능동적으로 문제해결을 하는 양상을 보인다고 한다. 따라서 미혼의 자녀와 동거할 경우, 외면적으로는 능동적으로 보이지만 양육책임의 연장선에서 자녀를 결혼시켜야 부모로서의 책임을 다한다는 부담감과 가사노동에서 벗어나지 못하는 스트레스를 피할 수 없기 때문에 삶의 만족이 떨어지는 것으로 해석된다.

미혼자녀 동거가구의 삶의 만족이 가족관계의 영향을 받는다는 본 연구결과를 바탕으로 이들의 삶의 만족도를 향상시키기 위한 실천적 대안을 제시하고자 한다. 먼저 사별 여성노인이 미혼자녀와 긍정적 관계를 형성할 수 있도록 의사소통기술을 익힐 수 있는 기회가 제공되어야 할 것이다. 사별 여성은 그동안 보살펴야 할 대상으로 생각해 온 미혼자녀를 독립된 하나의 성인으로 인정하고, 이들과 평등한 관계에서 대화를 할 수 있도록 의사소통기술을 익혀야 한다(Florence, George & Virginia, 1980). 그리고 사별 여성 중 미혼자녀와 동거하는 사례를 지역사회 내에서 파악하고 이들의 심리적 스트레스와 가사노동의 부담감을 덜어 줄 수 있는 서비스를 마련하여야 할 것이다. 이를 위해 독거노인에게 편중되어 있는 재가노인복지서비스를 재편하여 미혼자녀 동거가구의 여성노인에 대한 서비스의 배분이 필요하다고 여겨진다.

본 연구에서의 한계는 다음과 같다. 첫째, 본 연구에서 사용한 자료는 2003년에 조사된 것으로 연구시점과 10년 정도 시간 차이가 있다. 그러므로 본 연구를 바탕으로 사별 여성노인의 가구유형에 대한 최신 자료를 활용한 분석이 요구된다.

둘째, 본 연구에서는 횡단자료를 이용함에 따라 사별 여성노인의 가구유형의 변화와 그에 따른 삶의 만족 변화를 살펴보지 못하였다. 따라서 사별 여성노인의 가구형태 변화를 추적하여 삶의 변화를 살펴보는 종단적인 연구가 필요하다.

셋째, 본 연구에서는 사별 여성노인의 동거유형을 노인독신, 미혼자녀 동거, 기혼자녀 동거의 3가지로 구분하여 그 외의 다양한 동거형태를 포함하지 못하였다는 제한점을 지닌다. 추후연구에서는 사별 여성노인의 다양한 동거유형, 예를 들어 기혼과 미혼자녀와 동시에 동거하는 경우, 다문화 여성 가정도우미나 간병인과 함께 동거하는 경우, 자매를 비롯한 친지, 친구와 동거하는 경우 등의 다양한 동거유형을 포함한 연구도 가능할 것이다.

참고문헌

김귀분 · 이윤장 · 석소현(2008). 가족동거노인과 독거노인의 건강상태, 우울 및 삶의 질 비교연구. 성인간호 학회지 20(5), 765-777.

김기태 · 박봉길(2000). 독거노인의 생활만족도와 사회지지망 : 지역복지관의 서비스를 제공받고 있는 노인 을 중심으로. 한국노년학 20(1), 153-168.

김미혜 · 신경림 · 강미선 · 강인(2004). 한국노인의 성공적 노후에 대한 경험. 한국노년학 24(2), 79-95.

김수현 · 강현정 · 김윤정(2008). 농어촌 여성독거노인의 사회적 관계망이 삶의 질에 미치는 영향. 한국가족 복지학 13(3), 52-71.

김승연 · 고선규 · 권정혜(2007). 노인 집단에서 배우자의 사별 스트레스와 우울의 관계. 한국심리학회지 임상 26(3), 573-596.

김태현 · 김동배 · 김미혜 · 이영진 · 김애순(1999). 노년기 삶의 질 향상에 관한 연구 2. 한국노년학 19(1), 61-81.

김태현 · 이동숙 · 정혜정(2000). 독거 여성노인의 생활만족도 연구 : 전라북도 지역을 중심으로. 한국노년학 20(2), 49-70.

김희경 · 이현주 · 박순미(2010). 여성독거노인의 삶의 질 영향 요인. 한국노년학 30(2), 279-292.

박순미(2008). 독거노인의 건강상태 지각, 통증, 일상생활활동, 외로운 삶과 질. 공주대학교 석사학위논문.

박충선(1990). 여성노인의 삶의 질에 관한 분석적 연구. 여성연구 28.

석재은 · 구본미 · 권종희 · 장은진(2010). 성공적 노화를 위한 선택 · 적정화 · 보완(SOC) 모델의 이론적 고찰 과 실천적 적용 가능성에 관한 연구. 노인복지연구 48, 251-278.

손덕순 · 이홍직(2006). 노인의 심리적 안녕감 결정요인에 관한 연구 ― 생태체계 요인을 중심으로 ―. 노인 복지연구 31(봄), 181-205.

양순미 · 홍숙자(2003). 농촌노인의 독거 · 동거 가구형태가 심리적 고독감에 미치는 영향. 한국가정관리학회 지 21(6), 129-139.

원영희(1995). 동별거 형태가 한국노인의 심리적 행복감에 미치는 영향. 한국노년학 15(2), 97-116.

_____(2006). 줄어드는 결혼, 늘어나는 이혼. 보건복지포럼 115, 44-54.

유광수 · 박현선(2003). 독거노인과 가족동거노인의 건강상태에 관한 비교 연구. 한국노년학 23(4), 163-179.

윤종희 · 이혜경(1997). 배우자가 없는 여성노인의 자아존중감, 건강상태, 가족관계, 사회활동참여도에 따른 생활만족도. 한국노년학 17(1), 289-304.

이민아 · 김지범 · 강정한(2011). 동거형태와 한국노인의 삶의 질 만족도. 보건과 사회과학 29, 41-67.

이신영(2009). 자녀 동거 여부에 따른 여성노인과 남성노인의 생활만족도 영향 요인. 젠더와 문화 2(1), 125-149.

이영분·이용우·최희정·이화영(2011). 한국사회의 부모의존 독신성인에 대한 탐색적 연구. 한국가족복지학 31, 5-30.

이영자(1999). 단독가구 노인의 스트레스와 우울감 : 사회적 지지의 완충효과를 중심으로. 이화여자대학교 박사학위논문.

임연옥·박재연·윤현숙(2010). 배우자 사별노인이 지각한 사회적 지지의 변화와 그 예측요인. 노인복지연구 50, 123-144.

전길양·김정옥(2000). 배우자 사별노인의 자기효능감, 사회적 지지 및 심리적 적응에 관한 연구. 대한가정학회지 38(1), 155-170.

조병은(1999). 노부모와 성인자녀 간의 결속도와 노부모의 인생만족도. 한국노년학 10, 105-124.

최영(2005). 가구형태에 따른 노인의 건강상태 결정요인에 관한 연구. 노인복지연구 29, 123-149.

최일선(1997). 독거노인을 위한 재가복지서비스 개선방안에 관한 연구. 중앙대학교 일반대학원 석사학위논문.

통계청(2010). 장래인구추계. 대전 : 통계청.

한혜경·이유리(2009). 독거노인의 정신건강 수준과 영향 요인. 한국노년학 29(9), 805-822.

홍숙자(1992). 한국거주노인과 재미교포노인의 생활만족도 비교연구. 경희대학교 일반대학원 박사학위논문.

Belcher, A. E.(1990). Nursing Aspect of Quality of Life Enhancement in Cancer Patient. *Journal of Oncology* 4(5), 197-199.

Choi, Namkee G.(2001). Relationship between Life Satisfaction and Postretirement Employment among Older Women. *International Journal of Aging and Human Development* 52(1), 45-70.

Florence, P. C., George, T. Doub & Virginia, M. S.(1980). *Family Wellness.* Family Wellness Associates.

Lawton, M. Powell(1975). The Philadelphia Geriatric Center Morale Scale : A Revision. *Journal of Gerontology* 30(1), 85-89.

Li, L. W., Seltzer, M. M. & Greenberg, J. S.(1997). Social Support and Depressive Symptoms : Differential Patterns in Wife and Daughter Caregivers. *Journal of Gerontology* 52B(4), 200-211.

통계청. http://kosis.kr

* 본 논문은 노인복지연구 제55호(2012. 3)에 게재되었음을 밝혀 둔다.

배우자 사별 노인이 지각한 사회적 지지의 변화와 그 예측 요인

임연옥 · 박재연 · 윤현숙

I. 서론

부부가 건강하게 해로하는 '부부 복'은 성공적으로 노후를 보내기 위한 여러 조건 중 하나로, 노년기의 배우자는 정서적인 위로를 주고 의지하며 즐거움을 나누는 친구와 같은 존재임과 동시에 곁에 살아 있는 것만으로도 마음에 큰 위안이 되는 존재이다(김미혜 · 신경림 · 강미선 · 강인, 2004). 인생을 살아가면서 배우자와 사별하는 것은 어느 누구도 피할 수 없는 사건이며, 남아 있는 사람에게 큰 충격을 안겨 준다. 배우자와 사별한 노인들은 상실감 · 외로움 · 경제적 문제 · 역할수행 문제 · 대인관계 문제 등의 여러 어려움을 경험하는데(전길양 · 김정옥, 2000 ; 김승연 · 고선규 · 권정혜, 2009), 그중에서도 노년기에 가장 친밀한 존재인 남편이나 아내를 잃음으로써 발생하는 관계 해체에서 오는 상실감 · 절망감 · 외로움 등의 심리적인 고통이 가장 크다고 한다(윤현희, 1996 ; 전길양 · 김정옥, 2000). 그리고 배우자가 있는 노인보다 배우자가 없는 노인의 자살률 또는 사망률이 높을 뿐만 아니라 정신건강에도 부정적인 영향을 받아 생활 불만족이나 사기저하를 경험한다(이영자 · 김태현, 1999 ; 전길양 · 김정옥, 2000 ; 신혜숙, 2001).

그렇다면 노년기 삶에서 이렇게 중요한 존재인 배우자와 사별한 사람들의 심리적 · 사회적 적응을 돕기 위한 유용한 방법은 무엇일까? 이에 대한 해답으로 선행 연구들은 배우자와 사별한 노인들의 적응에 있어서 사회적 지지가 직접적으로 영향을 미칠 뿐만 아니라 완충 또는 완화작용을 한다고 보고하고 있다(김기태 · 박봉길, 2000 ; 전길양 · 김정옥, 2000 ; 최용민 · 이상주, 2003 ; 김기태 · 박미진, 2005 ; 안경숙, 2005 ; 김승연 · 고선규 · 권정혜, 2007 ; 차승은, 2007 ; 정민승·김경화, 2009 ; 한혜경·이유리, 2009 ; Kaunonen, Tarkka, Paunonen & Laippala, 1999 ; Thuen, 1997 ; Thuen, Reime & Skrautvoll, 1997 ; Scott, Bergenman, Verney, Longenbakeer, Markey & Bisconti, 2007 ; Stewart, Craig, MacPherson & Alexander, 2001 ; Ungar & Rlorian, 2004).

한편 배우자와의 사별로 받은 충격은 짧게는 몇 달에서 보통 1~2년 정도 영향을 미치는 것으로 보고되고 있지만(강인·최혜경, 1998 ; 전길양·김정옥, 2000), 20년이 넘어서까지 아주 오랫동안 영향을 미칠 수도 있다고 알려지고 있다(Wortman, Silver & Kessler, 1993). 본 연구는 노인들이 배우자와 사별한 후 애도하고 적응해 가는 긴 시간 동안 사회적 지지가 어떻게 변화해 가는지에 관심을 갖고 출발하였다. 이제까지 사회적 지지에 관한 대부분의 국내외 선행 연구들은 횡단연구방법을 활용함에 따라 사별을 경험한 노인이 시간이 경과하여 나이가 들어 감에 따라 사회적 지지가 어떻게 변화하는지 다루지 못하여 왔다. 따라서 본 연구는 종단연구자료인 한림고령자 패널자료를 활용하여 배우자 사별 노인을 대상으로 시간이 경과함에 따른 사회적 지지의 변화를 추적하고, 사회적 지지 변화의 개인 차이를 예측할 수 있는 변인들을 규명하고자 한다.

본 연구에서는 한림고령자 패널자료 중 춘천에 거주하는 배우자와 사별한 노인으로 연구대상을 국한한다. 1995년 1월 1일 「도농복합형태의 시 설치 등에 관한 법률」 제4774호에 의하여 춘천시와 춘천군은 통합되어 도농복합형태의 춘천시가 되었다. 현재 1개 읍, 9개 면, 15개 동으로 구성되어 있는 춘천시는 전형적인 농촌지역이나 도시지역과는 달리 농촌의 특성과 도시의 특성을 동시에 지니고 있다. 이기영·배은석·박해긍(2007)에 따르면 도농복합지역은 사회복지자원의 편재 현상, 지역토박이와 이주해 온 주민 간의 갈등 구조, 복지재정 확보의 어려움을 안고 있다. 그래서 도농복합지역의 노인들은 사회복지자원의 편재로 인한 다양한 서비스에 대한 접근성이 떨어지고, 이로 인해 정서적인 문제를 해결함에 있어서 더 어려움을 겪는다고 한다(최송식·박현숙, 2009).

이러한 도농복합지역의 환경적 특성은 배우자와 사별한 노인들이 심리적으로 또는 사회적으로 적응해 나가는 과정에서 사회적 지지를 받는 데에도 영향을 미칠 것이다. 따라서 본 연구는 도농복합지역인 춘천시에 거주하는 배우자 사별 노인들이 지각한 사회적 지지의 변화를 시간의 흐름에 따라 살펴보고, 사회적 지지 변화의 개인 차이를 예측하는 변인들을 규명하고자 한다. 연구문제는 다음과 같다.

〔연구문제〕

1. 배우자와 사별한 노인들이 지각한 사회적 지지는 시간이 흐름에 따라 어떻게 변화하는가?

2. 시간이 흐름에 따라 배우자와 사별한 노인들이 지각한 사회적 지지의 변화에 영향을

II. 이론적 배경

1. 노인의 배우자 사별과 사회적 지지

배우자와 사별한 사람들은 처음에는 충격·무감각·회피 및 부정 등 혼돈의 시기를 경험하게 되고, 점차 시간이 지나면서 사별과 직면함으로써 죄책감·그리움·우울·외로움의 과정을 거친다. 그후 사별한 자신의 상태를 수용하고 적응하면서 새로운 현실감과 새로운 자신만의 정체성을 재정립하여 삶을 재정비하게 된다(이미라, 2007 ; Strobe, Strobe & Hansson, 1993). 이러한 사별 후 애도와 현실에 대한 재적응 과정에 사회적 지지가 영향을 미침은 여러 선행 연구에서 확인되고 있다.

그런데 사회적 지지는 포괄적이고 복합적인 개념으로 학자마다 개념 정의와 평가방법이 다양한데(정민승·김경화, 2009), 지각된 지지와 실제적인 사회적 지지로 구분할 수 있다(Levy & Dervy, 1992 ; Kanacki, Jones & Galbraith, 1996). 실제적인 사회적 지지에 관심을 지닌 연구자들은 사회적 지지를 가족·친구·이웃·기타 사람에 의해 제공되는 여러 형태의 도움과 원조로 정의하고(박지원, 1985), 사회적 지지의 양적·구조적·기능적 측면으로 구분하여 분석하는 데 집중한다. 지각된 사회적 지지에 관심을 갖는 연구자들은 사회적 지지는 사회적 상호작용에서 가족·친척·이웃·친구 등의 사람들로부터 받는 도움의 정도에 대한 개인의 지각으로 정의하고(전귀연·임주영, 2002), 사회적 지지를 가족·친척·이웃·친구 등으로부터 받는 충분성 정도나 만족 정도 등에 관심을 둔다.

선행 연구들을 살펴보면 실제적인 사회적 지지보다는 지각된 사회적 지지가 배우자와 사별한 사람의 애도와 적응과정에 더 영향을 미침을 확인할 수 있다. Kanacki 외(1996)는 배우자와 사별한 노인이 그들의 자녀와 가족 또는 친구와 실제 접촉한 정도와 사회적 지지를 받았다고 지각하는 정도 간에는 유의미한 관계가 없음을 밝히고, 지각된 사회적 지지가 배우자와 사별한 뒤 홀로 남겨진 남성노인의 사망률과 우울을 저하시킴을 확인하고 있다. 그리고 Kaunonen, Tarkka, Paunonen & Laippala(1999)는 배우자와 사별한 사람들에게 있어서 가족이나 친구로부터 사회적 지지를 받음을 지각하는 것이 사별 후 적응에 매우 도움이 됨을 보고하고 있다. 또한 Gass(1987)와 Theun(1995)도 지각된 사회적 지지가 배우자와 사별한 후 비통에 잠긴 사람들의 건강과 적응에 정적인 관계를 가지고 있음을 밝히고 있다. 따라서 본 연구에서는 배우자와 사별한 노인이 지각한 사회적 지지에 초점을 맞추고자 한다.

2. 연령증가에 따른 사회적 지지

배우자와 사별한 노인 또는 독거노인과 사회적 지지에 대한 관심으로 이루어진 국내외 횡단연구들은 연령증가에 따라 사회적 지지가 감소하거나 관계가 없다는 다양한 연구결과를 보여 주고 있다. 일반적으로 연령이 증가할수록 사회적 지지를 덜 받는다고 알려져 있을 뿐만 아니라 사별을 경험한 사람들에게 있어서도 연령이 증가함에 따라 사회적 지지가 줄어든다고 알려져 있다(Thuen, 1997). Thuen(1997)은 배우자를 비롯한 가족과 사별한 성인과 노인을 대상으로 연령에 따라 받은 사회적 지지 정도를 비교한 결과, 노인이 젊은 사람에 비해 평균 이하의 사회적 지지를 받고 있었으며, 특히 젊은 사람일수록 전문가로부터 사회적 지지를 더 받고 있음을 밝히고 있다. Lopata(1979)도 배우자와 사별한 사람들은 가족과 친구로부터 받는 사회적 지지가 연령이 들어 감에 따라 감소함을 보고하고 있다. 국내 선행 연구 중에서도 신미화·고성희(1996), 김시현(1984)은 연령이 증가할수록 사회적 지지가 낮아짐을 보고하고 있다.

그러나 이형실(2003)은 60대 노인과 70대 노인 간에 사회적 지지를 받는 정도에 차이가 없음을 밝히고 있으며, 농촌 노인을 대상으로 연구한 진기남·조성남·윤경아(1995)의 연구에서도 연령이 사회적 지원에 대한 만족도에 영향을 미치지 못함을 보고하고 있다. 김순이·이정인(2009)도 75세 이상의 고령 노인집단과 65~74세 노인집단 간에 사회적 지지의 차이가 없음을 확인하였고, 김옥수·백성희(2003)의 연구에서도 노인 연령집단 간에 사회적 지지 정도와 사회적 지지 만족도에 차이가 없었다.

이신숙·이경주(2002)는 사회적 지지의 여러 측면 중에서 정서적 지지를 65세부터 70세 이하의 노인이 81세 이상의 노인에 비해 더 많이 받고 있음을 확인하였다. 그러나 이들이 자녀로부터 받는 도구적 지지나 친구·친지로부터 받는 도구적 지지와 정서적 지지에 있어서는 연령에 따른 차이가 없음을 확인함으로써, 사회적 지지의 구조 및 기능에 따라 차이가 있음을 제시하고 있다.

이와 같이 사회적 지지와 연령 간의 관계에 대한 여러 선행 연구결과들이 일치하지 않는 이유가 연구대상자의 차이와 사회적 지지를 어떻게 측정하였는가 하는 방법론적인 차이에 따른 것일 수도 있지만, 노인들을 대상으로 한 종단연구의 부족이 또 다른 하나의 원인일 수 있다. 즉 횡단연구방법에 의해 제시된 연구결과들은 시간의 흐름에 따른 개인의 사회적 지지의 변화를 보여 주는 데 한계를 지니기 때문이다. 따라서 배우자와 사별한 노인 개개인이 시간이 경과하여 나이가 들수록 사회적 지지를 더 받게 되는지 또는 덜 받게 되는지는 불분명하다. 이러한 이유로 인해 종단자료를 활용하여 사회적 지지의 변화를 밝히는 연구가 필요한 것이다.

한편 Scott 외(2007)는 위계적 선형모형(hierarchical linear modeling)을 이용하여 배우자와 사별한 성인을 대상으로 사별 후 받은 사회적 지지의 만족도 변화를 98일간 매일 추적하여 분석하였다. 초기치는 가족으로부터 받는 사회적 지지가 친구로부터 받는 사회적 지지보다 더 많았다. 그러나 가족으로부터 받은 사회적 지지의 만족도 변화율과 친구로부터 받은 사회적 지지의 만족도 변화율에 있어서는 시간 경과에 따른 증가 또는 감소의 어떠한 선형 변화도 유의미하게 나타나지 않았다. 그런데 이 연구는 종단연구의 성격을 갖추기는 하였으나 배우자와 사별 후 약 4개월 정도 기간에 받은 사회적 지지를 추적한 것으로, 보다 장기간에 걸친 사회적 지지의 변화에 대한 연구가 요구된다. 따라서 본 연구에서는 배우자와 사별한 노인들을 대상으로 수집된 종단연구자료를 활용하여 시간이 경과함에 따른 사회적 지지의 변화를 확인하고자 한다.

3. 노인의 사회적 지지 예측 요인

선행 연구에 대한 검토를 통해 노인의 사회적 지지와 관련된 변인들을 살펴보면 연령, 성, 학력, 거주지역, 주거형태, 경제상태, 건강상태, 사회활동 참여 정도, 가족구성 등의 변인들과 관련이 있음을 알 수 있다. 본 연구에서는 경제상태와 건강상태 그리고 사회활동 참여 정도와 같이 시간이 흐름에 따라 변할 수 있는 시간 의존적 변수보다는 성, 학력, 사별기간, 거주지역, 자녀 수 등과 같은 시간 독립적 변수들을 중심으로 살펴보고자 한다.

먼저 성별과 관련하여 김옥수 · 백성희(2003)는 여성노인이 남성노인보다 사회적 지지를 제공해 주는 사람 수가 많았지만 남녀 노인 간에 사회적 지지의 만족도에는 차이가 없음을 밝히고 있다. 이형실(2003)은 여성노인이 남성노인보다 자녀로부터 경제적 지지를 더 많이 받음을 보고하고 있다. 반면 이신숙 · 이경주(2002)는 남성노인과 여성노인 간에 자녀로부터의 사회적 지지와 친구나 친지로부터의 사회적 지지의 양에 차이가 없음을 밝혔고, 고보선(2004)도 남녀 노인 간에 도구적 지지와 정서적 지지를 받는 정도의 차이가 없음을 보고하고 있다.

둘째, 학력과 관련하여 전길양 · 김정옥(2000)은 배우자와 사별한 노인 중 교육수준이 낮은 노인들이 사회적 지지를 낮게 지각하고 있음을 보고하고 있고, 김윤정(2003)도 학력이 낮을수록 사회적 지지를 덜 받음을 주장하고 있다. 이신숙 · 이경주(2002)의 연구에서는 무학이거나 국졸인 노인이 중졸 이상인 노인에 비해 친구나 친지로부터 정서적 지지를 덜 받지만, 자녀로부터 받는 도구적 지지와 정서적 지지, 친구나 친지로부터 받는 도구적 지지는 학력에 따른 차이가 없었다. 김옥수 · 백성희(2003)는 교육수준에 따른 사회적 지지를 제공하는 사람의 수나 사회적 지지의 만족도에 통계적으로 유의한 차이가 없음을 제시하고 있다.

셋째, 자녀 수와 관련하여 이신숙·이경주(2002)는 사회적 지지 중 자녀로부터의 도구적 지지와 정서적 지지, 그리고 친구로부터의 정서적 지지는 자녀 수에 따라 차이가 있음을 보고하고 있다. 채수원·오경옥(1992)은 자녀가 많을수록 지지망이 크고 사회적 지지 정도가 높음을 밝혔다. 즉 자녀는 노인에게 다양한 측면에서 사회적 지지를 제공하는 자원이므로 자녀 수가 많음은 곧 사회적 지지를 받을 가능성이 높음을 의미하기 때문이라고 생각된다.

넷째, 거주지역과 관련하여 서병숙·이현(1995)은 도시와 농촌의 사회적 지지에 차이가 있음을 보고하고 있는데, 도시에 거주하는 노인이 농촌에 거주하는 노인보다 사회적 지지를 제공하는 가족이나 친척·이웃과 같은 지지원을 더 많이 가지고 있었다.

마지막으로 사별기간에 관하여 전길양·김정옥(2000)은 사별기간이 2년 이내이거나 그보다 짧을 때 사회적 지지가 높다고 지각하고 있음을 보고하고 있다. 그리고 Thuen(1997)에 따르면 사별할 당시의 나이가 사회적 지지를 받는 수준에 영향을 미친다고 함으로써 사별기간이 영향을 미칠 수 있음을 간접적으로 시사하였다.

III. 연구방법

1. 연구대상

본 연구는 한림고령자 패널자료를 활용하였다. 한림고령자 패널은 서울과 춘천에 거주하는 40세 이상의 2,529명을 대상으로 2003~2009년 격년으로 네 차례에 걸쳐 진행된 종단조사연구이다. 한림고령자 패널의 2003년도 첫 조사에서 조사대상자 선정은 구(區)별 층화표집(stratified sampling)과 구 내의 동·통에 대한 집락표집(cluster sampling), 그리고 조사 구 내에서의 계통표집(systematic sampling)방법을 사용하였다. 현재 한림고령자 패널은 4차까지 종단자료로 완성되어 있다.

본 연구에서는 연구목적상 한림고령자 패널자료 중 1차 조사시점인 2003년에 60세 이상으로 춘천에 거주하는 노인 1,220명 중 배우자와 사별한 515명을 연구대상으로 국한하였으며, 이들이 지각한 사회적 지지수준의 종단 변화를 네 시점의 자료를 통해 살펴보았다. 조사에 응한 배우자와 사별한 춘천 거주 노인은 1차 2003년에 515명이었으나 2차 2005년에는 366명(71.1%), 3차 2007년에는 192명(37.3%), 그리고 4차 2009년에는 390명(75.7%)이었다. 패널연구자료에서는 각 시점마다 조사에 응하지 않은 사람들의 응답, 즉 결측치가 흔히 발생한다. 반복 측정을 함에 따라 발생한 결측치에 대해서는 각 변인의 결측치가 무선적으로 발생했다는 가정(임의결측 : Missing at Random. 이하 'MAR')하에 제한정보 최대추정

(Full-Information Maximum Likelihood. 이하 'FIML')방법에 의해 추정하였다. FIML은 결측치가 있는 자료에 대해 MAR 가정을 완벽히 충족시키지 않는 조건하에서도 listwise나 pairwise 같은 정통적인 방법을 사용하는 것보다 정확하게 미지수를 추정한다고 알려져 있다(Schafer & Graham, 2002). 따라서 본 연구에서는 AMOS 프로그램의 FIML을 사용하여 분석하였다.

2. 측정도구 및 변수

본 연구의 주된 관심인 배우자와 사별한 노인이 지각한 사회적 지지는 Zimet, Dahlem, Zimet & Farley(1988)가 개발한 사회적 지지 척도(Multidimensional Scale of Perceived Social Support. 이하 'MSPSS')를 사용하였다. MSPSS는 대학생 또는 성인이 가족, 친구와 의미 있는 사람으로부터 받고 있다고 지각한 사회적 지지의 충분성 정도를 측정하기 위해 개발되었으며 원척도는 12개 문항으로 구성되었다. 그리고 MSPSS의 신뢰도는 청소년, 성인 및 노인 등을 대상으로 한 선행 연구들로부터 입증되어 왔다(Zimet et al., 1988 ; Zimet, Powell, Farley, Werkman & Berkorr, 1990 ; Dahlem, Zimet & Walker, 1991 ; Kazarian & McCabe, 1991 ; Cecil, Stanley, Carrion & Swann, 1995 ; Stanley, Beck & Zebb, 1998).

본 연구에서는 MSPSS 12개 문항 중에서 가족, 친구, 의미 있는 타인에 대한 문항으로 '나는 내 문제를 가족과 상의할 수 있다', '나는 내 문제를 친구들과 상의할 수 있다', '내 감정을 헤아려 주는 사람이 있다'와 같은 6개 문항을 사용하였다. 각 문항은 '매우 그렇다'를 5점, '전혀 그렇지 않다'를 1점으로 하는 5점 리커트 척도로 측정되었으며 6개 문항의 총점을 분석에 사용하였다. 점수가 높을수록 사회적 지지를 충분히 받는다고 지각하는 것을 의미한다. 본 연구에서 사용된 MSPSS의 Cronbach's α값은 1차 연도에는 0.816, 2차 연도에는 0.799, 3차 연도에는 0.803, 4차 연도에는 0.828로 나타나 신뢰도가 높다고 판단되었다.

본 연구의 연구대상자들의 연령 분포를 보면 1차 조사 시점에서 60~95세까지 그 범위가 넓었고, 선행 연구에서 연령이 사회적 지지와 관련이 있음을 보고하고 있어 연령을 통제한 상태에서 사회적 지지의 변화를 살펴보고자 한다. 통제변수로서의 연령은 생년월일을 기준으로 계산한 만 연령을 연속변수로 이용하였다.

선행 연구에 대한 검토를 통해 춘천 거주 사별 노인이 지각한 사회적 지지의 변화에 영향을 미치는 독립변수로 성, 학력, 거주지역, 자녀 수, 사별기간을 포함하였다. 성은 남성을 1, 여성을 0으로 리코딩한 명목변수를 사용하였고, 거주지역은 춘천이 도농복합지역이라는 특성을 고려하여 도시를 1, 농촌을 0으로 리코딩한 명목변수를 사용하였다. 학력은 정규교육을 받은 햇수를 물어보아 연속변수를 사용하였다. 사별기간은 1차 조사시점인 2003년 연령에서 사별한 시점의 연령을 뺀 기간으로, 자녀 수도 2003년에 생존해 있는 자녀 수를 측정하여 연속변수를 사용하였다.

3. 분석방법

본 연구의 분석을 위해 문항에 대한 기술통계와 신뢰도분석은 SPSS 12.0을 활용하였으며, 잠재성장모형(Latent Growth Model)은 AMOS 5.0을 활용하였다. 배우자와 사별한 노인이 지각하는 사회적 지지의 충분성의 변화를 규명하고, 그 변화에 영향을 미치는 요인을 밝히기 위해 본 연구에서는 종단자료의 변화를 추정할 수 있는 잠재성장모형을 이용하였다. 잠재성장모형은 시간의 경과에 따른 사회적 지지의 변화를 가장 간명하게 설명하는 변화모형을 제시하여 주며, 기존 횡단연구에서 나타나는 결과들을 초기치에 대한 해석을 통해 살펴보는 동시에 시간 경과에 따른 사회적 지지의 변화 경향을 변화율을 통해 살펴볼 수 있다는 장점을 지닌다. 그리고 횡단연구에서는 개인 간 비교만 가능하고 시간의 흐름에 따른 개인의 내적 변화를 알 수 없지만, 잠재성장모형은 시간의 흐름에 따른 사회적 지지의 개인 내적인 변화를 살펴볼 수 있다는 장점도 지닌다. 또한 배우자 사별 노인의 사회적 지지의 초기치와 변화율에 영향을 주는 변수가 무엇인지 분석해 낼 수 있다는 장점을 지닌다.

첫 번째 연구문제를 검증하기 위해 사별노인의 사회적 지지의 변화를 가장 잘 설명하는 무조건모형(unconditional model)을 찾고자 하였다. 이를 위해 무변화모형과 선형변화모형을 설정하고 두 모형적합도를 비교함으로써 사회적 지지의 변화를 가장 잘 설명하는 변화모형을 찾고자 하였다. 모형적합도 비교는 모형과 자료 간의 일치된 정도를 보여 주는 x^2, TLI, CFI, RMSEA를 이용하였다. 그리고 채택된 변화모형(무조건모형)에서 잠재 요인인 초기치와 변화율을 살펴보았다.

두 번째 연구문제를 해결하기 위해 조건모형을 설정하였다. 무조건모형에 선행 연구를 통해 배우자와 사별한 노인들이 지각한 사회적 지지 변화에 영향을 미칠 것으로 예측된 변수들을 투입하고, 이 변수들 간에 상관관계를 설정하여 잠재성장모형의 조건모형(conditional model)을 모형화하였다. 그리고 조건모형의 모형적합도를 살펴보고 각 변수가 초기치와 변화율에 미치는 영향력을 해석하였다.

IV. 연구결과

1. 조사대상자 특성

〈표 1〉과 〈표 2〉는 연구대상자의 특성에 대한 기술통계치를 정리한 것이다. 1차 조사 시점인 2003년의 연구대상자의 특징을 살펴보면 연령 분포는 60~95세로 평균 73.31세이었다(〈표 2〉 참조). 2003년에 배우자와 사별한 상태이던 515명 중 89.3%에 해당하는 460명이 여성이었으며, 남성은 10.7%인 55명에 불과하였다(〈표 1〉 참조). 연구대상자들이 거주하는 춘천은 도농복합지역으로 66.8%(344명)가 농촌에서, 33.2%가 도시 지역에서 살고 있었다(〈표 1〉 참조).

정규교육을 받은 햇수로 살펴본 학력은 평균 2.25년으로 수학기간이 매우 짧았으며, 남성노인은 평균 4.87년 동안 정규교육을 받은 반면 여성노인은 평균 1.94년으로 남녀 간 학력 차이가 존재하였다(t=-6.252, p<.001 ; 〈표 2〉 참조). 그리고 이들의 평균 사별기간은 1차

〈표 1〉 연구대상자의 성과 거주지역 분포

변수	항목	사람 수(%)
성	남	55명(10.7)
	여	460명(89.3)
거주지역	도시	171명(33.2)
	농촌	344명(66.8)
계		515명(100.0)

〈표 2〉 성에 따른 연령, 사별기간, 학력, 자녀 수의 차이

변수	평균(표준편차)	범위	항목	평균	통계치
연령	73.31세(±6.37)	60~95세	남	74.09세	t=-1.966
			여	73.21세	
사별기간	17.14년(±14.24)	0~60년	남	12.29년	t=-2.581***
			여	17.70년	
학력	2.25년(±3.41)	0~16년	남	4.87년	t=-6.252***
			여	1.94년	
자녀 수	4.63명(±1.96)	0~7명	남	4.36명	t=1.086
			여	4.67명	

* p<.05, ** p<.01, *** p<.001

<표 3> 조사 시점별 사회적 지지 변화

조사 시점	1차(2003년)	2차(2005년)	3차(2007년)	4차(2009년)
연구대상자 수	515명	366명	192명	390명
평균(표준편차)	17.96(±4.78)	18.74(±4.77)	20.08(±5.49)	20.29(±4.76)

조사 시점에서 평균 17.14년이었는데, 남성노인은 사별 후 평균 12.29년을 홀로 살아온 반면 여성노인은 17.70년을 살아왔고 이러한 차이는 통계적으로도 유의미하였다(t=-2.581, p<.001 ; <표 2> 참조). 사회적 지지의 자원으로 꼽히는 자녀를 한 명도 두지 않은 사람부터 최고 7명을 둔 사람까지 있었으며, 평균 4.63명의 자녀를 두고 있었다(<표 2> 참조).

연구대상자들이 네 시점별로 지각한 사회적 지지의 충분성 정도는 30점 만점에 1차 17.96점, 2차 18.74점, 3차 20.08점, 4차 20.29점으로 조금씩 증가하는 것으로 나타나 잠재성장모형을 적용한 분석이 가능함을 알 수 있었다(<표 3> 참조).

2. 사회적 지지의 변화

1차 조사시점인 2003년부터 4차 조사시점 2009년까지 시간이 흐름에 따라 춘천에 거주하는 배우자와 사별한 노인이 지각하는 사회적 지지의 변화를 알아보기 위해 잠재성장모형을 활용하였다. 가장 적합한 무조건모형을 도출하기 위해 무변화모형과 선형변화모형의 모형적합도를 비교하였다. 무변화모형과 선형변화모형의 모형적합도를 비교한 결과(<표 4> 참조) 무변화모형에서는 TLI -0.619, CFI 0.191, RMSEA 0.175로 모형적합도가 매우 나쁜 반면, 선형변화모형의 모형적합도는 TLI 0.877, CFI 0.938, RMSEA 0.048로 훨씬 좋았다. 따라서 무변화모형과 선형변화모형 중에서 선형변화모형이 시간의 흐름에 따른 춘천에 거주하는 배우자 사별 노인이 지각한 사회적 지지의 충분성의 변화를 더 잘 설명하는 것으로 확인되었다. 즉 배우자와 사별한 노인들은 시간이 경과함에 따라 지각하는 사회적 지지의 충분성 정도가 선형으로 변화함을 알 수 있었다.

<표 5>는 채택된 선형변화모형에서 초기치와 변화율의 평균과 분산, 그리고 초기치와 변화율의 공변량을 제시한 것이다. 사회적 지지의 초기치 평균은 30점 만점에 17.967점이었

<표 4> 사회적 지지의 잠재성장모형의 모형적합도

무조건모형	x^2(df)	TLI	CFI	RMSEA
무변화모형	83.625(5)	-0.619	0.191	0.175
선형변화모형	10.978(5)	0.877	0.938	0.048

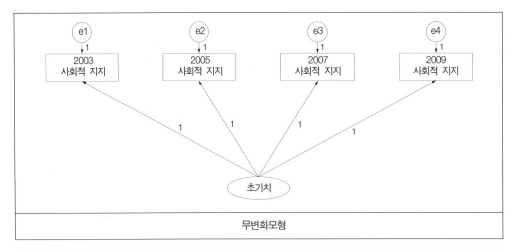

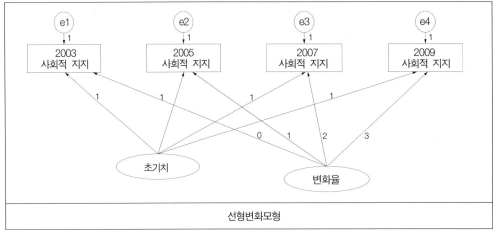

〔그림 1〕 무조건모형 비교

고, 초기치의 분산은 12.195로 p<.001 수준에서 통계적으로 유의미하였다. 이것은 춘천 거주 배우자와 사별한 노인들이 2003년 첫 조사 시점에 지각한 사회적 지지의 충분성의 평균이 중간 수준을 조금 상회하는 수준이며, 노인 간에 개인 차이가 있음을 의미한다.

춘천에 거주하는 배우자와 사별한 노인들이 지각한 사회적 지지의 변화율의 평균은 0.805로 통계적으로 유의미하였으나, 변화율의 분산은 0.448로 통계적으로 유의미하지 않았다. 이는

〈표 5〉 사회적 지지 변화의 선형모형의 평균, 분산, 공변량

	평균	분산	공변량
초기치	17.967***	12.195***	−2.784***
변화율	0.804***	0.448	

* p<.05, ** p<.01, *** p<.001

연구대상자들이 지각한 사회적 지지 정도가 연구기간인 2003~2009년 계속 증가하여 2년에 0.805점씩 증가하였음을 보여 주며, 6년 동안 변화한 정도가 노인 간에 상당히 유사하게 증가함을 의미한다.

초기 사회적 지지 수준과 사회적 지지 변화율 간의 공변량은 -2.974로 p<.001 수준에서 통계적으로 유의미하였다. 이것은 1차 연도에 사회적 지지의 충분성이 높게 지각된 노인일수록 시간이 경과함에 따라 사회적 지지의 충분성이 조금 높아지고, 초기에 지각된 사회적 지지 수준이 낮다고 지각한 노인일수록 시간이 경과함에 따라 사회적 지지의 충분성이 많이 증가함을 의미한다.

3. 배우자 사별 노인의 사회적 지지 변화에 영향을 미치는 요인

두 번째 연구문제에 대한 해답을 찾기 위해 조건모형([그림 2][1] 참조)을 분석하였다. 조건모형에는 앞에서 선택된 선형변화모형에 통제변수인 연령을 비롯한 성, 학력, 자녀 수, 거주지역 및 사별기간 등의 변수들을 투입하여 초기치와 변화율에 미치는 영향력을 검증하였다. 잠재성장모형을 통해 조건모형의 모형적합도를 살펴본 결과 TLI 0.919, CFI 0.975 그리고 RMSEA 0.031로 모형이 매우 적합하다고 판단되었다(〈표 6〉 참조).

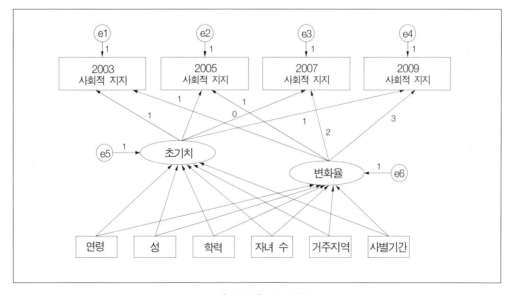

〔그림 2〕 조건모형

---

1 조건모형에 투입된 연령·성·학력·자녀 수·거주지역과 사별기간의 변수들 간에 상관관계를 설정하였으나, 본 그림에서는 연구모형에 대한 이해를 명료하게 하기 위하여 상관관계를 생략하였다.

<표 6> 조건모형의 모형적합도

모형적합도	x^2(df)	TLI	CFI	RMSEA
조건모형	25.638(17)	0.919	0.975	0.031

<표 7> 통제변수와 독립변수가 사회적 지지의 초기치와 변화율에 대한 영향

변수		초기치	변화율
통제변수	연령	−0.134***	0.035*
독립변수	성	−1.491*	0.340
	학력	0.407***	−0.127***
	자녀 수	0.468***	−0.116*
	사별기간	0.024	−0.012
	거주지역	−0.386	0.352

* p<.05, ** p<.01, *** p<.001

통제변수인 연령은 사회적 지지의 초기치와 변화율에 모두 통계적으로 유의한 영향을 미치고 있었다(<표 7> 참조). 조사 첫 시점인 2003년에 지각한 사회적 지지의 초기치는 고령으로 갈수록 낮아졌으나(b=−0.134, p<.001), 사회적 지지의 변화율은 고령으로 갈수록 높아졌다(b=0.035, p<.05). 이는 2003년에는 젊은 사람일수록 사회적 지지를 충분하다고 지각하였으나, 시간이 경과함에 따라 연령이 높을수록 사회적 지지의 충분성에 대한 지각이 증가함을 의미한다.

통제변수인 연령을 통제한 상태에서 성, 학력, 지역, 자녀 수, 사별기간 등의 변수들이 사회적 지지의 초기치와 변화율에 미치는 영향을 검증하였다. 연령을 통제한 상태에서 성은 사회적 지지의 초기치에 영향을 미쳐(b=−1.491, p<.05) 남성노인이 여성노인에 비해 사회적 지지를 덜 받는 것으로 지각함을 알 수 있었다. 그러나 성이 사회적 지지의 변화율에는 영향을 미치지 않아 남성노인과 여성노인 간에 증가율의 차이는 없음을 확인하였다.

학력도 초기치와 변화율 모두에 영향을 미치는데 학력이 높을수록 첫 조사 시점에는 지각한 사회적 지지가 높았으나(b=0.407, p<.001), 학력이 높아질수록 시간의 흐름에 따라 사회적 지지의 증가율은 낮아졌다(b=−0.127, p<.001). 이러한 결과는 학력이 높은 사람일수록 조사 첫 시점인 2003년에 사회적 지지를 충분히 받고 있다고 더 지각하지만, 학력이 낮은 사람들이 학력이 높은 사람보다 사회적 지지의 충분성 정도를 지각함에 있어서 증가율이 더 높음을 의미한다.

첫 조사 시점인 2003년도 자녀가 많은 노인의 지각한 사회적 지지의 충분성 정도가 높았지만(b=0.468, p<.001), 사회적 지지의 변화율의 증가에는 부적인 영향을 미쳤다(b=−0.116, p<.05). 이것은 자녀가 많은 사람일수록 첫 조사 시점에는 사회적 지지를 충분히 받는다고 지각하였지만, 시간이 흐름에 따라 자녀가 많은 사람일수록 사회적 지지의 지각의 증가율은 낮아졌음을 의미한다.

한편 도농복합지역인 춘천의 도시지역과 농촌지역에 거주하는 노인에 따라 지각하는 사회적 지지의 충분성의 초기치와 증가율에서는 통계적으로 유의미한 차이를 발견하지 못하였다. 그리고 사별기간 역시 초기치와 변화율에 통계적으로 유의미한 영향을 미치지 못하였다.

V. 결론

지금까지 배우자와 사별한 노인의 사회적 지지에 대한 대부분의 연구는 자료수집 및 분석방법의 한계로 횡단연구에 그쳐 왔다. 본 연구는 사회적 지지와 연령의 관계에 대한 선행 연구결과들이 일관성 있게 제시되지 않고 있는 여러 원인 중 하나가 횡단연구가 지닌 한계일 수 있음에 주목하여 고안되었다. 본 연구는 한림고령자 패널자료 중 춘천 거주 60세 이상의 배우자와 사별한 노인을 대상으로 이들이 지각한 사회적 지지의 변화와 그 변화에 영향을 미치는 변인들을 잠재성장모형을 통하여 분석하였다.

분석결과 첫 조사 시점인 2003년부터 격년으로 2009년까지 네 시점에 걸쳐 춘천에 거주하는 배우자 사별 노인들이 지각한 사회적 지지는 선형으로 증가함을 확인하였다. 첫 조사 시점인 2003년에 배우자와 사별한 노인들이 지각한 사회적 지지는 중간 수준을 조금 넘는 정도였으며 개인 간 차이가 존재하였다. 그러나 사회적 지지의 변화율에 있어서 개인 간 차이는 드러나지 않았다. 이러한 결과는 첫 시점에서는 개인에 따라 사회적 지지수준에 차이가 존재하지만, 시간이 경과하더라도 사회적 지지가 증가하는 정도에 있어서는 비슷함을 의미한다. 즉 배우자와 사별한 노인은 나이가 더 들어가면서 사회적 지지수준이 지속적으로 높아 가고 있음을 스스로 지각하고 있으며, 이러한 지각은 김순이·이정인(2009)의 연구에서 제시된 바처럼 자아통합감을 높여 인생에 대해 긍정적이고 수용적인 태도를 갖게 함으로써 노년기 삶의 질을 향상시킨다.

연령을 통제한 상태에서 성, 학력, 자녀 수, 거주지역 및 사별기간이 사회적 지지의 초기치와 변화율에 미치는 영향을 살펴본 결과 남성노인이, 학력이 낮을수록 그리고 자녀 수가 적은 노인이 지각하는 사회적 지지의 초기치가 낮음을 확인하였다. 이러한 사회적 지지의 초기치와 성, 학력, 자녀 수의 관계는 남성노인이 여성노인보다, 학력이 낮을수록, 자녀 수가 적을수록 사회적 지지를 덜 받음을 보고한 횡단 연구방법을 적용한 선행 연구들(채수원·오경옥, 1992 ; 전길양·김정옥, 2000 ; 이신숙·이경주, 2002 ; 김옥수·백성희, 2003 ; 김윤정, 2003 ; 이형실, 2003)과 유사하다.

성과 관련한 분석결과를 들여다보면, 조사 첫 시점부터 남성이 여성에 비해 사회적 지지 수준이 낮으며 시간이 경과함에 따른 사회적 지지의 증가율에서 남녀 차이가 없었다. 따라서 초기에 지각한 남성과 여성노인의 사회적 지지의 수준 차이가 시간이 경과하더라도 그대로 유지되고 있는 것으로 해석된다. 이 결과는 여성노인이 남성노인보다 사회적 지지를 제공해 주는 사람이 많다는 김옥수·백성희(2003)의 연구로부터 성에 따른 사회적 지지를 제공해 주는 자원의 크기 차이에 의한 것으로도 이해될 수 있다. 이러한 결과로부터 노인복지 실천기관들은 배우자와 사별한 남성노인을 주 대상으로 이들이 지각한 사회적 지지수준의 초기치를 높이기 위한 노력을 기울여야 함을 확인하였다. 즉 배우자와 사별한 남성노인의 가족·친구 및 이웃, 지역사회 전문가와 같은 사회적 지지자원을 확인하고, 이들과의 관계를 증진시키는 관계관리 기술을 익히는 프로그램을 개발하는 데 더욱 노력을 기울여야 할 것이다.

학력이 높은 노인일수록, 자녀가 많은 노인일수록 첫 조사 시점에서 지각된 사회적 지지 수준은 높았지만 사회적 지지의 증가율은 낮아졌다. 사회적 지지의 초기치에 초점을 맞출 경우 학력이 높은 노인과 자녀가 많은 노인의 사회적 지지 수준이 더 높지만, 시간이 경과함에 따라 학력이 낮거나 자녀 수가 적은 노인의 사회적 지지수준의 증가율이 높아져 이들 간에 차이가 좁혀짐을 의미한다. 이 결과로부터 주목하여야 할 것은 학력이 높은 노인, 자녀 수가 많은 노인이 그렇지 않은 노인들에 비해 사회적 지지를 항상 더 받고 있다고 단편적으로 결론을 내리지 않도록 주의하여야 한다는 점이다. 그리고 노인 대상 사회적 지지 증진프로그램을 개발하고 평가함에 있어서도 일회적인 효과 측정에 그치지 말고 시간 경과에 따른 장기적인 효과를 반복 측정하여 그 추이를 추적할 필요가 있음을 본 연구결과를 통해 알 수 있었다.

본 연구는, 종단연구에 대한 관심이 점점 커지고 있지만 실제 종단연구를 찾아보기 어려운 연구 환경에서 한림고령자 패널을 이용하여 잠재성장모형을 통해 시간의 흐름에 따른 배우자와 사별한 노인의 사회적 지지의 변화를 살펴보고 그것에 영향을 미치는 예측 요인을 검증하였다는 데 의의를 지닌다. 마지막으로 본 연구가 안고 있는 몇 가지 한계와 이를 통한 제언을 하면 다음과 같다.

첫째, 본 연구주제에 대한 기존의 종단연구의 부족으로 시간의 흐름에 따른 배우자 사별 노인의 사회적 지지의 변화를 탐색적인 연구수준에서 실행하였다는 점이다. 이러한 이유로 인하여 본 연구에서는 사회적 지지의 변화에 영향을 미치는 변수로서 성·학력·자녀 수·거주지역·사별기간 등의 시간에 대해 독립적 변수를 중심으로 다루었을 뿐, 경제적 상황이나 건강상태·사회활동 참여 정도 등의 시간의존적 변수들을 포함하지 못하였다. 따라서 선행 연구들에서 언급된 시간 독립적 변수뿐만 아니라 시간의존적 변수들까지 포함한 연구가 필요하다.

둘째, 본 연구는 한림고령자 패널자료 중 도농복합지역의 특성을 지닌 춘천 거주 노인만을 연구대상으로 국한하여 대도시 또는 전형적인 농어촌지역의 노인에게까지 일반화를 함에 있어서 한계를 지닌다. 대도시와 농촌 그리고 도농복합지역에 따라 노인의 특성이 다르므로 전국적인 종단연구자료를 통해 사별 노인의 사회적 지지의 변화를 추적하는 연구를 필요로 한다.

셋째, 횡단연구방법을 사용한 선행 연구들은 사회적 지지와 사별 후 노인의 적응 또는 삶의 만족도 등과의 관계를 다루고 있지만, 그 결과에서 일관성을 찾기 어렵다. 따라서 시간 경과에 따른 사회적 지지의 변화가 배우자 사별 후의 심리적 적응의 변화, 예를 들어 우울의 변화, 고독감의 변화, 생활만족의 변화에 미치는 영향 등을 다루는 종단연구도 시도되어야 할 것이다.

참고문헌

강인 · 최혜경(1998). 여성의 배우자 사별 스트레스 적응 과정에서 개인 내적 요인들의 중재적 역할. 대한가정
학회지 36(4), 95-107.

고보선(2004). 제주 노인의 사회적 지지와 삶의 결정요인에 관한 연구. 한국노년학 24(2), 145-162.

김미혜 · 신경림 · 강미선 · 강인(2004). 한국노인의 성공적 노후에 대한 경험. 한국노년학 24(2), 79-95.

김기태 · 박미진(2005). 여성 노인의 부정적인 생활 스트레스와 탄력성과의 관계 : 사회적 지지의 중재효과와
매개효과. 노인복지연구 29, 71-90.

김기태 · 박봉길(2000). 독거노인의 생활만족도와 사회지지망 : 지역복지관의 서비스를 제공받고 있는 노인
을 중심으로. 한국노년학 20(1), 153-168.

김순이 · 이정인(2009). 노인이 지각한 사회적 지지, 학대가 자아통합감에 미치는 영향. 한국노년학 29(1),
231-242.

김승연 · 고선규 · 권정혜(2007). 노인집단에서 배우자의 사별스트레스와 우울의 관계 : 사회적 지지와 대처
행동의 조절효과. 한국심리학회지 : 임상 26(3), 573-596.

김시현(1984). 노인의 사회적 지지와 건강상태와의 관계분석 연구. 중앙대학교 석사학위논문.

김옥수 · 백성희(2003). 노인의 외로움과 사회적 지지, 가족기능 간의 관계연구. 대한간호학회지 33(3),
425-432.

김윤정(2003). 노인이 제공받는 사회적 지지의 효과성 분석. 노인복지연구 21, 123-140.

박지원(1985). 사회적 지지 척도 개발을 위한 일 연구. 연세대학교 대학원 박사학위논문.

서병숙 · 이현(1995). 사회적 지원망과 노인의 생활만족도 : 도시와 농촌의 비교. 대한가정학회지 33(3),
43-57.

신미화 · 고성희(1996). 노인의 고독감과 사회적 지지. 정신간호학회지 5(1), 78-87.

신혜숙(2001). 배우자 유무에 따른 여성노인의 자아존중감, 건강상태 및 생활만족도에 관한 연구. 대한간호학
회지 31(6), 1119-1128.

안경숙(2005). 노인부부가구 · 노인독신가구의 사회적 지지가 삶의 질에 미치는 요인에 관한 연구. 한국노년
학 25(1), 1-19.

윤현희(1996). 남녀 노인의 스트레스, 대처행동, 심리적 적응감. 숙명여자대학교 석사학위논문.

이기영 · 배은석 · 박해긍(2007). 도농복합지역의 노인복지 비교 연구 : 지역복지계획 보고서를 기반으로.
지방정부연구 11(4), 247-263.

이미라(2007). 애도 개념 개발 : 배우자 사별과정을 중심으로. 대한간호학회지 37(7), 1119-1130.

이신숙 · 이경주(2002). 노인의 일상적 스트레스, 사회적 지지, 심리적 적응에 관한 연구. 한국노년학 22(12),
1-20.

이영자 · 김태현(1999). 단독가구 노인의 스트레스와 우울감 : 사회적 지지의 완충효과를 중심으로. 한국노년학 19(3), 79-93.

이형실(2003). 농촌 노인의 세대 간 사회적 지원교환과 생활만족 : 성별 및 연령집단별 비교. 대한가정학회지 41(4), 57-69.

전귀연 · 임주영(2002). 노인의 애착유형과 사회적 지지가 주관적 안녕감에 미치는 영향. 한국노년학 22(3), 173-191.

전길양 · 김정옥(2000). 배우자 사별 노인의 자기 효능감, 사회적 지지 및 심리적 적응에 관한 연구. 대한가정학회지 38(1), 155-170.

정민승 · 김경화(2009). 노인의 건강증진행위와 사회적 지지가 심리적 복지에 미치는 영향. 사회과학논총 8, 101-126.

진기남 · 조성남 · 윤경아(1995). 농촌노인들의 사회적 지원망에 대한 만족도에 영향을 미치는 요인. 한국노년학 15(2), 1-13.

차승은(2007). 노인의 결혼지위 점유에 따른 건강 차이 : 노년기 사회적 관계망의 매개효과를 중심으로. 한국노년학 27(2), 371-392.

채수원 · 오경옥(1992). 노인의 사회적 지지와 삶의 질에 관한 연구 : 일반가정노인과 양로원노인을 중심으로. 대한간호학회지 22(4), 552-568.

최송식 · 박현숙(2009). 노인의 고독감에 영향을 미치는 요인에 관한 연구 : 도농복합지역을 중심으로. 한국노년학 29(4), 1277-1293.

최용민 · 이상주(2003). 사회적 지원망이 독거노인의 삶의 질에 미치는 영향. 노인복지연구 22, 193-217.

한경혜 · 이유리(2009). 독거노인의 정신건강 수준과 영향요인. 한국노년학 29(3), 805-822.

Cecil, H., Stanley, M. A., Carrion, P. G. & Swann, A.(1995). Psychometric Properties of the MSPSS and NOS in Psychiatric Outpatients. *Journal of Clinical Psychology* 51(S), 593-602.

Dahlem, N. W., Zimet, G. D. & Walker, R. R.(1991). The Multidimensional Scale of Perceived Social Support : A Confirmation Study. *Journal of Clinical Psychology* 47(6), 756-761.

Gass, K. A.(1987). The Health of Conjugally Bereaved Older Widows : The Role of Appraisal, Coping and Resources. *Research in Nursing and Health* 10(1), 39-47.

Kanacki, L. S., Jones, P. S. & Galbraith, M. E.(1996). Social Support and Depression in Widows and Widowers. *Journal of Gerontological Nursing* 22(2), 39-45.

Kaunonen, M., Tarkka, M. T., Paunonen, M. & Laippala, P.(1999). Grief and Social Support after the Death of a Spouse. *Journal of Advanced Nursing* 30(6), 1304-1311.

Kazarian, S. S. & McCabe, S. B.(1991). Dimensions of Social Support in the MSPSS : Factorial Structure, Reliability and Theoretical Implications. *Journal of Community Psychology* 19(2), 150-160.

Levy, L. H. & Derby, J. F.(1992). Bereavement Support Groups : Who Joins ; Who Does Not ; And Why. *American Journal of Community Psychology* 20(5), 649-662.

Lopata, H. Z.(1979). *Women as Widows : Support Systems.* New York : Elsevier.

Schafer, J. L. & Graham, J. W.(2002). Missing Data : Our View of the State on the Art. *Psychological Methods* 7(2), 147-177.

Scott, S. B., Bergeman, C. S., Verney, A., Longenbaker, S., Markey, M. A. & Bisconti, T. L.(2007). Social Support in Widowhood : A Mixed Methods Study. *Journal of Mixed Methods Research* 1(3), 242-266.

Stanley, M. A., Beck, J. G. & Zebb, B. J.(1998). Psychometric Properties of the MSPSS in Older Adults. *Aging & Mental Health* 2(3), 186-193.

Stewart, M., Craig, D., MacPherson, K. & Alexander, S.(2001). Promoting Positive Affect and Diminishing Loneliness of Widowed Seniors through a Support Intervention. *Public Health Nursing* 18(1), 54-63.

Stroebe, M., Stroebe, W. & Hansson, R. O.(1993). *Handbook of Bereavement.* New York : Cambridge University Press.

Thuen, F.(1995). Satisfaction with Bereavement Support Groups. Evaluation of the Norwegian Bereavement Care Project. *Journal of Mental Health* 4(5), 499-510.

_____(1997). Received Social Support from Informal Networks and Professionals in Bereavement. *Psychology, Health & Medicine* 2(1), 51-63.

Thuen, F., Reime, M. H. & Skrautvoll, K.(1997). The Effect of Widowhood on Psychological Wellbeing and Social Support in the Oldest Groups of the Elderly. *Journal of Mental Health* 6(3), 265-274.

Ungar, L. & Rlorian, V.(2004). What Helps Middle-Aged Widows with Their Psychological and Social Adaptation Several Years after Their Loss?. *Death Studies* 28(7), 621-642.

Wortman, C. B., Silver, R. C. & Kessler, R. C.(1993). The Meaning of Loss and Adjustment to Bereavement. in Stroebe, M. S., Stroebe, W. & Hansson, R. O.(eds.). *Handbook of Bereavement, Theory, Research and Interpretation,* 349-366. New York : Cambridge University Press.

Zimet, G. D., Dahlem, N. W., Zimet, S. G. & Farley, G. K.(1988). The Multidimensional Scale of Perceived Social Support. *Journal of Personality Assessment* 52(1), 30-41.

Zimet, G. D., Powell, S. S., Farley, G. K., Werkman, S. & Berkorr, K. A.(1990). The Multidimensional Scale of Perceived Social Support. *Journal of Personality Assessment* 55(3-4), 610-617.

* 본 논문은 노인복지연구 제50호(2010. 12)에 게재되었음을 밝혀 둔다.

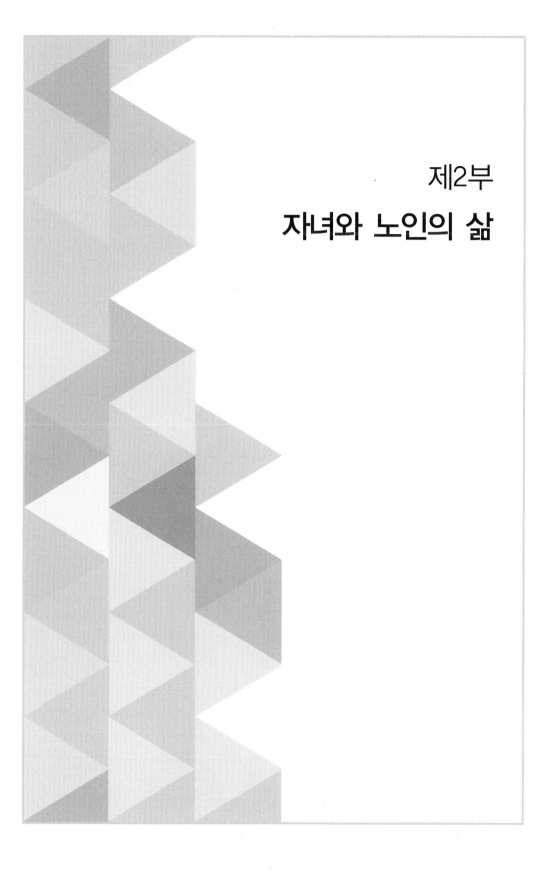

제2부

자녀와 노인의 삶

장기요양보호노인 가족 수발자의 수발부담에 영향을 미치는 요인 :
배우자와 자녀 비교

윤현숙 · 류삼희

I. 서론

1. 문제제기

우리나라는 고령화가 세계에서 가장 빠르게 진행되고 있다. 노인인구는 2000년 7.2%로 이미 고령화사회(aging society)에 진입하였고, 2018년 14.4%로 고령사회(aged society), 그리고 2026년에는 20.0%로 초고령사회(super-aged society)에 진입할 것으로 예상된다(통계청, 2005). 평균수명이 연장되어 노인인구가 증가하고 그중에서도 후기 고령인구가 더 빠르게 증가하면서 장기요양보호 노인이 크게 증가하고 있다. 2005년 정부자문기구인 공적노인요양보장제도 실행위원회(2005)에서는 장기요양보호가 필요한 대상자를 65세 이상 노인의 14.8%로 추정하고, 2010년 요보호대상 노인을 약 80만 명으로 추계하고 있다.

이러한 요보호 노인의 증가는 우리나라 노인의 만성질환과 기능장애의 증가로 인한 생활상의 불편과 장애 등과 관련이 있다. 우리나라 노인의 만성질환과 기능장애 현황의 심각성을 볼 수 있는 한국보건사회연구원의 「2004년도 전국 노인생활실태 및 복지욕구조사」를 보면, 65세 이상 노인의 90.9%가 만성질환을 1가지 이상 앓고 있으며, 기능장애와 인지손상의 경우도 36.3%로 높게 나타나고 있다. 이러한 만성질환과 기능장애의 높은 수준은 수발수요의 현저한 증가를 가져오고 노인의 수발문제를 심각한 국가적 과제로 부각시키고 있다. 이처럼 다른 사람의 보호나 수발이 필요한 장기요양보호 노인이 우리 사회에 급속히 증가하고 있으나 핵가족화, 여성의 경제활동 참가율의 증가, 가족부양의식의 변화 등으로 가족의 부양기능은 점차 쇠퇴하여 요보호대상 노인의 수발실태가 매우 열악한 것도 심각한 문제이다. 신체기능과 인지기능 등에서 문제가 있는 노인을 대상으로 조사한 결과, 63.1%는 수발을 전혀 받고 있지 않은 것으로 나타났다(한국보건사회연구원, 2005). 이는 우리나라 장기요양보호 노인의 수발현황의 문제를 잘 보여 주는 통계이다.

노인 수발부담(caregiving burden)과 관련하여 노인부양비의 증가 또한 심각한 문제로 제기되고 있다. 노인부양비를 대표하는 지표인 노년부양비[(65세 이상 노인/15~64세 인구)×100]를 살펴보면, 2004년에는 노동인구 8.2명이 노인 1명을 부양했지만, 2030년에는 노동인구 2.8명이 노인 1명을 부양해야 하는 것으로 추계되고 있다(통계청, 2005). 노인비율의 상대적 증가에 따라 노인부양의 부담이 부양자들에게 심각하게 가중되고 있는 것이다.

장기요양보호대상 노인을 돌보는 수발자의 가족유형의 문제도 심각하다. 2004년 한국보건사회연구원의 자료에서 주 수발자의 80.0%가 여성이며, 주 수발자가 장남·며느리인 경우가 31.8%로 가장 많고 그다음으로 배우자 29.7%, 딸·사위 15.3%, 장남 외 아들·며느리 13.8%로 나타나 배우자 및 직계자식이 주 수발자인 경우가 90.6%에 달했다. 주 수발자의 대부분이 여성임을 볼 수 있으며, 특히 며느리와 여성 배우자의 수발자구성 비율이 큰 것을 볼 수 있다. 여성의 사회 진출이 현격히 증가하고 있는 점을 감안하면, 노인수발 문제는 현재처럼 가족에만 의존해서는 해결할 수 없고 그에 대한 새로운 접근이 절실하게 필요함을 알 수 있다.

또한 현실적인 노인수발부담의 실태는 매우 심각한데 2004년 한국보건사회연구원의 조사를 보면, 수발자의 62.4%가 수발에 어려움이 있다고 응답하였으며 가장 힘든 수발부담으로 32.4%가 심리적 부담을 들었고 그다음으로 육체적 피로(30.8%), 경제적 부담(19.8%) 등을 지적하였다. 2001년도 동 연구원의 자료에서도 전체 수발자 중 58.0%가 건강하지 않다고 생각하고 있으며, 그중에서 10.3%는 수발에 지장이 있을 정도로 건강상태가 좋지 않다고 응답하였다. 수발로 인해 취업을 중단한 경우는 8.2%, 근로시간을 단축한 경우는 4.0%였다. 이러한 수발자의 여러 영역의 부담과 좋지 않은 건강상태 등은 가족관계 내에서 해결하는 데에는 이미 한계에 와 있음을 보여 주는 것이다.

이상에서 살펴본 바와 같이 빠른 고령화로 장기요양보호 노인이 급속히 증가하고 있어 만성질환과 기능장애 노인의 증가와 가족구조의 변화, 노인부양비의 증가 등에 따른 수발부담의 증가로 인해 노인은 수발을 제대로 받지 못하고 있으며, 수발자는 심각한 수발부담에 소진되고 있는 현실임을 보여 주고 있다. 이러한 관점에서 장기요양보호 노인의 수발과 수발자의 수발부담에 관한 연구는 중요한 의미를 지니는 것이다.

2. 연구목적 및 필요성

우리나라보다 인구고령화를 일찍 경험한 선진 외국의 경우 1980년대부터 수발자의 수발부담에 관한 연구(Zarit, Reever & Bach-Peterson, 1980 ; Lazarus & Folkman, 1984 ; George & Gwyther, 1986 ; Fitting, Robins, Lucas & Eastham, 1986 ; Schulz, Tompkins & Rau, 1988 ; Biegel, Sales & Schulz, 1991 ; Schulz & Beach, 1995 ; Braithwaite, 1996 ; Hughes, Giobbie-Hurder, Weaver & Henderson, 1999 ; Gaugler, Kane & Kane, 2002 ; Zhan, 2002 ; Ingersoll-Dayton & Raschick, 2004 ; Li, 2005)가 활발하게 진행되었고, 수발부담에 영향을 주는 객관적 스트레스 사건(신체적 의존성·인지기능손상), 수발자 자원 등 사회적 지원, 수발기간, 가족 수발자의 인구사회학적 요인, 수발 받는 노인의 인구사회학적 요인 등 수발부담에 영향을 주는 요인을 검증하는 연구가 폭넓게 이루어졌다.

또한 수발자와 수발을 받는 자의 관계에 따라 수발부담은 변한다고 보고 가족관계의 유형에 따른 수발부담의 차이에 관한 연구가 시작되어, 가족관계를 배우자와 성인자녀 수발자로 구분하여 비교한 연구와 배우자와 며느리군, 성인자녀군 등으로 나누어 수발부담을 비교한 연구가 등장하였다. 배우자와 성인자녀 수발자를 비교한 연구들은 배우자는 자녀나 다른 친척보다 더 수발부담을 가진다고 보고하고 있다(김주성·이해정·김기년, 2004 ; Fitting, Rabins, Lucas & Eastham, 1986 ; George & Gwyther, 1986 ; Seltzer & Li, 2000). 그러나 일본 재가요보호 노인 부양자를 대상으로 하는 일부 연구에서는 수발자의 정서적 소모감은 며느리가 가장 높고, 딸도 배우자보다 높은 것으로 보고하고 있다(김혜경, 2004 ; Sugihara, Sugisawa, Nakatani & Hougham, 2004). 이는 서구와 달리 가족 수발의 역할을 많이 부담하고 있는 며느리의 수발부담에 관한 관심을 가지게 하고, 딸의 수발부담과 비교하여 혈연관계에 의한 영향에 관심을 가지게 한다.

그동안 국내에서도 노인을 돌보는 가족의 수발부담에 관한 여러 연구(윤현숙·차흥봉·조세희, 2000 ; 윤현숙·차흥봉·조양순, 2000 ; 이가옥, 2000 ; 이가옥·이미진, 2000 ; 이해정·서지민·안숙희, 2003 ; 김수영·김진선·윤현숙, 2004 ; 김혜경, 2004 ; 서문경애, 2005)가 이루어졌지만, 수발부담에 대한 배우자와 자녀 수발자의 비교연구는 한계를 가지고 있는 데다 미미한 수준이었다. 가족 수발자 중에서 배우자와 자녀는 가족유형상 그 속성이 많이 다르므로 수발을 받는 자와의 관계에 따라 수발부담과 그 영향 요인이 다를 것으로 보고 배우자와 자녀를 비교·분석하여 수발부담이나 그 영향 요인의 차이를 확인해 보는 것이 본 연구의 목적이다.

이러한 점에서 본 연구는 크게 두 면에서 기존의 연구가 안고 있는 한계를 극복하는 데 강조를 두었다.

첫째, 가족 수발자를 배우자와 자녀로 나누어 수발부담의 정도와 영향 요인을 비교·분석함으로써 노인과 수발자의 관계에 따른 차이를 파악하고자 하였다.

둘째, 수발부담을 하나의 개념으로 보기보다 네 영역(재정·신체·사회·정서)으로 나누어 영역별 부담의 정도와 영향 요인을 분석하여 부담을 덜어 줄 수 있는 구체적인 개입방안을 제시하고자 하였다.

II. 이론적 고찰

1. 장기요양보호 노인 수발부담의 개념

일반적으로 수발부담이라는 개념은 초기에는 수발자의 주관적 감정으로 수발경험에 대한 태도나 감정적인 반응(Zarit et al., 1980 ; Cantor, 1983)으로 보았으나, Thompson & Doll (1982)이 수발부담을 객관적 부담(objective burden)과 주관적 부담(subjective burden)으로 구분하여 주관적 부담뿐만 아니라 객관적 부담을 강조하였다. 그들에 의하면 객관적 부담은 노인의 신체상태, 정신증상 혹은 간호상의 지장으로 인한 재정·역할·가족생활·관리·이웃과의 관계의 분열로 보았고, 반면 주관적 부담은 수발자가 '부담이다'라고 느끼는 복잡하고 함정에 빠진 듯한 감정과 분노의 감정·소외감으로 파악하였다. 이후 George & Gwyther (1986)는 이 개념을 보다 확대하여 노인을 돌보는 가족(배우자 또는 성인자녀)이 겪는 신체적·정신적·사회적·경제적 문제로 다차원화하여, 수발자와 노인 간 정서적 유대의 강도에 관계없이 노인을 수발하는 동안 경험할 수밖에 없는 불가피한 현상으로 파악하고 있다. 본 연구에서는 수발부담을 George 외(1986)의 이러한 다차원적 개념으로 보고 수발자들이 겪는 신체적·정서적·사회적·재정적 문제와 부정적 경험으로 개념화하였다.

2. 장기요양보호 노인 가족 수발자의 수발부담

장기요양보호 노인의 수발부담에 관한 연구는 Zarit 외(1980)의 치매노인을 수발하는 가족의 수발부담에 관한 연구를 시작으로 활성화되었다. 가족 수발자의 수발부담에 대한 초기 연구자인 Zarit 외(1980)는 가정에서 치매노인을 수발하고 있는 수발자 29명을 대상으로 수발부담과 상관이 있는 요인을 조사한 결과, 노인의 치매와 수발부담과는 상관이 없으나 다른 가족원의 방문횟수로 측정된 가족의 사회적 지원이 부담감을 경감시킨다는 사실을 발견하였다. Zarit, Todd & Zarit(1986)는 또 다른 연구에서 치매환자와 동거하는 부인 33명과 남편 31명을 대상으로 2년간 추적 조사한 결과, 사회적 지원에 대한 주관적 평가와 2년 후의 부담점수 간에는 유의미한 상관관계가 있어 사회적 지원을 긍정적으로 평가할수록 수발자의 부담이 낮아지는 것을 제시하였다. 그리고 장기수발자의 경우, 시간이 지나면 수발능력이 증가하여 수발부담이 작아진다는 점을 보여 주고 있다.

Zarit 외(1980)의 연구에 이어 노인의 가족 수발자의 수발부담에 영향을 주는 요인에 관한 연구가 본격화되었는데, Lazarus & Folkman(1984)은 스트레스 및 대응모델(transactional model of illness)을 사용하여 장기요양보호 노인의 신체 의존성, 인지기능 손상과 같은 스트레스 사건(stressor)이 수발부담을 증가시키고 수발자의 자원(resource)은 수발부담을 감소시키는데, 수발자의 자원으로 스트레스 사건을 해결하지 못하는 경우 수발부담이 발생하는 것으로 보았다.

이러한 스트레스 사건과 수발자원을 중심으로 한 수발부담에 대한 연구는 수발의 상황적 변수와 수발부담의 영향에 관한 연구로 확장되어, Fitting 외(1986)는 수발자의 연령과 성, 가족유형에 따른 수발부담을 연구하였다. 수발자의 연령과 수발부담의 관계에 대해 수발자가 연령이 젊을수록 부담을 많이 느낀다고 보고하고 있다. 또한 수발자의 성에 따라 부담의 경험이 달라 부인이 남편을 수발하는 경우보다 남편이 부인을 수발할 때, 부담을 덜 느끼고 우울 정도도 낮은 것으로 나타났다. 또한 딸이 아들보다 우울 정도가 높아 여성이 남성보다 수발부담을 더 많이 느끼는 것으로 나타났다.

이후 수발부담에 대한 영향 요인의 연구는 다양성을 가지고 포괄적으로 이루어졌으며, 이러한 연구로 Schulz 외(1988)는 스트레스 대응모델을 사용하여 뇌졸중 노인을 돌보는 162명의 가족을 대상으로 수발부담에 미치는 영향 요인을 분석하였다. 연구결과 수발부담을 일으키는 객관적 스트레스 사건인 신체 및 인지기능 손상 정도는 모든 수발자의 수발부담과 우울 정도에 유의미한 영향을 미치는 요인으로 분석되었다. 또한 수발이 이루어지는 상황적 변수로 노인과 가족의 인구사회학적 특성 및 사회적 지원은 질병의 단계별로 다르게 나타나, 질병의 초기단계에서는 유의미한 요인으로 작용하지 못하다가 가족 수발자가 질병에 적응하는 후기단계에서는 수발부담에 영향을 미치는 중요한 요인으로 분석되었다. 즉 질병의 초기단계에서는 신체 및 인지기능의 손상 정도, 성격의 변화 등 질병과 직접적으로 관련된 요인들의 영향이 큰 반면, 가족 수발자가 질병에 적응하게 되면 수발자의 연령이나 소득수준·건강상태와 같은 인구사회학적 요인들의 영향이 커지는 것이다. 사회적 관계 또한 가족 수발자의 수발부담에 영향을 미치는 중요한 요인으로, 배우자 수발자가 다른 가족 수발자에 비해 부담을 크게 느끼며 누군가와 신뢰하여 대화할 수 있는 정서적 지원이 제공되는 경우 수발부담이 낮아지는 것으로 나타났다.

자연스럽게 수발부담에 영향을 주는 스트레스 사건을 보다 다양하게 분석하고자 하는 연구가 등장하였고 그러한 연구는 Biegel 외(1991)에서 찾을 수 있다. Biegel 외(1991)는 뇌졸중을 포함한 만성질환자를 돌보는 가족 수발부담의 분석틀을 제시하면서 객관적 스트레스 사건(objective stressor)으로 질병의 심각성, 질병 후 환자의 변화 정도, 질병 발생의 급작성을 꼽았다. 또한 가족부양자와 관련된 질병이 발생하는 상황적 변수(contextual variables)로는 가족부양자의 인구학적 특성과 다른 생활사건의 발생, 질병 발생 이전의 심리적 적응도, 가족관계의 질적 수준, 가족생활단계, 사회적 지원을 들었는데, 이 상황적 변수와 앞의 스트레스 사건이 수발부담에 영향을 미치는 것으로 분석하였다. 즉 만성질병으로 인한 신체기능과 인지기능의 손상 정도, 발병의 급작성, 질병 발생 후 나타나는 노인의 성격 변화, 만성질병에 대한 사회적 낙인 등이 가족의 수발부담을 높이는 요인으로 지적되었으며, 앞의 Schulz 외(1988)의 연구에서 나타난 바와 같이 가족 수발자의 연령, 소득수준, 건강상태, 노인과의 관계, 사회적 지원의 영향이 큰 것으로 제시되었다.

Hughes 외(1999)의 연구도 다양한 영향 요인에 대한 검증을 시도하였는데, 이 연구에서는 수발자 연령, 인종, 소득, 수발자와 피수발자의 관계, 수발자와 피수발자의 동거 여부, 피수발자의 질병 특성, 피수발자의 보호욕구 등을 수발자 부담과 관련된 요인으로 분석에 포함하였다. 분석결과에 의하면 수발자의 객관적 부담은 가족관계, 저소득, 동거 여부가 영향을 주고, 주관적 부담은 수발자 관계와 인종이 유의미한 변수임을 보여 주었다. 성인자녀, 다른 친척집단과 비교하여 배우자 수발자의 객관적 부담과 주관적 부담이 모두 높았다.

이러한 기존 연구와 달리 수발부담에 대한 새로운 연구의 시도로 수발부담에 영향을 주는 요인들이 수발부담과 우울증에 영향을 주는 경로와 과정을 연구한 연구들이 있는데 Yates, Tennstedt & Chang(1999)의 연구가 여기에 해당된다. Yates 외(1999)는 더 의존적이고 정신적으로 더 손상되고 문제행동을 하는 노인을 수발하는 경우 수발부담을 더 경험하는 것을 제시하면서, 수발에 의한 스트레스 사건은 수발기간과 수발자가 인지한 역할 과부하를 통하여 간접적으로 수발자 우울증에 영향을 주는 것을 밝혔으며, 수발자 / 피수발자의 관계의 질은 수발 과부하와 우울증의 관계를 중간에서 중개함을 보여 주었다.

수발부담을 영역별로 구분하여 그 영향 요인을 살펴본 연구로는 Zhan(2002)의 연구가 있는데, 그는 110명의 부모나 양부모를 수발한 수발자 110명을 면접조사한 연구에서 수발부담을 재정적 부담·객관적 부담·주관적 부담으로 구분하여 조사한 결과, 수발을 돕는 가족원의 수가 적을수록, 수발을 받는 노인의 장애 정도가 높을수록, 가구소득이 낮을수록 수발에 대한 재정적 부담의 수준이 높음을 보여 주었다. 그러나 수발에 대한 객관적 부담과 주관적 부담에는 수발을 돕는 가족원의 수가 유의미한 변수가 되지 못하였다. 흥미롭게도 수발기간이 길어지면 수발자의 주관적 부담이 경감됨을 제시하고 있다.

국내에서도 최근 장기요양보호 노인을 돌보는 가족의 수발부담에 관한 여러 연구가 이루어졌다. 이가옥 외(2000)는 장기요양보호 노인 수발가족 404명을 대상으로 수발로 인한 정서적 수발부담을 조사한 결과 장기요양보호 노인의 신체적·정신적 건강상태, 주 수발자의 건강상태, 사회적 지지에 대한 수발자의 평가, 수발자와 노인의 관계, 주 수발자의 성이 정서적 부담에 영향을 미치는 것으로 분석하였다.

199명의 뇌졸중 노인 가족 수발자의 수발부담에 관한 윤현숙·차흥봉·조양순(2000)의 연구에서는 객관적 스트레스 사건으로 노인의 신체기능 손상 정도와 부양기간이 수발부담에 영향을 미치는 중요한 요인으로 분석되었으며, 상황적 요인으로는 가구소득, 수발자와 노인의 관계, 수발자의 연령, 건강수준 및 동거 가족수가 수발부담에 유의미한 영향을 미치는 요인으로 나타났다. 또한 정서적 지원과 경제적 지원은 스트레스 사건이 수발부담에 미치는 부정적 영향을 감소시켜 스트레스 사건과 수발부담을 중재하는 요인이라는 점을 확인하였다.

치매노인 102명과 동거하며 돌보는 가족의 수발부담에 관한 서문경애(2005)의 연구에서는 가족의 강인성(생활사건이나 생의 고난에 대한 가족의 힘), 사회적 지지, 친척 및 친구의 지지, 가족의 문제해결 및 대응전략이 높을수록 수발부담은 낮아지는 것으로 연구결과를 제시하였다.

이상에서 살펴본 바와 같이 노인의 가족 수발자의 수발부담에 대한 연구는 수발부담에 영향을 주는 객관적 스트레스 사건(신체적 의존성·인지기능 손상), 수발자 자원 등 사회적 지원, 수발기간, 가족 수발자의 인구사회학적 요인, 수발 받는 노인의 인구사회학적 요인 등 수발부담에 영향을 주는 요인을 검증하는 내용으로 요약할 수 있다.

3. 배우자와 자녀의 수발부담 비교연구

수발자와 수발을 받는 자의 관계에 따라 수발부담은 달라진다고 보고 가족관계의 유형이 수발부담에 어떠한 영향을 주는가에 관심을 가지게 되었다. 가족관계를 배우자와 성인자녀 수발자로 구분하여 비교한 연구와 배우자와 며느리군, 성인자녀군으로 나누어 수발부담을 비교한 연구가 등장하였다.

장기요양보호 노인을 수발하는 배우자와 성인자녀 수발자의 수발부담을 비교한 연구들은 배우자가 자녀나 다른 친척보다 더 수발부담을 가진다고 보고하고 있다(Fitting et al., 1986 ; George et al., 1986).

치매노인을 돌보는 수발자에 대한 김주성 외(2004)의 연구에서도 수발자를 배우자군·며느리군·성인자녀군으로 구분하여 조사한 후, '정서적 고갈'은 배우자군이 가장 높은 수준인 것으로 보고하였으며 다음으로 며느리군·성인자녀군 순으로 나타남을 제시하였다. 그러나 일본 재가 요보호 노인 부양자를 대상으로 하는 김혜경(2004)의 연구에서는 수발자의 정서적 소모감은 며느리, 딸, 배우자, 아들의 순으로 높은 것으로 보고하여 배우자보다 성인자녀의 정서적 소진이(김혜경, 2004 ; Sugihara et al., 2004) 더 많음을 보고하고 있다.

여러 연구를 통해 수발자와 노인의 관계는 수발자의 수발부담에 유의미한 영향을 미치는 중요한 변수로 지적되었으며, 특히 장기요양보호 노인을 배우자가 수발하는 경우 배우자의 건강과 일상생활에 미치는 부정적인 영향은 서구의 여러 연구에서 일관되게 나타나 Ekberg, Griffith & Foxall(1986)은 '배우자 소진증상(spouse burnout syndrome)'으로 설명하기도 하였다(Cohen, Luchins, Eisdorfer, Paveza, Ashford, Gorelick, Hirschman, Freels, Levy, Semla & Shaw, 1990 ; Barber & Pasley, 1995).

III. 연구방법 및 내용

1. 조사대상

본 연구는 신체기능이나 인지기능에 손상이 있는 65세 이상의 노인을 돌보는 배우자나 자녀 수발자를 대상으로 하여 서울시 시정개발연구원이 실시한 「서울시 사회복지 기초수요조사」에서 장기요양보호노인가구로 확정한 2만 4,656가구를 모집단으로 하였다. 모집단을 대상으로 구별 가구수 비례로 층화추출한 후 계통적으로 3천 가구를 표집하였으며 이를 대상으로 전화로 사전조사하여 65세 이상 노인이 질병이나 장애로 ① 집안생활은 혼자 할 수 있지만 도움 없이는 외출할 수 없거나, ② 집안생활에서도 누군가의 도움이 필요하고 낮에도 주로 누워 있거나, ③ 화장실, 식사, 옷 갈아입기 등에서 도움이 필요하고 하루 종일 누워 있는 상황의 노인이 거주하는 2,254가구를 확인하였다. 이 2,254가구를 대상으로 다시 구별 가구수 비례로 층화추출한 후 계통표집을 통해 최종적으로 568가구를 조사대상으로 선정하였으며, 일상생활수행능력(Activities of Daily Living. 이하 'ADL')에 최소한 1가지 이상의 제한이 있는 노인을 직접 주로 돌보는 배우자나 자녀로 최종 404사례가 표집되었다.

조사대상 장기요양보호 노인의 인구사회학적 특성을 살펴보면 여성노인이 56.7%이며 평균연령은 77.1세로, 이들 중 배우자가 있는 노인은 52.7%로 나타났다. 이들을 돌보는 가족 수발자의 경우 여성이 80.2%로 대부분을 차지하였으며 평균연령은 57.8세로 나타났다. 가족 수발자의 54.7%가 자녀이며 나머지 45.3%가 배우자로, 자녀가 돌보는 경우가 높았다. 자녀 수발자의 경우 여성이 83.3%이고 평균연령은 47.8세이며, 배우자 수발자는 여성 즉 장기요양보호 노인의 부인이 76.5%이고 평균연령은 69.7세로 나타났다.

2. 연구내용

본 연구는 펄린과 그의 동료들에 의해 제시된 스트레스과정모델에 기반하여(Pearlin, Mullan, Semple & Skaff, 1990) 장기요양보호 노인을 돌보는 가족의 수발부담에 영향을 미치는 요인을 분석하고자 하였다. 스트레스과정모델을 기초로 종속변수인 스트레스로 인한 결과(수발부담)를 분석하기 위하여 독립변수로 스트레스에 영향을 미치는 요인을 크게 객관적인 스트레스 사건, 스트레스 사건이 일어나는 상황적 혹은 배경 요인(contextual or background information), 사회적 지원 등으로 나누어 분석하는 것이다.

본 연구에서 다루고자 하는 요인들을 정리하면 다음과 같다.

1) 종속변수

(1) 스트레스로 인한 결과

장기요양보호 노인을 돌봄으로써 가족 수발자가 경험하는 결과 요인으로 수발부담이 포함되었다. 수발부담은 재정적 부담과 신체적 부담, 사회적 부담, 정서적 부담으로 나누어 살펴보았다.

2) 독립변수

(1) 스트레스 사건

장기요양보호 노인을 돌보는 가족에게 수발부담을 일으키는 객관적인 스트레스 사건은 노인의 신체기능 손상 정도와 인지기능 손상 정도, 노인을 돌본 수발기간이 포함되었다.

(2) 상황적 요인

장기요양보호 노인을 수발하는 상황으로 노인과 가족 수발자의 인구사회학적 특성이 포함되었다. 노인의 인구사회학적 특성으로는 성과 연령이 포함되었으며, 가족 수발자의 인구사회학적 특성으로는 연령, 고용 여부, 주관적 건강상태, 가구소득이 포함되었다. 배우자 수발자의 경우 자녀와의 동거 여부가 포함되었으며, 자녀 수발자는 노인과의 혈연관계 여부(아들·딸 / 며느리·사위)가 포함되었다.

(3) 사회적 지원

노인의 신체기능 및 인지기능의 손상과 수발기간에 따른 영향을 중재하는 요인으로 사회적 지원이 포함되었으며, 사회적 지원은 부수발자 유무와 사회적 지원에 대한 평가로 측정하였다.

3. 측정도구

1) 스트레스 사건

(1) 신체기능 손상 정도

노인의 신체기능 손상 정도는 ADL을 측정하여 파악하였다. ADL은 이가옥·이미진(2000), 최성재·차흥봉·김익기·서혜경(2000), Fillenbaum(1995)에 의해 신뢰도가 검증된 척도를 사용하여 걷기·식사하기·대소변보기·목욕하기·옷 갈아입기·몸단장하기의 6개 항목 각각에 대해 어느 정도 독립적으로 수행할 수 있는지를 평가한 것으로, 노인이 혼자서 수행 가능하다는 응답을 0으로, 부분적으로 도움이 필요하거나 혼자서 수행하는 것이 불가능하다는 응답을 1로 하여 6개 항목의 값을 더하여 총합으로 측정하였다. 표본 선정과정에서 ADL 제한항목이 최소 1개 이상인 사례만 추출하였으므로 범위는 1~6점이며, 점수가 높을수록 신체기능 손상 정도가 심해 건강이 나쁜 것을 의미한다. 조사대상 노인의 평균은 4.5점으로 대부분 ADL의 6개 항목 중 4~5개 항목에서 부분적으로 도움이 필요하거나 혼자서 수행하는 것이 불가능한 것으로 나타났다.

(2) 인지기능 손상 정도

노인의 인지기능 손상 정도는 치매의 이상행동을 설명하는 15개 항목으로 이가옥 외(2000)에 의해 신뢰도가 검증된 척도를 사용하여 '전혀 그렇지 않다'는 응답을 0으로, '가끔 그렇다'와 '자주 그렇다'를 1로 부호화하여 15개 항목의 총합으로 측정하였다. 따라서 점수가 높을수록 인지기능의 손상 정도가 심한 것을 의미하며 평균은 3.7점으로 15개의 이상행동 중 3~4개 항목에서 이상행동을 하는 것으로 나타났다.

(3) 수발기간

수발기간은 가족 수발자가 노인의 일상생활 수행을 돌본 총 기간으로 조사결과 1년 미만이 7.7%, 1년 이상~3년 미만 13.9%, 3년 이상~5년 미만 23.8%, 5년 이상~10년 미만 32.9%, 10년 이상 21.8%로 나타나 가족 수발자의 반 이상이 5년 이상 노인을 돌보고 있는 것으로 나타났다.

2) 사회적 지원

가족이나 친척이 수발자에게 제공하는 사회적 지원은 부수발자가 존재하는지의 유무와 수발자의 사회적 지원에 대한 평가로 측정하였다. 사회적 지원에 대한 평가는 7개 항목으로 구성되었으며, '전적으로 그렇다'에서 '전혀 그렇지 않다'까지의 4점 척도로 측정하였다. 사회적 지원의 내용은 '필요할 때에는 가족·친척이 자진해서 할아버지/할머니의 수발을 거들어 준다', '가족·친척은 모두 할아버지/할머니의 수발에 관해서 어려운 일이 생겨도 해결할 수단을 찾아낼 수 있다', '가족·친척은 모두 할아버지/할머니의 수발을 위하여 자기가 해야 할 역할을 알고 있다', '가족·친척은 할아버지/할머니의 수발에 관한 귀하의 의견을 존중하여 준다', '가족·친척은 할아버지/할머니의 수발 이외의 것에도 거리낌 없이 서로 돕는다', '가족·친척은 서로 맞지 않는 일이 있더라도 잘 타협해서 해결할 수 있다', '가족·친척은 할아버지/할머니의 수발의 어려움을 이해하여 준다'로 구성되었다. 점수가 높을수록 사회적 지원에 대해 긍정적으로 평가하는 것으로 평균값은 2.5점으로 나타났다. 사회적 지원의 신뢰도는 Cronbach's α값이 .601이었다.

3) 수발부담

(1) 재정적 부담
수발자의 재정적 부담은 1개 항목으로 노인을 수발하는 데 재정적으로 부담을 느끼는지를 질문하여 '매우 그렇다'를 5점, '어느 정도 그렇다' 4점, '그저 그렇다' 3점, '그렇지 않다' 2점, '전혀 그렇지 않다'를 1점으로 하였다.

(2) 신체적 부담
수발자가 느끼는 피로감이나 수면부족·소화불량 등을 포함하는 14개 항목을 통해 신체적 부담을 측정하였으며, '있다'는 1점, '없다'는 0점의 값을 부여하여 총합계를 사용하였다. 신뢰도는 Cronbach's α값이 .738이었다.

(3) 사회적 부담
수발로 인한 사회적 부담은 모두 5개 항목으로 구성되었으며, 수발로 인해 가족을 돌보는 일이나 가사일, 외출 등에 지장을 가져오는 정도를 측정하여 '매우 그렇다'는 5점, '어느 정도 그렇다'는 4점, '그저 그렇다' 3점, '그렇지 않다' 2점, '전혀 그렇지 않다'는 1점을 부여하여 총합계를 사용하였다. 신뢰도는 Cronbach's α값이 .676이었다.

(4) 정서적 부담

수발자가 느끼는 정서적 소진은 7개 항목으로 구성되었으며, '매우 그렇다'에서 '전혀 그렇지 않다'까지의 5점 척도로 측정하였다. 정서적 수발부담의 내용은 '하루가 끝나면 지쳤다고 느낀다', '아침에 일어나서 또 오늘 수발할 일을 생각하면 피로를 느낀다', '자신이 소진되어 버렸다고 느낀다', '노인을 수발하노라면 가끔씩 짜증이 난다', '노인과 같이 지내는 것이 신경 쓰이고 피곤하다', '자신이 보살필 수 있는 한계점까지 왔다고 느낀다', '수발에 너무 매달리고 있다고 느낀다'이며, 점수가 높을수록 정서적 부양부담이 높은 것을 의미한다. 신뢰도는 Cronbach's α값이 .681이었다.

4) 인구사회학적 특성

장기요양보호 노인의 인구학적 특성으로 성(1=여성, 0=남성)과 연령(실수)이 포함되었으며, 배우자 수발자의 인구사회학적 특성으로 연령(실수), 자녀와의 동거 여부(1=동거, 0=비동거), 고용 여부(1=고용, 0=비고용), 건강수준(1=나쁨, 0=양호), 가구소득(실수)이 포함되었다. 자녀 수발자의 경우, 성(1=여성, 0=남성)과 연령(실수), 노인과의 혈연관계(1=아들/딸, 0=며느리/사위), 고용 여부(1=고용, 0=비고용), 건강수준(1=나쁨, 0=양호), 가구소득(실수)이 포함되었다.

4. 분석방법

배우자와 자녀의 수발부담의 차이가 다른 변수들을 통제한 후에도 유의미한지를 파악하기 위하여 공분산분석(Analysis of Covariance, ANOCOVA)을 실시하였으며, 배우자와 자녀의 수발부담에 미치는 영향 요인을 파악하기 위하여 다중회귀분석을 적용하였다.

IV. 연구결과

1. 배우자와 자녀의 수발부담 차이

배우자와 자녀의 수발부담의 차이를 보면, 〈표 1〉에서 수발부담에 영향을 미치는 다른 변수들을 통제하지 않은 상태에서 배우자와 자녀의 수발부담이 p<.000 수준에서 유의미한 차이가 나타나 재정적 부담의 경우, 배우자 수발부담의 평균은 4.010, 자녀 수발부담의 평균은 3.276로, 신체적 부담은 배우자 10.184, 자녀 7.034로, 사회적 부담은 배우자 3.573,

<表 1> 배우자와 자녀의 수발부담 차이

수발부담	전체	배우자	자녀	p of Group Differences	Significant Covariates(p)
재정적 부담	3.641	4.010[a] 3.922[b]	3.276[a] 3.429[b]	0.000 0.136	노인의 연령(.012) 수발자의 연령(.009) 수발기간(.049) 가구소득(.001) 신체기능 손상 정도(.033) 인지기능 손상 정도(.013)
신체적 부담	8.578	10.184[a] 8.323[b]	7.034[a] 9.126[b]	0.000 0.514	노인의 연령(.043) 수발자의 연령(.034) 가구소득(.003) 인지기능 손상 정도(.048)
사회적 부담	3.422	3.573[a] 3.619[b]	3.270[a] 3.279[b]	0.000 0.200	노인의 연령(.009) 수발자의 연령(.007) 수발기간(.039) 가구소득(.001) 신체기능 손상 정도(.026) 인지기능 손상 정도(.010)
정서적 부담	3.453	3.625[a] 3.662[b]	3.313[a] 3.337[b]	0.000 0.151	노인의 연령(.008) 수발자의 연령(.006) 수발기간(.034) 가구소득(.000) 신체기능 손상 정도(.022) 인지기능 손상 정도(.009)

* a : unadjusted mean, b : adjusted mean

자녀 3.270으로, 정서적 부담은 배우자 3.625, 자녀 3.313으로 배우자 수발자가 수발부담의 모든 영역에서 자녀 수발자보다 부담을 많이 느끼고 있는 것으로 나타났다. 배우자와 자녀의 수발부담의 차이가 다른 변수들을 통제한 후에도 유의미한지를 파악하기 위하여 공분산 분석을 실시한 결과, 배우자와 자녀의 수발부담에 유의미한 차이가 없는 것으로 나타나 배우자와 자녀의 수발부담의 차이는 다른 변수들의 영향을 더 많이 받는 것을 알 수 있었다. 가족 수발자의 수발부담에 유의미한 영향을 미치는 요인으로 노인의 연령, 수발자의 연령, 수발기간, 가구소득, 노인의 신체기능 손상 정도와 인지기능 손상 정도가 나타났다. 수발부담에 영향을 미치는 다른 변수들을 통제한 후, 배우자와 자녀의 수발부담에 유의미한 차이가 없는 것으로 나타나 배우자와 자녀를 분리하여 각 집단에 영향을 미치는 요인을 분석하기 위해 다중회귀분석을 실시하였다.

<표 2> 배우자의 수발부담에 영향을 미치는 요인

		재정적 부담	신체적 부담	사회적 부담	정서적 부담
수발상황	노인의 신체기능 손상 정도	.099	.111	.062	.055
	노인의 인지기능 손상 정도	.009	.072	.027	.017
	수발기간	.025	.431	−.010	.073
노인의 특성	성	−.311	−1.568	−.385	−.153
	연령	−.060**	−.066	−.036	−.006
배우자 수발자의 특성	연령	.037	.115	.032	.011
	자녀와의 동거 여부	.516	.364	−.019	.158
	고용 여부	.190	.348	−.192	.097
	건강수준	.029	1.585**	.431**	.335**
	가구소득	−.006**	−.008	−.002	−.003**
사회적 지원	부수발자 유무	.096	−.644	.093	.008
	사회적 지원에 대한 평가	−.185	.135	−.133	−.017
	R^2	.263	.167	.226	.253
	F value	3.596	1.973	2.942	3.411

* p<.05, ** p<.01, *** p<.001

2. 배우자의 수발부담에 영향을 미치는 요인

배우자의 수발부담에 영향을 미치는 요인을 보면, <표 2>에서 배우자 수발자가 경험하는 재정적 부담은 연령과 가구소득에 따라 유의미한 영향을 미치는 것으로 나타났다. 배우자는 노인의 연령(β=−.060, p<.01)이 많아질수록, 가구소득(β=−.006, p<.001)이 높을수록 재정적 부담은 경감되는 것을 알 수 있다.

배우자 수발자의 경우, 신체적·사회적 부담에서 자신의 건강수준(신체적 부담 β=1.585, p<.05 ; 사회적 부담 β=.431, p<.01)만이 유일하게 유의미한 영향을 주는 요인으로 나타났다. 배우자 자신의 건강수준이 나쁠수록 신체적·사회적 부담을 많이 경험하는 것으로 나타났다. 배우자 수발자의 정서적 부담은 자신의 건강수준(β=.335, p<.01)과 가구소득(β=−.003, p<.01)이 유의미한 영향을 미치는 것으로 나타나 배우자의 건강수준이 나쁠수록, 가구소득이 낮을수록 정서적 부담을 더 많이 경험하는 것으로 나타났다.

3. 자녀의 수발부담에 영향을 미치는 요인

자녀의 수발부담에 영향을 미치는 요인을 보면, <표 3>에 나타난 바와 같이 자녀 수발자가 경험하는 재정적 부담에는 수발기간, 자녀 수발자의 성, 노인과의 혈연관계, 가구소득,

<표 3> 자녀의 수발부담에 영향을 미치는 요인

		재정적 부담	신체적 부담	사회적 부담	정서적 부담
수발상황	노인의 신체기능 손상 정도	.021	−.229	.026	.025
	노인의 인지기능 손상 정도	.016	.107	.040**	.042***
	수발기간	.148*	−.110	-.052	−.067
노인의 특성	성	.259	−1.003	.230	.185
	연령	.003	−.013	.002	−.010
자녀수발자의 특성	성	−.589*	1.648***	−.060	−.038
	연령	−.013	.149	−.012	−.002
	자녀와의 동거 여부	−.441*	−1.253	−.335*	−.235
	고용 여부	−.157	−.463	−.414**	−.008
	건강수준	.118	.963	.550*	.076
	가구소득	−.004***	−.011**	−.001	−.001
사회적 지원	부수발자 유무	−.067	1.070	.046	.017
	사회적 지원에 대한 평가	−.321**	−.586	−.268***	−.388***
R²		.269	.261	.278	.268
F value		4.412	4.229	4.612	4.401

* p<.05, ** p<.01, *** p<.001

사회적 지원에 대한 평가가 유의미한 영향을 미치는 것으로 나타났다. 즉 수발기간이 길수록, 수발자가 남성인 경우, 노인과 혈연관계가 아닌 며느리나 사위인 경우, 가구소득이 낮을수록, 사회적 지원에 대한 평가가 낮을수록 재정적 부담을 더 많이 느끼는 것으로 나타났다.

자녀 수발자가 경험하는 신체적 부담에 영향을 미치는 요인은 자녀 수발자의 연령(β=.149)과 가구소득(β=−.011)에 따라 유의미한 영향을 받는 것으로 나타나 자녀 수발자의 연령이 높고, 가구소득이 낮을수록 신체적 부담을 많이 느끼고 있었다.

자녀 수발자의 사회적 부담은 노인의 인지기능손상 정도와 노인과의 혈연관계, 고용 여부, 건강상태, 사회적 지원에 대한 평가가 유의한 영향을 미치는 것으로 나타났다. 노인의 인지기능 손상 정도가 심할수록, 혈연관계가 아닌 며느리나 사위가 사회적 부담을 더 많이 느끼고 있었다. 또한 건강수준이 나쁠수록, 사회적 지원에 대한 평가가 낮을수록 사회적 부담이 높은 것으로 나타났다. 그리고 자녀 수발자가 고용되어 있지 않은 경우, 고용되어 있는 경우보다 사회적 부담을 더 많이 느끼는 것으로 나타났다. 자녀 수발자의 정서적 부담에 영향을 미치는 요인은 노인의 인지기능손상 정도와 사회적 지원에 대한 평가만 유의미하게 나타났다. 노인의 인지기능손상 정도가 심할수록, 사회적 지원에 대한 평가가 낮을수록 부양자의 정서적 부담이 높은 것을 알 수 있다.

V. 제언

본 연구는 장기요양보호 노인 가족 수발자의 수발부담을 배우자와 성인자녀로 구분 비교하여 노인과 수발자의 관계에 따른 차이를 파악하고, 수발부담을 네 영역으로 나누어 각 영역별 부담의 정도와 영향 요인을 분석하여 영역별로 부담을 덜어 줄 수 있는 구체적인 개입방안을 제시하는 데 목적이 있다. 따라서 본 연구결과에 따른 연구 함의는 다음과 같다.

첫째, 장기요양보호 노인의 수발부담을 배우자와 성인자녀 수발자로 구분하여 비교한 결과, 다른 요인을 통제하지 않은 상태에서는 배우자가 자녀보다 재정적 · 신체적 · 사회적 · 정서적, 모든 영역의 수발부담에서 통계적으로 유의미하게 더 많은 부정적 경험을 하는 것으로 나타났다. 이는 기존 연구(김주성 외, 2004 ; George et al., 1986 ; Schulz et al., 1988 ; Hughes et al., 1999)에서 배우자가 자녀나 다른 친척보다 더 수발부담을 가진다는 연구결과와 일치한다. 그러나 배우자와 자녀의 수발부담의 차이가 다른 변수들을 통제한 후에는 공분산분석 결과, 유의미한 차이가 없는 것으로 나타나 배우자와 자녀가 경험하는 수발부담은 배우자와 자녀의 차이보다는 다른 변수들의 영향을 더 크게 받는 것을 알 수 있었다. 가족 수발자의 수발부담에 유의미한 영향을 미치는 요인으로 노인의 연령, 수발자의 연령, 수발기간, 가구소득, 노인의 신체기능 손상 정도와 인지기능 손상 정도가 나타났다. 노인의 연령이 높고 신체기능 및 인지기능의 손상이 심할수록 수발자가 더 많은 어려움을 겪고 있으며, 수발자의 연령이 높고 노인을 수발한 기간이 길며 가구소득이 낮을수록 수발부담을 더 많이 느끼고 있음을 알 수 있다. 연령이 높고 신체기능 및 인지기능의 손상이 심한 노인을 돌보는 가족 수발자의 어려움이 분명하게 나타나, 이러한 노인을 돌보는 가족 수발자를 지원하는 다양한 사회적 서비스가 필요함을 알 수 있다. 수발자 또한 연령이 높고 노인을 수발한 기간이 길며 경제적으로 어려운 경우, 노인을 수발하는 데 어려움이 많은 것으로 나타나 수발자의 부담을 덜어 주기 위한 사회적 개입의 필요성을 분명히 보여 주었다.

둘째, 수발자를 배우자와 자녀집단으로 구분하여 수발부담에 영향을 주는 요인을 다중회귀분석을 통하여 확인한 결과 배우자와 자녀 사이에 뚜렷한 차이가 있었다. 배우자는 스트레스 사건인 노인의 신체기능과 인지기능의 손상 정도, 그리고 수발기간이 수발부담의 전 영역에 유의미한 영향을 주지 않았으나, 자녀의 경우는 노인의 인지기능손상 정도가 사회적 · 정서적 부담에 유의미한 영향을 주고 있었으며, 수발기간은 재정적 부담에 유의미한 영향을 주는 것으로 나타났다. 기존 연구(윤현숙 외, 2000 ; 이가옥 외, 2000 ; Lazarus et al., 1984 ; Schulz et al., 1988 ; Biegel et al., 1991 ; Yates et al., 1999)에서는 스트레스 사건인 노인의 신체기능과 인지기능의 손상 정도가 수발자의 수발부담을 높이는 것으로 보고되고 있는데, 수발자를 배우자와 자녀로 구분하여 검증한 본 연구에서는 배우자와 자녀 수발자에 따라 결과가 다르게 나타나고 있음을 보여 주고 있는 것이다. 이는 노인의 신체적·인지적 손상 정도와 수발기간이 배우자에게는 부담으로 작용하지 않으나, 자녀에게는 노인의 인지적 손상 정도가 사회적·정서적 부담으로 작용하고 수발기간은 재정적 부담을 주고 있다고 해석할 수 있을 것이다. 기존 연구에서 보지 못한 이러한 차이는 배우자 수발자의 가족유형 특성에서 오는 것으로 자녀 수발자와의 특성상의 차이라고 볼 수 있다. 노인의 신체기능과 인지기능의 회복, 그리고 수발기간 단축에 관하여 정책적 고려와 프로그램의 개입을 검토할 때에는 이러한 배우자와 자녀 수발자의 차이를 이해하고 고려하여야 함을 분명히 하고 있다.

셋째, 노인과 수발자의 인구사회학적 특성이 수발부담에 미치는 영향에서도 배우자와 자녀 사이에 분명한 차이가 있다. 가구소득 요인을 보면, 배우자는 가구소득이 낮을수록 재정적 부담과 정서적 부담이 높아지나 자녀는 재정적 부담과 신체적 부담이 높아진다. 수발자를 배우자와 자녀로 구분하지 않고 수발부담을 살펴본 기존 연구(윤현숙·차흥봉·조양순, 2000 ; Schulz et al., 1988 ; Biegel et al., 1991 ; Zhan, 2002)에서는 수발자의 소득은 재정적 부담에만 유의미한 영향을 주는 결과를 보고하고 있지만, 본 연구에서는 배우자는 소득이 낮으면 재정적 부담 외에 정서적 부담까지 같이 경험하고 자녀는 정서적 부담 대신 신체적 부담을 동시에 경험한다는 점에서 차이를 보이고 있다. 수발자의 건강수준에서도 배우자는 자신의 건강이 좋지 않으면 신체적·사회적 그리고 정서적 부담을 경험하는 것으로 나타나고 있으나, 자녀의 경우는 사회적 부담만을 느끼는 것으로 확인되었다. 이는 배우자와 자녀의 중요한 차이인데, 이것은 배우자와 자녀의 가족유형 특성상의 차이에서 비롯된 것으로 볼 수 있을 것이다. 기존 연구에서 Schulz 외(1988)와 이가옥 외(2000)는 수발자의 건강 상태가 나쁘면 우울증이나 정서적 부담을 높인다고 보고하고 있는데, 이는 본 연구결과의 부분적인 영향만 보고하고 있다고 할 수 있다. 또한 자녀에게는 배우자 수발자에게는 없는 영향 요인이 있는데 '혈연관계'와 '고용 여부'이다. 자녀 수발자가 노부모와 혈연관계가 아닌 경우(며느리와 사위), 재정적 부담과 사회적 부담을 혈연관계(딸과 아들)보다 더 경험하는 것으로 나타나고 있다. 이는 특히 며느리의 부담이 딸보다 큼을 보여 주고 있어 관심을 끈다. 고용 여부는 자녀가 고용상태에 있지 않을 때(실직상태), 재정적 부담 대신 사회적 부담을 더 느끼는 것으로 나타나 흥미로운 결과를 보여 주고 있다. 자녀 수발자가 고용되어 있지 않은 경우, 고용되어 있는 경우보다 노인을 수발하기 위해 가정에 얽매어 있어 사회적 활동에 지장을 받기 때문인 것으로 해석할 수 있을 것이다.

이러한 수발자의 특성에 따른 수발부담의 영향 요인으로 볼 때, 수발자의 부담을 경감시키는 데 가구소득의 문제와 수발자의 건강문제를 해소시키는 것이 중요함을 알 수 있으며, 특히 수발자의 건강문제는 배우자의 경우 매우 중요하고 의미 있는 현안임을 제시하고 있는 것이다. 또한 딸보다 며느리의 수발부담이 더 심각함을 알 수 있으며, 수발부담의 해소를 위한 우선순위는 며느리임이 자명해졌다. 수발부담의 해소에 수발자의 고용문제도 하나의 요인임을 제시하고 있다.

넷째, 사회적 지원에 대한 평가가 수발부담에 미치는 영향이 배우자 수발자와 자녀 수발자에 따라 차이가 있으므로 그 차이가 가지는 함의에 대해 논의하고자 한다. 배우자 수발자는 사회적 지원에 대한 평가가 낮아도 수발부담의 전 영역에서 유의미한 영향을 주지 못하고 있으나, 자녀 수발자의 경우에는 사회적 지원에 대한 평가가 낮으면 재정적 부담과 사회적 부담, 그리고 정서적 부담이 크게 증가하고 있다. 기존 연구(이가옥 외, 2000 ; 서문경애, 2005 ; Zarit et al., 1980, 1986 ; Lazarus et al., 1984 ; Schulz et al., 1988)에서는 사회적 지원이 많으면 일반적으로 수발부담이 경감되는 것으로 되어 있으나, 수발자를 배우자와 자녀로 구분하여 비교·분석한 본 연구에서는 배우자와 자녀에 따라 그 결과가 다르게 나타나고 있는 것이다. 이는 배우자와 자녀의 가족유형상의 특성의 차이에 기인한 것으로 사회적 지원에 대하여 배우자 수발자는 크게 개의치 않는 반면, 자녀 수발자는 사회적 지원에 따라 수발부담에 큰 영향을 받고 있는 것으로 해석할 수 있을 것이다. 수발자의 유형에 따른 수발부담의 차이는 수발부담 경감에도 그 차이만큼 서로 다르게 작용함을 의미하므로, 사회적 지지가 배우자 수발자와 자녀 수발자에게 다르게 영향을 주고 있음을 이해하여야 하며, 수발부담의 경감을 위하여 사회적 지지를 시행할 경우 특히 자녀 수발자에게 유효함을 제시하고 있다.

참고문헌

공적노인요양보장제도 실행위원회(2005). 공적노인요양보장제도 실시모형개발연구. 공적노인요양보장제도 실행위원회.

김수영·김진선·윤현숙(2004). 치매노인을 돌보는 가족부양자의 우울과 삶의 만족 예측요인. 한국노년학 24(2), 111-128.

김주성·이해정·김기련(2004). 가족관계유형별 치매노인가족의 간호제공상황평가, 소진 및 대처유형. 한국노년학 24(4), 39-51.

김혜경(2004). 일본 재가 요보호노인과 부양자 간의 관계의 질과 부양자의 정신건강. 한국노년학 24(2), 129-144.

서문경애(2005). 치매노인 가족의 누적스트레스 영향요인. 한국노년학 25(2), 195-209.

윤현숙·차흥봉·조세희(2000). 사회적 지원이 가족의 부양부담과 우울에 미치는 영향 : 심신기능손상 노인 가족을 중심으로. 한국노년학 20(1), 1-19.

윤현숙·차흥봉·조양순(2000). 뇌졸중 노인 부양가족의 부양부담과 우울에 미치는 영향요인에 관한 연구. 한국노년학 20(2), 137-153.

이가옥(2000). 장기요양보호노인과 수발자의 실태. 노년학의 이해. 서울 : 대영문화사.

이미진·이가옥(2000). 장기요양보호노인 가족수발자의 정서적 부양부담에 관한 연구. 한국노년학 20(2), 215-228.

이해정·서지민·안숙희(2003). 치매노인을 돌보는 주 가족간호제공자의 스트레스원과 우울 간의 관계에서 사회적 지지의 역할. 대한간호학회지 33(6), 713-721.

최성재·차흥봉·김익기·서혜경(2000). 노인 장기요양보호에 관한 한일 비교 연구. 한국노년학 20(3), 143-167.

통계청(2005). 2005 고령자통계. 대전 : 통계청.

한국보건사회연구원(2005). 2004년도 전국 노인생활실태 및 복지욕구조사. 서울 : 한국보건사회연구원.

Barber, C. E. & Pasley, B. K.(1995). Family Care of Alzheimer's Patients : The Role of Gender and Generational Relationship on Caregiver Outcomes. *Journal of Applied Gerontology* 14(2), 172-192.

Biegel, D. E., Sales, E. & Schulz, R.(1991). *Family Caregiving in Chronic Illness : Alzheimer's Disease, Cancer, Heart Disease, Mental Illness, and Stroke.* Newbury Park, CA : Sage.

Braithwaite, V.(1996). Between Stressors and Outcomes : Can We Simplify Caregiving Process Variables?. *The Gerontologist* 36(1), 42-53.

Cantor, M. H.(1983). Strain among Caregivers : A Study of Experience in the United States. *The Gerontologist* 23(6), 597-604.

Cohen, D., Luchins, D., Eisdorfer, C., Paveza, G., Ashford, J. W., Gorelic, P., Hirsehman, R., Freels, S., Levy, P., Semla, T. & Shaw, H.(1990). Caring for Relatives with Alzheimer's Disease : The Mental Health Risks to Spouses, Adult Children, and Other Family Caregivers. *Behavior, Health, and Aging* 1, 171-182.

Ekberg, J. Y., Griffith, N. & Foxall, M. J.(1986). Spouse Burnout Syndrome. *Journal of Advanced Nursing* 11(2), 161-165.

Fillenbaum, G. G.(1995). Activities of Daily Living. in Maddox, George L.. *The Encyclopedia of Aging* 7-9. New York : Springer Publishing Company.

Fitting, M., Rabins, P., Lucas, M. J. & Eastham, J.(1986). Caregivers for Dementia Patients : A Comparison of Husbands and Wives. *The Gerontologist* 26(3), 248-252.

Gaugler, J. E., Kane, R. L. & Kane, R. A.(2002). Family Care for Older Adults with Disabilities : Toward More Targeted and Interpretable Research. *International Journal of Aging and Human Development* 54(3), 205-231.

George, L. K. & Gwyther, L. P.(1986). Caregiver Well-Being : A Multidimensional Examination of Family Caregivers of Demented Adults. *The Gerontologist* 26(3), 253-259.

Hughes, S. L., Giobbie-Hurder, A., Weaver, F. M., Kubal, J. D. & Henderson, W.(1999). Relationship between Caregiver Burden and Health-Related Quality of Life. *The Gerontologist* 39(5), 534-545.

Ingersoll-Dayton, B. & Raschick, M.(2004). The Relationship between Care-Recipient Behaviors and Spousal Caregiving Stress. *The Gerontologist* 44(3), 318-327.

Lazarus, R. S. & Folkman, S.(1984). *Stress, Appraisal, and Coping.* New York : Springer Publishing Company.

Li, L. W.(2005). From Caregiving to Bereavement : Trajectories of Depressive Symptoms among Wife and Daughter Caregivers. *The Journals of Gerontology Series B : Psychological Sciences and Social Sciences* 60(4), 190-198.

Pearlin, L. I., Mullan, J. T., Semple, S. J. & Skaff, M. M.(1990). Caregiving and the Stress Process : An Overview of Concepts and Their Measures. *The Gerontologist* 30(5), 583-594.

Schulz, R. & Beach, S. R.(1999). Caregiving as a Risk Factor for Mortality : The Caregiver Health Effects Study. *Journal of American Medical Association* 282(23), 2215-2219.

Schulz, R., Tompkins, C. A & Rau, M. T.(1988). A Longitudinal Study of the Psychosocial Impact of Stroke on Primary Support Persons. *Psychology and Aging* 3, 131-141.

Seltzer, M. & Li, W.(2000). The Dynamics of Caregiving : Transitions during a Three-Year Prospective Study. *The Gerontologist* 40(2), 165-178.

Sugihara, Y., Sugisawa, H., Nakatani, Y. & Hougham, G. W.(2004). Longitudinal Changes in the Well-Being of Japanese Caregivers : Variations Across Kin Relationships. *The Journals of Gerontology Series B : Psychological Sciences and Social Sciences* 59(4), 177-184.

Thompson, E. H. & Doll, W.(1982). The Burden of Families Coping with the Mentally Ill : An Invisible Crisis. *Family Relations* 31(3), 379-388.

Yates, M. E., Tennstedt, S. & Chang, B.(1999). Contributors to and Mediators of Psychological Well-Being for Informal Caregivers. *The Journals of Gerontology Series B : Psychological Sciences and Social Sciences* 54B(1), 12-22.

Zarit, S. H., Reever, K. E. & Bach-Peterson, J.(1980). Relatives of the Impaired Elderly : Correlates of Feelings of Burden. *The Gerontologist* 20(6), 649-655.

Zarit, S. H., Todd, P. A. & Zarit, J. M.(1986). Subjective Burden of Husbands and Wives as Caregivers : A Longitudinal Study. *The Gerontologist* 26(3), 260-266.

Zhan, H. J.(2002). Chinese Caregiving Burden and the Future Burden of Elder Care in Life-Course Perspective. *International Journal of Aging and Human Development* 54(4), 267-290.

* 본 논문은 한국노년학 제27권 제1호(2007)에 게재되었음을 밝혀 둔다.

가족관계가 성공적 노화에 미치는 영향

윤현숙 · 유희정

I. 서론

한국 사회의 노령화는 OECD 국가 중에서 가장 빠른 속도로 진행되면서 노화 및 노년의 다양한 삶에 대한 관심이 점차 커져 가고 있다. 지금까지 노인에 대한 관심은 빈곤과 질병·고독·의존 등 부정적인 측면에 초점을 맞추어 이에 따른 부양과 수발 등 사회문제로 접근하는 시각이 지배적이었으며, 노화는 연령증가에 따른 상실과 쇠퇴와 연관되어 생각되어 왔다. 그러나 성장과 활력, 지혜와 삶에 대한 만족은 노화의 또 다른 측면으로 볼 수 있다(Baltes & Carstensen, 1996). 즉 상당수의 사람들이 비교적 좋은 건강상태에서 활기차게 오래 살아가며 자신의 삶에 만족하고 있다. 이와 관련하여 최근에는 어떻게 하면 노년의 삶을 보다 건강하고 활동적이며 성공적으로 영위할 수 있는가 하는 노년기 삶의 질과 성공적 노화에 국민적 관심이 점차 커져 가고 있다. 이러한 현상은 연장된 노년기와 긍정적인 삶의 가능성에 대한 기대와 더불어 최근 커져 가는 웰빙에 대한 관심으로 인해 노인들의 삶의 질에 대한 요구가 증대된 것과 맥을 같이한다.

서구에서 성공적 노화(successful aging)는 1986년 미국 노인학회 연례회의에서 처음 소개된 이래(Fisher, 1995), 노년학의 주제로서 오랫동안 다양한 정의와 측정방법으로 연구되어 왔으며, 성공적 노화에 영향을 주는 요인들이 무엇인가를 규명하기 위해 많은 노력을 기울이고 있다(Rowe & Kahn 1987 ; Baltes & Baltes(eds.), 1990). 우리나라에서도 최근, 특히 2000년 이후 성공적 노화에 대한 학문적 관심이 커지면서 경험적 연구들이 이루어지고 있다. 그러나 대부분의 연구가 성공적인 노화의 개념에 대한 문헌연구(홍현방, 2001) 또는 성공적 노화에 대한 한국인의 인식, 지각(박경란·이영숙, 2002 ; 성혜영·유정헌, 2002 ; 강유진, 2003 ; 강인, 2003 ; 최혜경·백지은·서선영, 2005)에 관한 탐색적 연구에 머물러 있으며, 양적인 연구는 소수에 불과하다(하정연·오윤자, 2003 ; 박지은·최혜경, 2005 ; 성혜영·조희선, 2006). 연구방법에 있어서도 소수의 사례를 대상으로 한 질적 연구(강유진, 2003 ; 강인, 2003 ; 명지대학교 여성가족생활연구소, 2003)가 대다수이며, 연구대상도 여성노인이거나 중년기 여성, 또는 중산층 노인 등 특정 성이나 계층에 국한되어 있다. 양적인 연구에서도 200~300명 정도의 소규모 표본의 연구가 대부분이다. 또한 성공적 노화를 정밀하게 측정하고 성공적 노화에 영향을 미치는 사회적 요인들에 관한 체계적 분석을 시도하는 논문은 찾아보기 드물다. 특히 한국 노인의 경우 자녀 및 배우자와의 관계, 즉 가족관계가 성공적 노화에 영향을 주는 중요한 요인으로 인식되고 있다는 선행 연구결과(성혜영·유정헌, 2002 ; 강유진, 2003 ; 강인, 2003 ; 명지대학교 여성가족생활연구소, 2003 ; 박지은·최혜경, 2005)에도 불구하고, 이를 체계적으로 분석한 연구는 이루어지지 않고 있다.

본 논문은 선행 연구들의 이러한 한계에 주목하여 성공적 노화를 신체적·심리적·사회적 차원에서 다차원적으로 규정하고 성공적 노화를 경험하는 노인들의 특성을 분석하며, 가족관계 변인들이 성공적 노화에 어떻게 영향을 미치고 있는지를 분석하고자 하였다. 본 논문의 연구대상은 65세 이상 노인 1,826명이며, 자료는 2003년 한림대학교 소속 고령사회 연구소가 서울 및 춘천지역 노인들을 대상으로 한국 노인의 삶의 질에 관해서 설문조사한 자료를 토대로 구성되었다.

본 논문의 연구문제는 다음과 같다. 첫째, 성공적 노화를 신체적 기능, 인지적 기능, 사회활동, 심리적 안녕감의 네 차원으로 정의할 때, 이 네 차원을 모두 만족시키는 사람들, 즉 좁은 의미의 성공적 노후를 보내는 사람은 그렇지 않은 사람과 인구사회적 특성 면에서 어떤 차이가 있는가? 둘째, 배우자가 있는 노인만을 대상으로 하여 볼 때, 성공적 노화집단에 속할 가능성에 영향을 주는 가족관계 변인들은 무엇인가? 셋째, 성공적 노화의 하부 요소들, 즉 신체적 기능, 인지적 기능, 사회활동, 심리적 안녕감 각각의 차원에서의 성공적 노화집단이 속할 가능성은 가족관계 변인들에 의해 어떤 영향을 받는가?

II. 선행 연구 고찰

1. 성공적 노화의 개념 정의

정상적인 노화, 병리적인 노화에 대비되는 성공적인 노화란 오래 살고, 생산적이며 만족한 삶을 살면서 늙어 가는 개인들의 특성을 말하기 위한 개념이다. 성공적 노화가 무엇인가는 노화의 신체적·심리적·사회적 측면 중 무엇을 보는지, 어떤 이론적 시각으로 보는지에 따라 학자마다 상이하게 개념 정의를 내리고 있으며, 따라서 성공적 노화를 정의하는 것은 쉽지 않다.

성공적 노화의 개념은 크게 보면 심리학적 관점과 사회학적 관점으로 분류할 수 있다. Baltes의 보상을 수반한 선택적 적정화 모델(Selective Optimization with Compensation, SOC) [Baltes & Baltes(eds.), 1990], Ryff의 통합모델(Ryff, 1989)로 대표되는 심리학적 관점은 전 생애를 걸친 발달이론에 근거하여 여러 면에서 감소와 쇠퇴를 경험하는 노인들의 성공적인 적응과정을 보여 주고 있으나, 개인이 가지는 동기, 인지적 기술 등 심리학적 개념으로 설명하는 한계를 가지고 있다(홍현방, 2001).

이에 반해 노화에 대한 사회학적 관점은 크게 보면 분리이론(disengagement theory)과 활동이론(activity theory)으로 구분해 볼 수 있다. 이 중 성공적 노화에 관한 사회학적 관점은 노인도 보다 능동적이고 적극적으로 활동에 빈번히 참여할수록 성공적으로 노화한다는 활동이론에 기초하며 발달되어 왔다(Atchley, 2000 ; Mitchell, 2002).

성공적 노화에 관한 사회학적 연구 중 가장 대표적인 연구는 학제 간 연구를 시도한 맥아더재단의 성공적 노화 연구이다. 맥아더 연구를 주도한 대표적 학자인 Rowe & Kahn (1987, 1997)은 활동이론에 기반하여 '성공적 노화'의 개념을 규정한다. 그들은 기존의 노년학과는 달리 질병이 없는 상태를 '보통의 노화(usual aging)'와 '성공적 노화'로 구분한다. '보통의 노화'는 특별한 질환이나 기능장애는 없지만 연령증가와 더불어 질환에 걸릴 위험요소를 가지고 있거나 사회적 세계의 축소로 고독하고 위축된 생활을 하는 노년의 모습이다. 반면 성공적 노화는 우리가 자연스럽게 받아들이는 이런 보통의 노화를 개인의 노력과 환경의 통제를 통해서 극복하거나 지연시킴으로써 가능하다고 본다. 이들은 성공적 노화를 다음 세 요소와 그 특성을 유지하는 능력으로 정의하고 있다. 첫째, 위험도가 높은 질병이 없어야 하고 질병과 관련된 장애의 가능성이 없어야 한다. 둘째, 높은 수준의 신체적·인지적 기능이 유지되어야 한다. 셋째, 삶에 능동적으로 참여해야만 한다. 이 세 요소는 위계순서가 있어서 질병과 장애가 없으면 정신과 신체기능의 유지가 쉽고, 정신과 신체기능이 유지되면 삶에 적극적으로 참여할 수 있다는 것이다. 이러한 Rowe & Kahn의 정의에 의하면 성공적인 노화란 질병과 장애의 부재, 신체적·인지적 기능의 유지, 삶에의 지속적인 참여 이 3가지 모두를 만족시키는 개념이다. 여기에서 삶에 계속 참여한다는 것에는 집안일, 교회나 시민단체에서 자원봉사하기, 가족이나 친구 돌보기 등을 포함한다.

이러한 Rowe & Kahn의 선도적인 연구 이후 많은 연구가 성공적 노화현상과 이에 영향을 미치는 요인으로 활동, 사회적 관계, 사회적 지원, 건강 등을 중시하였다. 최근의 연구들(Everard, Lach, Fisher & Baum, 2000 ; Menec, 2003)은 활동(사회적 활동, 혼자 하는 활동, 생산적 활동)을 많이 할수록 노인들의 신체적ㆍ인지적 기능이 더 좋으며, 더 행복하고, 더 오래 산다는 결과들을 내놓고 있어 활동이론을 지지해 주고 있다. 그러나 이 밖에도 성공적 노화의 구성요소에 대해서 관련 학자들은 다양한 견해를 제시하고 있다. Fisher(1995)는 성공적 노화는 개인이 과거의 생활경험을 통합하고 앞으로의 발달에 대한 준비를 포함하는 것으로 보면서 타인과의 상호작용, 목표의식, 자아수용, 개인의 성장, 자율을 중요한 요소로 보았다. Vaillant & Mukamal(2001)은 객관적인 건강, 주관적인 건강, 적극적인 생활을 한 연수, 객관적인 정신건강, 주관적인 생활만족, 사회적 지지 등 6개 영역을 성공적 노화의 영역으로 보았다.

본 논문에서는 성공적 노화의 개념 정의에 있어서 기본적으로 Rowe & Kahn의 개념을 따르고자 한다. 다만 신체적 기능, 인지적 기능, 사회활동 외에도 노인들이 주관적으로 경험하는 심리적 안녕감을 성공적 노화를 구성하는 중요한 요인으로 보고자 한다. 노인들이 자신의 삶의 객관적인 상황과 조건에 대해 내리는 주관적인 평가와 이에 따른 정서적 만족과 행복은 삶의 질을 결정하며, 이런 의미에서 성공적 노화를 규정하는 데 심리적 안녕감은 고려되어야 할 것이다(홍현방ㆍ최혜경, 2003). 즉 성공적 노화를 평가하는 데에는 신체적 건강뿐만 아니라 정신적 건강, 심신의 활력, 생활만족과 같은 심리사회적 건강의 요소가 중요하다(Vaillant, 1994). 물론 심리적 안녕은 성공적인 노화의 결과 지표라는 지적도 있다. 그러나 심리적 안녕 또는 삶의 만족도는 성공적 노화와 서로 관련되기는 하지만 독립된 요인으로 볼 수 있음이 밝혀지고 있으며(Fisher, 1995 ; Strawbridge, Wallhagen & Cohen, 2002), 노년학 문헌에서 성공적 노화의 측정에 가장 널리 쓰이고 있다.

Garfein & Herzog(1995), Chou & Chi(2002)는 활동이론에 근거하여 강건한 노화(robust aging) 혹은 성공적 노화를 정의하는 데 있어서 Rowe & Kahn이 제시한 신체적 지위, 인지적 지위, 생산적 참여 외 정서적 지위를 추가하여 네 요소로 구성된 것으로 보았다. 성혜영ㆍ조희선(2006) 또한 Rowe & Kahn의 구성요소를 활용한 성공적 노화모델에서 신체적ㆍ인지적 기능, 생산적 활동 외에도 심리적 특성을 성공적 노화의 주요 요소로 설정한 바 있다.

본 논문에서는 활동이론에 근거하여 성공적 노화를 질병 없이 건강하여 신체적ㆍ인지적 기능에서 상대적으로 높은 수준을 유지하며, 사회적으로 적극 참여하고 심리적으로 만족스럽게 살아가는 것으로 개념을 정의하였다.

2. 성공적 노화와 가족관계

성공적 노화에 영향을 미치는 요인은 무엇인가? 서구의 연구들은 성공적인 노화와 관련되는 변인으로 성·연령·직업·가족형태·교육 정도·종교·계층 등 노인의 인구사회학적 특징, 식사·운동 등 건강 관련 행위, 건강서비스의 이용, 배우자의 유무 등 혼인상의 지위, 친구·이웃·친척 등 다른 사람과의 사회적 접촉과 관계, 외향성·자기효능감·신경질적 기질 등 성격적 요인, 배우자의 죽음이나 이혼 등 고통스런 생애 사건 등 다양한 요인을 지적하고 있다(Garfein & Herzog, 1995 ; Rowe & Kahn, 1997 ; Vaillant & Mukamal, 2001 ; Chou & Chi, 2002).

이 중에서 선행 연구들은 노년기의 사회적 관계망 또는 사회적 지지가 노인의 건강 및 신체적·인지적 기능(이인정, 1994 ; 이가영·박태진, 2000 ; 정영미·김주희, 2004 ; Seeman, Berkman, Carpentier, Blazer, Albert & Tinetti, 1995), 우울이나 사기 등 심리적 특징(김수옥·박영주, 2001 ; 유양경, 2004), 삶의 만족도(양옥경, 1997)에 영향을 주는 중요한 요인임을 보여 주고 있다.

성공적 노화 혹은 노년기 삶의 질과 관련하여 중요한 사회적 관계망 혹은 지원망은 주로 가족, 이웃, 친구, 친척 등이다. 서양의 연구에서 보면 이와 관련하여 흔히 가족 외에도 친구·친척·이웃들과의 접촉이나 지원, 교회나 모임, 클럽에의 출석 등이 많이 언급되고 있다. 이에 반해 우리나라에서는 노인의 외로움, 생활만족도, 심리적 복지, 우울증, 신체적·인지적 기능 등에 영향을 주는 요인으로 자녀 및 배우자와의 관계 및 지지가 가장 중요한 것으로 나타나고 있다(조명희, 2000 ; 김은경, 2002 ; 이선미·김경신, 2002 ; 정태연·조은영, 2005). 또한 최근 우리나라 노인을 대상으로 그들이 인지하고 있는 성공적 노화의 개념을 조사한 연구결과들을 보면, 우리나라 노인들은 자녀의 성공이나 부부간의 관계 등 가족과 관련하여 성공적 노화를 인식하는 경향이 상당히 강한 것을 알 수 있다(성혜영·유정헌, 2002 ; 강유진, 2003 ; 김미혜·신경림·최혜경·강미선, 2006). 즉 우리나라에서는 가족, 이웃, 친구, 친척 등 노인의 사회적 관계망 혹은 지원망 중 가장 중요한 것은 배우자 및 자녀를 포함한 직계가족을 중심으로 하는 관계이다. 이는 노화가 진행됨에 따라 사회적 활동과 접촉이 줄어들면서 사회적 관계망이 축소되는 데 따른 자연스런 결과이기도 하지만, 특히 노후에 가족관계를 중시하는 우리나라 특유의 유교문화적 전통과 관련이 있다고 볼 수 있다.

최근 성공적 노화란 사회적으로 그리고 문화적으로 결정된 구성물이며, 따라서 성공적 노화의 경험을 각 나라의 문화와 가치지향, 가치와 연관시켜야 한다는 논의(Torres, 1999)는 시사하는 바가 크다고 하겠다. 예를 들어 성공을 개인적 성취의 면에서 보는 미국인은 성공적 노화를 주로 자족하며 혼자 살 수 있는 능력과 연관지어 생각한다. 그러나 가족과의 연관성을 중시하는 홍콩에 사는 중국인은 가족이 자신의 욕구를 기꺼이 만족시켜 주는 것을 성공적 노화를 나타내 주는 것으로 본다(Keith, Fry & Ikels, 1990). 이런 측면에서 보면 독립과 자율성을 중시하는 서구와 달리 한국 노인들에게 있어 노년기에 의지할 수 있고 도움을 주고받을 수 있는 관계망이 성공적 노화에서 중요한 요인이다. 한국 노인들의 가장 핵심적인 지원망은 배우자와 자녀로 구성된 가족중심적인 지원망이다(성규탁, 1990). 이는 자신의 삶을 독립적으로 영위하려는 미국 노인의 경우, 가족 못지않게 친척·친구·이웃이 장기간 도움을 주는 역할을 수행하며 노인의 삶에 중요한 비중을 차지하는 것(전혜정, 2004)과는 대조적이다.

따라서 본 논문에서는 가족관계가 한국 노인의 노년기 삶에 미치는 중요성에 주목하면서 이를 한국의 독특한 현상으로 보고, 여기에 초점을 맞추어 자녀 및 배우자와의 관계가 성공적 노화에 미치는 영향을 분석하고자 하였다. 한국 노인의 심리적 안녕과 복지, 삶의 만족도에 관한 기존의 선행 연구는 세대 간의 관계에 주목하여 성인자녀와 전화연락 및 대면접촉 등 접촉을 많이 하고 정서적 유대감이 높을수록 노인들의 삶의 만족도가 커진다는 것을 보고하고 있다(김종숙, 1987 ; 원영희, 1995 ; 박기남, 2004). 그러나 최근 연구에 의하면 가족관계가 노년기 삶에 미치는 영향은 성, 계층, 배우자의 유무, 개인의 가치지향에 따라 매우 다양한 것으로 나타나고 있다.

노년기 가족생활의 변화와 더불어 최근에는 자녀뿐만이 아니라 부부 중심의 가족관계망을 가진 노인이 삶의 만족도가 높은 것으로 나타났으며(김영범·박준식, 2004), 한국 노인 중 일부는 부부가 오래도록 해로할 때 혹은 부부간에 동반자적인 삶을 사는 것을 성공적인 노화로 인식하고 있는 것으로 보고되고 있다(박경란·이영숙, 2002 ; 강인, 2003 ; 하정연·오윤자, 2003). 그러나 노인 중 일부에서는 가족이나 자녀와의 상호교류보다 사회적 활동이나 자신을 중심으로 성공적 노화를 인식하는 유형도 나타나고 있다(강유진, 2003 ; 최혜경·백지영·서선영, 2005). 박경란·이영숙(2002)의 연구에서 한국 노인은 자율, 개인 성장, 안락한 생활, 역할 완수, 자아수용, 상호교류, 봉사 등을 중시하고 있는 것으로 나타났다. 김미혜·신경림·최혜경·강미선(2006)의 연구에서도 한국 노인이 생각하는 성공적 노후는 '자녀의 성공을 통해 만족하는 삶', '부부간의 동반자적 삶' 외에도 '자기효능감을 느끼는 삶', '자기통제를 잘하는 삶'의 요소들로 구성되어 있다고 보고되고 있다. 성공적 노후에서 가족관계를 중시하는 경향은 성, 계층, 배우자 유무에 따라 다르게 나타나고 있다. 전체적으로 여성노인이 남성노인보다 가족지향성이 큰 것으로 나타났으며(박경란·이영숙, 2002 ; 강유진, 2003), 유배우자 노인은 무배우자 노인보다 자아지향성이 큰 것으로 나타났다(박지은·최혜경, 2005). 또한 최혜경·백지영·서선영(2005)의 연구에서는 자녀의 성공이 나의 성공이라는 중간층 노인과 달리, 상층계층 노인은 어딜 가도 떳떳하며 누구에게도 짐이 되지 않는 것을 중시하는 반면, 하층계층의 노인은 자녀와의 상호교류를 원하지 않으며 내 한 몸 추스르는 삶을 성공적 노화로 인지하는 것으로 나타났다.

물론 사회적 관계 내지 지원이 성공적 노화의 한 차원이라고 볼 수도 있다(Vaillant & Mukamal, 2001). 실제로 Rowe & Kahn이 성공적 노화의 차원으로 설정한 '삶에의 적극적 참여'에는 교회나 시민단체에서 봉사하기 외에도 집안일, 가족돌보기 등이 포함되어 있다. 그러나 여기에서는 사회적 관계나 지원에 초점이 맞추어져 있기보다는 사회와의 단절이 아닌 참여를 통해서 다양한 활동을 얼마나 활발히 하느냐가 중요하다. 실제로 Rowe & Kahn 의 구성요소를 활용한 성공적 노화모델에서도 가족을 포함한 사회적 접촉 및 연대와 지지 등 관계망은, 신체적·인지적 기능, 심리적 특성, 생산적 활동 등 성공적 노화를 구성하는 요소에 영향을 미치는 선행변수로서 설정되어 왔다(성혜영·조희선, 2006 ; Everard et al., 2000 ; Kubzansky, Berkman & Seeman, 2000 ; Chou et al., 2002 ; Menec, 2003). 따라서 본 논문에서는 가족관계를 성공적 노화와는 독립적으로 이에 영향을 미치는 중요한 요인으로 보고자 한다. 그리고 우리나라에서 자녀와 배우자를 중심으로 한 가족관계가 실제로 노인의 성공적 노화에 어떠한 영향을 미치는가에 대한 경험적인 연구나 분석이 거의 부재하기 때문에 이 부분을 중점적으로 다루고자 하였다.

3. 성공적 노화에 영향을 미치는 가족관계 관련 변인들

일반적으로 노인의 삶의 만족도에 영향을 미치는 가족관계 변인으로 관계망의 크기와 사회적 지원의 종류와 정도 등이 많이 연구되어 왔다(김은경, 2002 ; 김미혜·신경림·최혜경·강미선, 2006). 자녀와의 관계에서는 동거 여부, 함께 살지 않는 자녀와의 접촉빈도, 자녀의 수 혹은 가까이 지내는 자녀의 수, 자녀와의 애정이나 관계에 대한 만족도(유성호, 1997 ; 조명희, 2000 ; 김은경, 2002)가, 사회적 지원의 종류와 정도로는 자녀의 정서적·경제적·도구적 지원 등 지원의 유형과 지원량이 주요한 변수로 많이 연구되었으며, 최근에는 지원의 교환방향, 즉 '지원 수혜'와 '지원 제공'이 새롭게 관심을 받고 있다(한경혜·홍진국, 2000 ; 김혜경, 2003 ; 윤현숙, 2003). 한편 배우자와의 관계에서는 배우자 유무가 가장 많이 연구되었으며(김미령, 2004), 최근에는 배우자의 사랑, 지지, 부부간의 갈등, 친밀감 등이 노년기 부부의 생활만족도와 우울에 영향을 주는 변인으로 나타나고 있다(이선미·김경신, 2002 ; 정태연·조은영, 2005).

본 논문에서는 이러한 선행 연구에 기초하여 성공적 노화에 영향을 미치는 가족관계 관련 변인으로 배우자 및 자녀 각각의 관계에 대한 만족도, 자녀와의 접촉빈도, 배우자 및 자녀 각각에 대해서 사회적 지원을 주고받는 정도 7가지 변인을 설정하였다. 우선 배우자 및 자녀와의 관계에 대한 주관적인 만족도는 상호 간의 사회적 지원이나 접촉빈도와는 독립적으로 노인의 삶의 질에 영향을 줄 수 있다(조명희, 2000). 즉 관계에 대한 만족도가 높을수록 노인은 신체적으로 건강하고, 심리적으로 만족하고, 사회활동을 활발히 하여 성공적 노후를 보낼 가능성이 커진다고 볼 수 있다. 또한 상당수의 노인이 자녀와 동거하지 않고 있는 현실에서 자녀와의 접촉빈도는 중요하다. 노인의 삶의 만족도는 자녀와의 동거 여부보다는 자녀와의 정서적 유대에 의해 영향을 받는다고 보고되고 있다(김종숙, 1987 ; 원영희, 1995). 따라서 대면적 접촉이든 전화 등을 통한 간접적 접촉이든 비동거 자녀와 자주 접촉하는 것은 자녀와의 정서적 유대가 크다는 것을 의미하므로 성공적 노화의 가능성을 높일 것으로 볼 수 있다.

한편 배우자 및 자녀와의 사회적 지원이 성공적 노화에 미치는 영향을 살펴보는 데 있어서는 노인이 받는 지원뿐 아니라 제공하는 지원 또한 고려해야만 한다. 과거에는 노인이 자녀에게 사회적 지원을 받는 것을 효의 실천으로 당연하게 생각하였으며, 자녀에게 지원을 많이 받는 노인일수록 심리적 복지가 높은 것으로 생각하였다. 그러나 최근에는 우리 사회에도 세대관계가 변화되어 많은 노인은 일방적으로 지원을 받던 과거와는 달리 성인자녀들과 도움을 주기도 하고 받기도 하는 호혜적인 관계를 맺고 있다. 노부모와 자녀의 세대 간 사회적 지원의 교환이 노인의 심리적 안녕에 미치는 영향에 대해서는 연구결과들이 일치하지 않고 있다(한경혜·홍진국, 2000 ; 윤현숙, 2003). 자녀에게 지원을 받는 것은 독립성의 상실, 의존성을 의미하므로 노인의 심리적 복지를 낮출 수 있으며, 거꾸로 부모에 대한 자녀의 배려를 의미하므로 노인에게 심리적으로 긍정적 영향을 미칠 수도 있다. 다른 한편으로 자녀에게 지원을 제공하는 것은 노인에게 생산적 역할을 하고 있다는 자긍심, 자신의 효용성 및 자기통제감을 높이고 자녀와의 친밀성을 증진시킴으로써 심리적 복지를 높일 수도 있지만, 거꾸로 자녀의 지나친 요구로 인한 지원의 제공은 노인의 심리적 복지를 낮출 수도 있다.

최근 조사에서 노인들은 자녀에게 도움을 받기보다는 경제적 부담이나 피해를 주지 않고 독립적으로 삶을 유지하거나 오히려 자녀에게 도움을 주는 것을 체면이나 자존심을 유지하고, 부러움의 대상이 되는 성공적 노화로 인식하는 것으로 나타났다(강유진, 2003 ; 최혜경·백지은·서선영, 2005). 따라서 성공적 노화에 미치는 독립변수로 부모와 자녀세대 간에 지원을 주는 것과 받는 것을 구분하여 보는 것이 중요하다.

한편 최근 부모부양에 대한 사회적 규범과 기대가 약화되고 노인부부가구가 증가함에 따라, 자녀의 노부모에 대한 사회적 지원은 감소하고 부부의 상호지원의 필요성과 중요성은 점차 증대되고 있다. 즉 외롭고 힘들 때 정서적 지원과 건강하지 못할 때 간병, 수발 등 수단적 지원을 부부가 주거나 받는 경향이 늘어나고 있다(정경희·오영희·석재은·도세록·김찬우·이윤경·김희경, 2005). 그러나 노부부가 사회적 지원을 주는 것과 받는 것이 각각 노인의 건강, 심리적 및 사회적 기능에 미치는 영향을 분석한 연구는 찾아보기 어렵다. 이에 본 논문에서는 배우자와의 관계에서도 사회적 지원을 주는 것과 받는 것을 구분하고, 이것들이 성공적 노화에 어떠한 영향을 미치는지 분석하고자 한다.

Ⅲ. 연구방법

1. 조사대상

본 연구는 한림대학교 고령사회연구소에서 2003년 수행한 한국 노인의 삶의 질에 관한 연구에서 수집된 자료를 이용하였다. 원조사에서는 2003년 3~4월 서울과 춘천 지역에 거주하는 45세 이상 성인 2,529명의 자료가 수집되었다. 조사대상자는 구별 무작위 층화표집, 구 내의 동·통에 대한 집락 표집 그리고 조사 구 내에서의 계통표집의 방법을 통해 선정되었다. 본 연구는 이 중 65세 이상 노인 1,826명만을 대상으로 분석을 실시하였다. 그리고 자녀뿐만 아니라 부부간의 관계를 포함한 가족관계의 역동이 노후 생활에 미치는 영향을 분석하는 작업은 배우자가 있는 노인 886명만을 대상으로 하였다.

2. 분석에 포함된 변수 및 측정

1) 변수의 측정

우선 종속변수인 성공적 노화는 신체적 기능, 인지적 기능, 사회활동, 심리적 안녕감의 네 차원으로 구성된 것으로 보았다. 첫째, 신체적 기능은 장애와 질병이 없고 신체기능이 높은 것으로 정의하였다. 구체적으로 신체적 기능은 일상생활수행능력(Activities of Daily Living. 이하 'ADL'), 수단적 일상생활수행능력(Instrumental Activities of Daily Living. 이하 'IADL'), 치명적 질환 수, 만성질환 수의 4가지 변수로 측정하였다. ADL은 옷 입기, 세수하기 등 7개 문항에서 타인의 도움이 필요한 문항의 개수로 측정하였다. IADL은 몸단장, 집안일, 약 챙겨먹기 등 10개 문항에서 타인의 도움이 필요한 문항의 개수로 측정하였다. ADL, IADL 척도의 Cronbach's α값은 각각 .805, .819이다. 중대 질환은 뇌졸중·심장병·암의 3대 질환 각각에 대해서 없으면 0점, 있으면 1점을 주었다. 만성질환은 관절염·고혈압·당뇨 등 13개 질환 각각에 대해서 없으면 0점, 있으면 1점을 주었다. 둘째, 인지적 기능은 우울증·파킨슨병을 앓고 있는지 여부, 31개 문항으로 계산된 한국형 인지기능검사 도구(Korean Mini Mental State Examination. 이하 'K-MMSE')를 이용하여 측정한 점수, 3가지 지표로 측정하였다. K-MMSE 척도의 Cronbach's α값은 .896이다. 셋째, 사회활동은 종교모임, 동창회, 자원봉사/시민단체, 노인정, 이익옹호단체, 여가/문화/스포츠단체 등 6종류의 사회활동에 참여 여부 점수(참여=1점, 아니요=2점)로 측정하였다. 넷째, 심리적 안녕감은 필라델피아 노화연구소 노인용 사기척도(Philadelphia Geriatric Centre Morale Scale. 이하 'PGCMS')의 합산점수로 측정하였다.

PGCMS는 노인의 주관적 삶의 질을 측정하는 척도로서, 5점 척도로 된 17개의 문항으로 구성되어 있다. PGCMS의 Cronbach's α값은 .905로 높았다.

독립변수로 사용된 가족관계 변인은 다음과 같다. 배우자와의 관계, 자녀와의 관계는 관계에 대한 만족도를 각각 5점 척도로 측정하였다. 자녀와의 접촉은 동거하지 않는 자녀와 전화로 접촉하는 빈도, 직접 만나는 빈도를 각각 6점 척도로 측정한 점수를 합산하였으며 점수 범위는 2~12점이다. 자녀와의 접촉변인의 Cronbach's α값은 .719이다. 배우자 및 자녀에 대한 지원은 정서적 지원, 도구적 지원(신체), 도구적 지원(경제) 각각 한 문항에 대해 5점 척도로 측정한 점수를 합산하였다. 사회적 지원은 응답자가 배우자 및 자녀에게 주는 지원과 배우자 및 자녀에게 받는 지원 각각을 물어보았으며, 이 변인들의 점수 범위는 3~15점이다. 배우자로부터 받은 지원, 배우자에게 제공한 지원, 자녀로부터 받은 지원, 자녀에게 제공한 지원, 각각의 변인에 대한 Cronbach's α값은 .927, .993, .667, .603으로 나타났다.

2) 성공적 노화 여부의 기준

성공적 노화를 조작적으로 정의내리는 것은 매우 어려운 작업인데(Baltes & Baltes, 1990), 본 연구는 네 차원으로 구성된 것으로 보았다. 따라서 성공적 노화를 네 차원에서 모두 성공한 것으로 정의할 것인지, 아니면 이 중 몇 개만 성공하면 성공한 것으로 볼 것인지 하는 문제가 있다. 또한 각 차원별로 성공적 노화를 나누는 기준을 어디에 둘 것인가 하는 문제가 생긴다.

Rowe & Kahn은 신체적·인지적 기능을 한 차원으로 보아 세 차원 모두에서 성공한 사람을 성공적 노화로 보았으며, 그후의 연구들은 신체적·인지적 기능, 심리적 안녕, 생산적 활동 각각이 성공적 노후의 독립적인 차원임을 보여 주고 있다(Garfin & Herzog, 1995 ; Chou et al., 2002). 본 연구에서도 네 차원 간의 상관관계는 각각 최소 .143에서 최대 .290으로 그다지 크지 않은 것으로 나타났다. 따라서 본 연구도 각 차원을 상대적으로 독립적인 것으로 가정하였으며, 네 차원 모두 성공한 사람을 성공적으로 노화한 사람으로 봄으로써 다소 엄격한 기준을 적용하였다. 그리고 성공적 노화와 그렇지 않은 집단을 나누는 기준은 신체적 기능 면에서 특히 치명적 질환의 수나 ADL 중 장애요소가 전혀 없는 것으로 다소 높은 기준을 사용하였고, 나머지 인지적 기능, 사회활동, 심리적 안녕의 차원에서의 중간값 (median)을 절단점으로 하였다. 이것은 지나치게 높은 기준을 적용할 경우 성공적 노화를 하는 노인의 수가 너무 적어지기 때문이다. 가장 높은 수준을 유지하는 사람만을 성공적 노화 노인으로 볼 경우, 네 차원을 모두 만족시킨 노인은 전체 노인의 0.7% 내지 4.5%에 불과했다(Garfin et al., 1995 ; Chou et al., 2002). 이에 일부 연구는 성공적 노화를 중간값을 기준으로 하여 구분하고 있다(Garfin et al., 1995 ; Menec, 2003). 따라서 본 연구도 중간값을 두 집단을 구분하는 기준점으로 삼았다.

　신체적 기능, 인지적 기능, 사회활동, 정서적 안녕감, 네 차원 각각에서 성공적인 노화와 보통의 노화를 나누는 기준은 다음의 〈표 1〉과 같다. 신체적 기능은 뇌졸중 · 심장병 · 암 등 치명적 질환이 하나도 없고 당뇨 등 만성질환의 수가 중간값 이하인 경우, ADL 7개 문항 모두 혼자서 독립적으로 할 수 있고, IADL에서 타인의 도움을 받는 항목의 수가 중간값 이하일 때 성공적으로 노화한 것으로 조작적으로 정의하였다. 인지적 기능은 우울증, 파킨슨병 등 두 질병이 없고 K-MMSE 점수가 중간값 이상일 경우 성공적으로 노화한 것으로 보았다. 사회활동, 심리적 안녕감에서도 성공적 노화 여부를 나누는 기준은 각 변인의 중간값으로 하여 중간값 이상의 점수를 얻은 경우 성공적 노화집단으로 분류하였다. 그리고 최종적으로는 신체적 기능, 인지적 기능, 사회활동, 심리적 안녕감, 네 차원에서 모두 성공적인 사람을 성공적인 노화집단으로 간주하였다.

〈표 1〉 성공적 노화에 대한 선정 기준

		성공	보통
하위 차원	신체적 기능	• 뇌졸중, 심장병, 암 중 하나도 없는 경우 • 만성질환 수가 중간값(2개) 이하 • ADL에서 타인의 도움이 필요한 항목이 0개 • IADL에서 타인의 도움이 필요한 항목의 수가 중간값(0개) 이하	• 뇌졸중, 심장병, 암 중 하나 이상의 질병이 있는 경우 • 만성질환 수가 중간값(2)보다 클 경우(3개 이상) • ADL에서 타인의 도움이 필요한 항목이 1개 이상 • IADL에서 타인의 도움이 필요한 항목의 수가 중간값보다 클 경우(1개 이상)
	인지적 기능	• 우울증, 파킨슨병 중 하나도 없는 경우 • K-MMSE 점수가 중간값(46점) 이상	• 우울증, 파킨슨병 중 하나 이상의 질병이 있는 경우 • K-MMSE 점수가 중간값(46점)보다 적을 경우
	사회활동	• 사회활동 점수가 중간값(7점) 이상	• 사회활동 점수가 중간값(7점)보다 적을 경우
	심리적 안녕감	• PGCMS 점수가 중간값(48점) 이상	• PGCMS 점수가 중간값(48점)보다 적을 경우
전체	성공적 노화	• 신체적 기능, 인지적 기능, 사회활동, 심리적 안녕감, 네 차원에서 모두 성공적인 경우	• 신체적 기능, 인지적 기능, 사회활동, 심리적 안녕감, 네 차원에서 어느 하나라도 성공하지 못한 경우

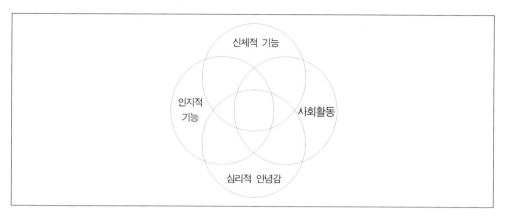

〔그림 1〕 성공적 노화의 하위 차원들

3. 분석방법

　우선 성공적 노화를 하는 노인의 특성을 알아보기 위해 노인들을 성공적 노화집단과 그렇지 못한 집단, 두 집단으로 분류하고 성공적 노화 여부를 성, 연령, 학력, 용돈, 아들 유무, 자녀와의 동거 여부 등 인구사회학적 특성별로 교차분석을 실시하였다. 둘째, 가족관계가 성공적 노화에 미치는 영향을 알아보기 위한 분석은 배우자가 있는 노인만을 대상으로 하였다. 종속변인으로 성공적 노화 여부(1=성공적 노화, 0=보통의 노화)를 이항변인으로 놓고 배우자와의 관계, 배우자로부터 받은 지원, 배우자에게 제공한 지원, 자녀와의 관계, 자녀와의 접촉, 자녀로부터 받은 지원, 자녀에게 제공한 지원을 독립변수로 설정하여 로지스틱 회귀분석을 실시하였다. 마지막으로 신체적 기능, 인지적 기능, 사회활동, 심리적 안녕감 등 각각의 하위 차원에서의 성공적 노화 여부를 이항변인으로 하여 종속변인으로 놓고 동일한 독립변인들로 로지스틱 회귀분석을 하였다.

IV. 연구결과

1. 조사대상자 및 성공적 노화집단의 인구사회학적 특성

　우선 신체적 기능, 인지적 기능, 사회활동, 심리적 안녕감, 네 차원에서 모두 성공적인 노화를 한 것으로 분류된 집단은 263명으로 전체 응답자 1,826명 중 14.1%에 불과했다. 여기에서 두 집단을 인구사회학적 특성별로 분석해 보면 〈표 2〉와 같다. 성, 연령, 학력, 용돈, 배우자 유무, 아들 유무, 자녀와의 동거 여부별로 성공적 노화집단과 보통의 노화집단 간

<표 2> 성공적 노화 노인의 인구사회학적 특성

(단위 : 명, %)

변인	구분	성공적 노화집단	보통의 노화집단	전체	
성별	남	156(59.32)	539(34.48)	695(38.08)	x^2=58.88***
	녀	107(40.68)	1,024(65.52)	1,131(61.94)	
	계	263(14.40)	1,563(85.60)	1,826(100.0)	
연령	65~69세	133(50.57)	564(36.08)	697(38.17)	x^2=29.92***
	70~79세	117(44.49)	784(50.16)	901(49.34)	
	80~89세	11(4.18)	208(13.31)	219(11.99)	
	90세 이상	2(0.76)	7(0.45)	9(0.49)	
	계	263(14.40)	1,563(85.60)	1,826(100.0)	
학력	무학	24(9.16)	667(42.76)	691(37.93)	x^2=148.66***
	초등학교	104(39.69)	551(35.32)	655(35.95)	
	중학교	37(14.12)	113(7.24)	150(8.23)	
	고등학교	54(26.34)	151(9.63)	205(11.25)	
	대학 이상	43(16.41)	78(5.00)	121(6.64)	
	계	262(14.38)	1,560(85.62)	1,822(100.00)	
용돈	10만 원 미만	44(16.73)	675(43.24)	719(39.42)	x^2=78.73***
	10~19만 원	104(39.51)	498(31.90)	602(33.00)	
	20~29만 원	50(19.01)	187(11.98)	237(12.99)	
	30~39만 원	30(11.41)	115(7.37)	145(7.95)	
	40~49만 원	8(3.04)	15(0.96)	23(1.26)	
	50만 원 이상	27(10.27)	71(4.55)	98(5.37)	
	계	263(14.42)	1,561(85.58)	1,824(100.00)	
배우자 유무	있다	186(70.72)	700(44.79)	886(48.52)	x^2=60.63***
	없다	77(28.28)	863(55.21)	940(51.48)	
	계	263(100.00)	1,563(100.0)	1,826(100.00)	
아들 유무	있다	253(96.20)	1,438(92.0)	1,691(92.61)	x^2=5.79*
	없다	10(3.80)	125(8.0)	135(7.39)	
	계	263(14.40)	1,563(85.60)	1,826(100.00)	
자녀와의 동거 여부	동거	90(40.72)	724(58.39)	814(55.72)	x^2=23.72***
	비동거	131(59.28)	516(41.61)	647(44.28)	
	계	221(15.13)	1,240(84.87)	1,461(100.00)	

* p<.05, *** p<.001

의 차이는 모두 통계적으로 유의하였다. 우선 성공적 노화집단은 전체 노인 및 보통의 노화 집단에 비교할 때, 남성노인의 비율이 여성노인의 비율보다 높다. 연령 면에서는 65~69세 의 상대적으로 젊은 노인의 비율이 높고, 80~89세의 후기 고령인구의 비율이 낮음을 알 수 있다. 한편 성공적 노화집단은 보통의 노화집단보다 학력 및 용돈에서 뚜렷한 차이를 보이고 있다. 성공적 노화를 한 사람들은 그렇지 않은 사람들에 비해 무학의 비율이 낮고 (9.2%대 42.8%), 고등학교 이상의 고학력의 비율이 훨씬 높다(42.7%대 14.7%). 또한 성공적 노화집단은 그렇지 않은 집단보다 용돈에 있어서 10만 원 미만의 비율이 낮고(16.7%대 43.2%) 30만 원 이상의 비율이 높다(24.7%대 12.9%). 즉 성공적 노화를 경험하는 집단은 그렇지 않은 집단에 비해 상대적으로 고학력, 경제적으로 여유가 많은 사람의 비율이 높았다. 아들 유무에서는 성공적 노화를 경험하는 집단이나 그렇지 않은 집단이나 대다수가 아들이 있었다(96.2%대 92%). 배우자 유무로 보면 성공적 노화집단에는 유배우 노인의 비율이 70.7%로 높은 반면, 보통의 노화집단에는 무배우 노인이 55.2%로 높았다. 그리고 성공적 노화집단은 자녀와 동거하는 않는 사람의 비율이 59.3%로 동거하는 사람보다 높은 반면, 그렇지 않은 집단은 자녀와 동거하는 사람의 비율이 58.4%로 더 높아서 대조적이었다.

가족관계 변인들이 성공적 노화에 미치는 영향은 유배우 노인만을 대상으로 분석하였다. 여기에서 유배우 노인 886명의 사회인구학적 특성을 보면 다음과 같다. 유배우 노인은 전체 노인과 비교할 때, 남성의 비율이 훨씬 높았고, 학력이나 용돈의 분포가 약간 높았으며, 자녀와 동거하지 않는 비율이 다소 높았다. 유배우 노인 중 성공적 노화집단에 속한 노인은 208명으로 23.5%였다. 이는 전체 노인 중 성공적 노화집단에 속한 노인이 14.1%에 비교하면 상당히 높다고 하겠다. 유배우 노인 중 성공적 노화집단과 보통의 노화집단은 성별, 학력별, 용돈별로 통계적으로 유의미한 차이를 보이고 있다. 즉 성공적 노화집단에는 보통의 노화집단보다 남성노인, 고학력자, 돈이 많은 노인의 비율이 상대적으로 높았다. 그러나 두 집단 간에는 연령, 아들 유무, 자녀와의 동거 여부에 따라 통계적으로 유의미한 차이가 나타나지 않았다

2. 가족관계 변인들이 성공적 노화에 미치는 영향 : 유배우 노인들을 중심으로

조사대상자 중 유배우 노인 886명을 대상으로 하여(일반적 특성은 〈표 3〉 참조) 가족관계 변인이 성공적 노화에 미치는 영향을 분석하기 전에 우선 독립변수들 간의 다중공선성(multicolinearity)을 알아보았다. 7개의 가족관계 변인 간 상관관계를 분석해 본 결과, 독립변수들 간의 다중공선성은 크지 않은 것으로 나타났다. 다음 다차원적으로 정의한 성공적 노화 여부를 종속변인으로, 가족 관련 변인들을 독립변인으로 놓고 로지스틱 회귀분석을 실시하였다(〈표 4〉 참조). 그 결과 성공적 노화를 예측하는 데 있어서 배우자와의 관계, 배우자와 지원을 줌/받음, 자녀와의 관계, 자녀와의 접촉, 자녀와 지원을 줌/받음과 같은 가족관계 변인들을 설정한 모델은 적합한 것으로 나타났다(model x^2=36.72, p<.001). 그리고 독립변수 중에서는 자녀와의 관계, 그리고 자녀와의 접촉 두 변수만이 성공적 노화 여부를 예측하는 데 통계적으로 유의미한 변인으로 나타났다. 자녀와의 관계가 성공적 노후를 보낼 가능성에 미치는 승산비(OR)는 1.135로, 자녀와의 관계에 대한 만족도가 1단위 증가할

<표 3> 유배우 노인의 인구사회학적 특성

변인	구분	성공적 노화집단	보통의 노화집단	전체	
성별	남	149(71.6)	416(61.4)	565(63.8)	
	녀	59(28.4)	262(38.6)	321(36.2)	x^2=7.41**
	계	208(100.0)	678(100.0)	886(100.0)	
연령	65~69세	100(47.9)	294(43.4)	394(44.5)	
	70~79세	91(43.7)	328(48.3)	418(47.2)	
	80~89세	16(7.9)	56(8.3)	73(8.2)	x^2=4.75(n.s.)
	90세 이상	1(0.5)	0(0.0)	1(0.1)	
	계	208(100.0)	678(100.0)	886(100.0)	
학력	무학	6(2.9)	190(28.1)	196(22.1)	
	초등학교	70(33.7)	255(37.7)	325(36.7)	
	중학교	33(15.9)	80(11.8)	113(12.8)	
	고등학교	52(25.0)	98(14.5)	150(16.9)	x^2=90.56***
	대학 이상	47(22.6)	54(8.0)	101(11.4)	
	계	208(100.0)	677(100.0)	885(100.0)	
용돈	10만 원 미만	25(12.1)	235(34.7)	260(29.4)	
	10~19만 원	73(35.3)	235(34.7)	308(34.9)	
	20~29만 원	42(20.0)	95(14.1)	137(15.5)	
	30~39만 원	33(15.8)	63(9.3)	96(10.8)	x^2=56.47***
	40~49만 원	10(4.7)	9(1.3)	19(2.1)	
	50만 원 이상	25(12.1)	40(5.9)	65(7.3)	
	계	208(100.0)	677(100.0)	885(100.0)	
아들 유무	있다	203(97.7)	651(96.0)	854(96.4)	
	없다	5(2.3)	27(4.0)	32(3.6)	x^2=1.32(n.s.)
	계	208(100.0)	678(100.0)	886(100.0)	
자녀와의 동거 여부	동거	91(43.7)	246(36.3)	337(38.0)	
	비동거	117(56.3)	432(63.7)	549(62.0)	x^2=3.85(n.s.)
	계	208(100.0)	678(100.0)	886(100.0)	

** p<.01, *** p<.001

수록, 성공적으로 노화할 Odds는 약 10.6% 증가한다고 볼 수 있다. 여기에서 배우자와의 관계, 배우자로부터 받은 지원, 배우자에게 제공한 지원 등 배우자와 관련된 변인들, 그리고 자녀와의 지원을 주고받음은 성공적 노화집단에의 소속 여부에 통계적으로 유의미한 영향을 미치지 못하는 것으로 나타났다.

성공적 노화를 신체적 건강, 인지적 기능, 사회활동, 심리적 안녕감의 4개의 하위 차원으로 나누어 각 측면에서 성공적 노화 여부를 예측하는 데 가족관계 변인이 어느 정도 유의미한 영향력을 미치는지를 알아보았다. <표 5>를 보면 신체적 기능, 인지적 기능, 사회활동, 심리적 안녕감에서 성공 여부를 종속변인으로 하고 가족 관련 변인을 독립변수로 한

<표 4> 성공적 노화 여부에 미치는 가족관계 변인에 대한 로지스틱 회귀분석

독립변수	성공적 노화		
	Odds Ratio	95% CI	p
배우자와의 관계	1.109	0.94~1.11	0.65
배우자로부터 받은 지원	1.010	0.94~1.08	0.79
배우자에게 제공한 지원	1.071	0.99~1.15	0.07
자녀와의 관계	1.135	1.03~1.25	0.009
자녀와의 접촉	1.106	1.02~1.20	0.01
자녀로부터 받은 지원	0.970	0.90~1.04	0.39
자녀에게 제공한 지원	1.038	0.96~1.12	0.37
	model x^2=36.72***		

* p<.05, ** p<.01, *** p<.001

<표 5> 하위영역별 성공적 노화 여부에 미치는 가족관계 변인에 대한 로지스틱 회귀분석

독립변수	신체적 기능			인지적 기능		
	Odds Ratio	95% CI	p	Odds Ratio	95% CI	p
배우자와의 관계	1.06	0.99~1.13	0.085	1.04	0.97~1.11	0.30
배우자로부터 받은 지원	1.009	1.95~1.07	0.744	1.02	0.96~1.08	0.61
배우자에게 제공한 지원	1.002	0.94~1.06	0.95	1.07*	1.01~1.14	0.03
자녀와의 관계	1.076	1.00~1.16	0.05	1.10*	1.02~1.18	0.02
자녀와의 접촉	1.065	0.99~1.14	0.055	1.06	0.99~1.13	0.08
자녀로부터 받은 지원	0.98	0.93~1.04	0.54	0.92**	0.87~0.97	0.004
자녀에게 제공한 지원	1.057	0.99~1.13	0.09	1.11**	1.04~1.19	0.003
	model x^2=23.36**			model x^2=67.21**		

독립변수	사회활동			심리적 안녕감		
	Odds Ratio	95% CI	p	Odds Ratio	95% CI	p
배우자와의 관계	1.12**	1.04~1.21	0.004	1.19***	1.11~1.29	0.000
배우자로부터 받은 지원	0.97	0.91~1.04	0.36	1.00	0.94~1.06	0.99
배우자에게 제공한 지원	1.09*	1.01~1.17	0.02	1.01	0.94~1.08	0.84
자녀와의 관계	0.96	0.88~1.05	0.35	1.32***	1.21~1.43	0.000
자녀와의 접촉	1.08	0.99~1.17	0.08	1.06	0.99~1.14	0.09
자녀로부터 받은 지원	1.03	0.96~1.10	0.42	0.94*	0.88~1.00	0.04
자녀에게 제공한 지원	1.14**	1.05~1.23	0.002	1.08*	1.01~1.16	0.03
	model x^2=43.90***			model x^2=117.69***		

* p<.05, ** p<.01, *** p<.001

로지스틱 회귀분석모형은 4가지 모형 모두 적합한 것으로 분석되었다.

우선 신체적 기능 면에서 보면, 배우자 및 자녀와 관련된 7개의 가족관계 관련 독립변인 모두는 신체적 측면에서 높은 수준에 도달한 노인집단에 속할 가능성에 통계적으로 유의미 한 영향(p<.05)을 미치지 못하였다. 다만 자녀와의 관계, 자녀와의 접촉빈도가 높은 수준의

신체적 기능을 유지하는 데 성공할 가능성에 미치는 승산비(OR)(1.076대 1.065)의 유의도(p)는 각각 .05와 .055로 이 변수들 중에서는 가장 영향력이 크다고 볼 수 있다.

인지적 기능에서 성공적으로 노화한 집단에 속할 가능성을 예측하는 변인으로 통계적으로 유의미한 변인은 자녀에게 제공한 지원(OR=1.11, p⟨.01), 자녀로부터 받은 지원(OR=0.92, p⟨.01), 배우자에게 제공한 지원(OR=1.07, p⟨.05), 자녀와의 관계(OR=1.10, p⟨.05)였다. 여기에서 자녀에게 제공한 지원이 1단위 증가할수록 인지적 기능에서 성공적인 집단에 속할 odds는 11%씩 증가하지만, 자녀에게 받은 지원이 1단위 증가할수록 인지적 기능 면에서 보통의 노화집단에 속할 odds는 오히려 8%씩 감소하였다. 또한 배우자에게 제공한 지원이 1단위 증가할수록, 자녀와의 관계에 대한 만족도가 1단위 증가할수록 인지적 기능 면에서 성공적인 집단에 속할 odds는 각각 7%와 10%씩 증가하는 것으로 나타났다. 즉 우울증이나 파킨슨병이 없고 높은 수준의 인지기능을 유지하는 데에는 걱정이나 고민이 있을 때, 몸이 아플 때, 금전적으로 도움이 필요할 때 자녀와 배우자에게 사회적 지원을 제공해 주는 것, 그리고 자녀와 만족스러운 관계를 유지하는 것이 중요하다고 볼 수 있다. 그러나 자녀로부터 정서적·도구적 지원을 받는 것은 인지적 기능 측면에서 성공적 노화를 이룰 가능성을 감소시킨다.

사회활동 면에서 보면 배우자와의 관계에 만족할수록(OR=1.12, p⟨.01), 자녀에게 사회적 지원을 많이 제공할수록(OR=1.14, p⟨.01), 배우자에게 사회적 지원을 많이 제공할수록(OR=1.09, p⟨.05), 사회활동을 활발하게 하는 노인집단에 속할 가능성이 유의미하게 증가하는 것으로 나타났다.

심리적 안녕감의 측면에서 보면 자녀와의 관계에 대한 만족도(OR=1.32, p⟨.001), 배우자와의 관계에 대한 만족도(OR=1.19, p⟨.001), 자녀에게 제공한 지원(OR=1.08, p⟨.05)은 1단위 증가할수록 성공적 집단에 속할 odds가 각각 32%, 19%, 8%씩 증가하였다. 그러나 자녀로부터 받은 지원(OR=0.94, p⟨.05)은 1단위 증가할수록 오히려 성공적 집단에 속할 odds가 6%씩 감소함을 알 수 있다. 즉 자녀와의 관계에 만족할수록, 배우자와의 관계에 만족할수록, 그리고 도움이 필요할 때 자녀에게 사회적 지원을 주는 노인일수록, 그리고 자녀에게 사회적 지원을 덜 받는 노인일수록, 심리적인 측면에서 만족감을 느끼며 성공적으로 늙어간다고 할 수 있다.

V. 논의

연구결과를 간략히 요약하고 이에 대해 논의를 하면 다음과 같다.

첫째, 성공적 노화 노인은 전체 응답자의 14%에 불과했다. 이처럼 성공적 노화를 경험한 노인이 적은 것은 본 조사가 성공적 노화를 정의내리고 측정하는 데 있어서 객관적이고 엄격한 기준을 설정하였으며, 다차원적인 요소를 모두 만족시키는 경우로 한정하였기 때문일 것이다. 그리고 성공적 노화 노인은 보통의 노화 노인에 비해 여성보다는 남성, 비교적 젊은 연령의 노인, 고학력자, 용돈이 넉넉한 노인 등이 더 많은 것으로 나타났다. 이것은 표본 자체에 80대 이상의 후기 고령노인의 수가 적은 점, 이에 따라 신체적·인지적 기능, 사회활동 등 성공적 노후의 기준점으로 삼은 중간값 자체가 높게 설정된 점과 연관될 수 있다. 후기 고령노인은 신체적·인지적 기능이나 사회활동의 수준이 전기 고령노인보다 떨어질 수밖에 없는데, 앞으로 후기 고령노인의 수가 급증할 것으로 전망되고 있다. 따라서 성공적 노화를 정의할 때 전기 고령노인과 후기 고령노인을 구분할 필요성에 대한 논의도 있어야 할 것이다.

둘째, 성공적 노화 여부에 미치는 가족 관련 변인 중에서는 자녀와의 관계 및 접촉이 가장 큰 영향을 미치는 것으로 나타났다. 배우자가 있는 노인만을 대상으로 분석하였음에도 불구하고 본 연구의 결과는 성공적 노화 여부를 설명하는 데 배우자와의 관계가 아니라 자녀와의 관계 및 접촉이 결정적으로 중요한 변인임을 보여 주고 있다. 이는 우리나라의 가족이 서구의 부부 중심 핵가족의 특성보다는 여전히 자녀 중심의 전통적인 가족의 특성을 유지하고 있으며, 이러한 특성은 노인세대에서 더욱 두드러짐을 보여 준다고 하겠다. 이러한 결과는 우리나라 노인세대는 유교문화의 전통 속에서 자녀가 잘되고 자녀와 좋은 관계를 유지하는 것을 성공적 노화의 준거점으로 보고 있다는 선행 연구와 일치한다고 볼 수 있다(강인, 2003). 성공적 노화를 설명하는 데 있어서 배우자와의 장기간에 걸친 행복한 가정생활, 즉 만족스러운 관계가 가장 중요한 변인이라는 서구의 연구결과(Crosnoe & Elder, 2002)와는 대조적인 이 같은 연구결과는 한국 가족문화의 특성을 잘 드러내 준다.

셋째, 가족 관련 변인은 노인의 건강 중 신체적 기능을 높이는 데에 전혀 유의미한 영향을 미치지 못하였지만, 인지적 기능을 높이는 데에는 상당한 영향을 미치고 있는 것으로 나타났다. 이러한 결과는 노인들에게 주어지는 사회적 지지는 삶의 사건으로 인한 스트레스가 노인의 심리적 건강에 미치는 영향을 완화해 주지만, 신체적 건강에는 영향을 미치지 않는다는 연구결과(이인정, 1994), 그리고 노인의 인지기능의 저하와 우울은 독거, 자녀와의 접촉단절과 고립, 가족 간의 유대관계 저하와 관련이 높다는 연구결과와 일치한다(정영미·김주희, 2004). 그러나 본 연구결과는 가족·친구·이웃·친척 등의 사회적 지지가 낮을 때, 사회적 지지가 높은 노인에 비해 건강상태가 불량할 가능성이 높아진다는 연구결과(이가영·박태진, 2000)와는 상반된다. 그리고 본 조사에서도 통계적으로 유의도는 낮았지만 자녀와의 관계 및 접촉빈도가 신체적 기능을 높이는 것으로 나타났다. 따라서 가족관계와 가족의 지원이 노인의 신체적·인지적 기능에 미치는 영향에 대해서는 추후 보다 정밀한 분석이 필요하다.

넷째, 배우자 관련 변인 중에는 배우자와의 관계에 대한 만족도는 심리적 안녕감, 사회활동에서 성공적 노화 여부를 결정하는 데 중요한 것으로 나타났다. 또한 배우자로부터 받는 지원보다는 배우자에게 제공한 지원이 더 중요하며, 특히 인지적 기능, 사회활동 면에서의 성공적 노화의 가능성을 높인다는 결과는 새로운 발견이라 할 수 있다. 노인의 삶에 있어서 배우자 간 사회적 지원의 교환의 중요성이 앞으로 더욱 커질 것으로 예상된다고 볼 때, 노부부 간 상호지원의 양과 내용, 교환의 방향이 노인의 삶의 질에 미치는 영향은 보다 세밀하게 연구되어야 할 것이다.

다섯째, 부모와 자녀 간의 사회적 지원의 교환에 있어서 자녀에게 지원을 받기보다는 오히려 자녀에게 지원을 제공하는 것이 성공적 노화에 중요한 것으로 나타났다. 자녀에게 제공한 지원은 인지적 기능, 사회활동, 심리적 안녕감 세 차원에서 모두 성공적 노화의 가능성을 높여 주었지만, 거꾸로 자녀로부터 지원을 받는 것은 노부모의 인지적 기능과 심리적 안녕감의 측면에서 성공적 노화의 가능성을 낮추는 것으로 밝혀졌다. 이러한 결과는 가족, 이웃, 친구, 친척 등의 사회적 지지를 받는 것이 노인의 심리적 안녕감을 높이는 데 중요하다는 연구결과(양옥경, 1997 ; 성혜영·조희선, 2006)와는 상반된다. 또한 본 조사 결과는 노부모가 자녀에게 준 지원이 자녀로부터 받은 지원보다 노인의 심리적 안녕에 유의미한 영향을 미친다는 윤현숙(2003)의 연구결과와 일치하며, 자녀로부터 지원수혜를 많이 받은 노인일수록, 또 자녀에게 많은 지원을 제공한 노인일수록 행복감이 높아졌다는 한경혜·홍진국(2000)의 연구결과와는 일치하지 않고 있다.

한편 이러한 본 연구의 결과에 대한 해석에 있어서 인과관계가 거꾸로일 가능성도 배제할 수는 없다. 자녀에게 지원을 많이 제공하기 때문에 성공적으로 노화하는 것이 아니라, 성공적으로 노화했기 때문에 자녀에게 많은 지원을 할 수 있고 자녀관계가 만족스러울 수도 있다. 한편으로 보면 자녀나 배우자에게 필요시 도움을 제공하는 것은 자신감이나 자아효능감을 높일 수 있으며, 이는 자원봉사활동·노인정·동창회·종교활동 등 다양한 사회활동에의 참여를 높이고, 인지적 기능과 심리적 만족감을 높일 수 있다. 그러나 다른 한편으로 보면 자녀나 배우자에게 사회적 지원을 할 수 있다는 것은 건강하며, 경제적인 면에서나 위로나 조언, 간병이나 가사도움 등 정서와 대인서비스의 면에서 제공할 수 있는 자원(resources)이 많다는 것을 의미할 수 있다.

여섯째, 성공적 노화에 있어서 자녀와 배우자를 중심으로 하는 가족관계의 중요성을 보여 주는 본 연구결과는 노년기 삶의 질을 향상시키기 위한 노인복지정책과 서비스 및 노인교육에 있어서 시사하는 바가 크다고 하겠다. 유배우 노인일지라도 자녀와의 접촉 및 관계에 대한 만족도를 높이고, 자녀에게 심리적·도구적 지원을 하는 것이 성공적으로 노화하는 데 매우 중요한 것으로 나타났다. 또한 노년기에서 부부관계의 중요성이 점점 커짐에 따라 부부간의 친밀성과 애정, 의사소통, 상호지원을 높일 수 있는 프로그램의 필요성이 제기된다. 지금까지 노인은 주로 자녀 혹은 배우자로부터 사회적 지원을 받는 의존적인 존재로 규정되어 왔으며, 가족으로부터 사회적 지원을 많이 받을수록 삶의 질이 높아진다는 가정하에 노인복지서비스 혹은 노인복지정책이 이루어져 왔다. 그러나 자녀에게 혹은 배우자에게 사회적 지원을 받기보다는 주는 것이 성공적 노후를 보내는 데 중요하다는 결과는 노인으로 하여금 가족에게 정서적 혹은 도구적 지지를 해줄 수 있는 자원과 능력 의사를 가진 적극적인 자로 역량강화를 해줄 수 있는 방향으로 노인복지정책이나 서비스의 방향이 변화되어야 함을 의미한다. 이를 위해서는 노인에 대한 기본적인 소득보장과 의료보장, 주거보장 등이 이루어지도록 실질적인 정책의 변화가 이루어져야 할 것이다. 또한 실천 면에서도 자녀나 부부에 대한 기대나 가치관을 변화시키고, 가족에 적극적인 기여를 하면서 활기찬 노년을 보낼 수 있는 새로운 역할모델과 생활양식을 제시하고, 부모 자녀 세대 간, 부부간의 친밀감과 관계의 질을 높이기 위한 의사소통기술 등의 다양한 프로그램을 개발·보급하는 것이 필요하다. 또한 가족관계란 인생의 전 생애 동안 이루어지는 것이기 때문에 성공적 노화를 위한 개입은 가능한 한 빠른 시기에 가족주기의 전 단계에서, 늦어도 중년기부터 이루어져야 할 것이다.

마지막으로 본 연구의 제한점에 대해서 논의해 보고자 한다. 우리 사회에서 성공적 노화에 관한 연구는 아직 초보단계에 불과하다. 따라서 본 연구에서 설정한 성공적 노화에 대한 개념 및 이를 구성하는 차원들에 관한 정의 및 조작적 정의를 내리는 작업, 그리고 성공적 노화와 이에 영향을 주는 요인 간 관계의 성격에 대해서는 상당한 이견이 있을 수 있다. 앞으로 이를 공교하게 규명하기 위해서는 보다 많은 후속 연구가 있어야 할 것으로 보인다. 특히 본 연구는 성공적인 노화를 객관적인 기준과 척도로 규정하였다. 그러나 노인 본인이 주관적으로 인지하는 성공적 노화의 요소는 객관적인 기준과는 다를 수 있으며(박경란·이영숙, 2002 ; 성혜영·유정헌, 2002 ; 강인, 2003 ; 박지은·최혜경, 2005 ; 최혜경·백지은·서선영, 2005 ; Ryff, 1989 ; Fisher, 1995), 성공적 노화에 대한 주관적인 평가가 노인의 심리적 복지를 더 잘 설명해 줄 수도 있다(Strawbridge et al., 2002). 따라서 성공적 노화를 다룰 때는 객관적 측면뿐만 아니라 주관적 측면 또한 고려해야 할 것이다.

배우자 유무는 성공적 노후 삶의 유형을 결정하는 매우 중요한 요인의 하나이다(김미혜·신경림·최혜경·강미선, 2006). 사별한 노인은 배우자가 있는 노인보다 더 고령이고, 건강이나 소득 면에서 열악하며, 자녀에게 더욱 의존적인 경향이 있다. 따라서 배우자가 생존한 노인과 사별하여 홀로된 노인 간에는 가족 관련 변인의 영향이 다르게 나타날 수 있다. 본

연구는 유배우 노인만을 대상으로 하였으며, 이러한 제한점은 추후 연구에서 보완되어야
할 과제이다.

참고문헌

강유진(2003). 한국여성노인들의 노년기 적응과 노년기 삶의 모습에 대한 질적 연구. 대한가정학회지 41(3), 131-146.

강인(2003). 성공적 노화의 지각에 관한 연구. 노인복지연구 20, 95-116.

김미령(2004). 미국 여성노인의 우울증에 영향을 미치는 요인 : 배우자 유무에 따른 비교를 중심으로. 한국노년학 24(4), 147-164.

김미혜 · 신경림 · 최혜경 · 강미선(2006). 한국노인의 성공적 노후 삶의 유형에 영향을 미치는 요인. 한국노년학 26(1), 91-104.

김수옥 · 박영주(2001). 여성 노인의 사회적 지지와 우울과의 관계. 노인간호학회지 3(2), 230-239.

김영범 · 박준식(2004). 한국노인의 가족관계망과 삶의 만족도 : 서울지역 노인을 중심으로. 한국노년학 24(1), 169-185.

김은경(2002). 농촌 여성노인과 남성노인의 생활만족도에 영향을 미치는 성인자녀 관련 변인에 관한 연구. 한국가정관리학회지 20(4), 27-36.

김종숙(1987). 한국노인의 생활만족에 관한 연구. 이화여자대학교 대학원 박사학위논문.

김혜경(2003). 일본 후기고령자의 자녀와의 사회적 지원과 심리적 복지감. 한국노년학 23(4), 195-209.

명지대학교 여성가족생활연구소(2003). 중년후기 여성의 노년기 전환기 경험. 여성 가족생활연구보고서 3, 65-85.

박경란 · 이영숙(2002). 성공적 노화에 대한 인식조사연구. 한국노년학 22(3), 53-66.

박기남(2004). 노년기 삶의 만족도의 성별 차이. 한국노년학 24(3), 13-29.

박지은 · 최혜경(2005). 한국노인들이 기대하는 성공적인 노화의 개념, 유형 및 예측요인. 한국가정관리학회지 23(3), 1-16.

성규탁(1990). 한국노인의 가족중심적 상호부조망 : 강화하는 문화적 전통. 한국노년학 10(1), 163-181.

성혜영 · 유정헌(2002). 성공적 노화 개념의 인식에 관한 연구 : Q 방법론적 접근. 한국노년학 22(2), 75-93.

성혜영 · 조희선(2006). Rowe와 Kahn의 구성요소를 활용한 성공적 노화 모델. 한국노년학 26(1), 105-123.

양옥경(1997). 노인의 정신건강과 삶의 질. 사회과학 연구논총 1, 101-131.

원영희(1995). 동 · 별거 형태가 한국노인의 심리적 행복감에 미치는 영향. 한국노년학 15(2), 97-116.

유성호(1997). 자녀수와 결혼한 성인자녀와의 동거가 노후생활만족에 미치는 영향 : 성별과 결혼상태에 따른 분석. 한국노년학 17(2), 37-50.

유양경(2004). 재가 노인의 사회적 지지와 사기. 대한간호학회지 34(2), 297-306.

윤현숙(2003). 노부모와 자녀 간의 지원교환이 노인의 심리적 안녕에 미치는 영향. 한국노년학 23(3), 15-28.

이가영 · 박태진(2000). 농촌지역 노인들의 사회적 지지와 건강상태의 관련성. 대한가정의학회지 21(5),

672-682.

이선미 · 김경신(2002). 노년기 부부의 생활만족도와 우울 및 관련 변인 연구. 한국노년학 22(1), 139-157.

이인정(1994). 노년기의 삶의 사건들, 사회적 지지가 노인의 건강에 미치는 영향. 한국사회복지학 23, 199-223

전혜정(2004). 미국노인의 사회적 지원제공과 정신건강 : 종단적 자료분석. 한국노년학 24(1), 89-105.

정경희 · 오영희 · 석재은 · 도세록 · 김찬우 · 이윤경 · 김희경(2005). 2004년도 전국노인생활실태 및 복지욕구조사. 서울 : 보건사회연구원.

정영미 · 김주희(2004). 동거유형에 따른 노인의 인지기능, 영양상태, 우울의 비교. 대한간호학회지 34(3), 495-503.

정태연 · 조은영(2005). 노년기의 외로움 및 생활만족도와 관련된 변인탐색. 한국노년학 25(1), 55-71.

조명희(2000). 노인의 생활만족도에 관한 연구. 한국생활과학회 2000년도 동계학술대회 발표문, 97.

최혜경 · 백지은 · 서선영(2005). 노인들의 인식을 통한 한국적인 성공적 노화의 개념. 한국가정관리학회지 23(2), 1-10.

하정연 · 오윤자(2003). 성공적인 노화를 위한 선택 · 적정화 · 보상책략 관련 변인 연구 : 중산층 노인을 중심으로. 한국가정관리학회지 21(2), 131-144.

한경혜 · 홍진국(2000). 세대 간 사회적 지원의 교환과 노인의 심리적 복지. 가족과 문화 12(2), 55-80.

홍현방(2001). 성공적인 노화 개념정의를 위한 문헌연구. 이화여자대학교 대학원 박사학위논문.

홍현방 · 최혜경(2003). 성공적인 노화정의를 위한 문헌연구. 한국가정관리학회지 21(2), 145-154.

Atchley, R. C.(2000). *Social Forces and Aging : An Introduction to Social Gerontology*. Belmont, CA : Wadsworth Thompson Learning.

Baltes, M. M. & Carstensen, L. L.(1996). The Process of Successful Ageing. *Ageing and Society* 16(4), 397-422.

Baltes, P. B. & Baltes, M. M.(eds.)(1990). *Successful Aging : Perspectives from the Behavioral Sciences*. New York : Cambridge University Press.

Chou, K. L. & Chi, I.(2002). Successful Aging among the Young-Old, Old-Old, and Oldest-Old Chinese. *International Journal of Aging and Human Development* 54(1), 1-14.

Crosnoe, R. & Elder, G. H.(2002). Successful Adaptation in the Later Years : A Life Course Approach to Aging. *Social Psychology Quarterly* 65(4), 309-328.

Everard, K. M., Lach, H. W., Fisher, E. B. & Baum, M. C.(2000). Relation of Activity and Social Support to the Functional Health of Older Adults. *The Journals of Gerontology Series B : Psychological Sciences and Social Sciences* 55(4), 208-212.

Fisher, B. J.(1995). Successful Aging, Life Satisfaction, and Generativity in Later Life. *International Journal* of *Aging and Human Development* 41(3), 239-250.

Garfein, A. J. & Herzog, A. R.(1995). Robust Aging among the Young-Old, Old-Old, and Oldest-Old. *The Journals of Gerontology Series B : Psychological Sciences and Social Sciences* 50(2), 77-87.

Keith, J., Fry, C. L. & Ikels, C.(1990). Community as Context for Successful Aging. in Sokolovsky, J.(ed.). *The Cultural Context of Aging.* New York : Bergin and Garvey.

Kubzansky, L. D., Berkman, L. F. & Seeman, T. E.(2000). Social Conditions and Distress in Elderly Persons : Findings from the MacArthur Studies of Successful Aging. *The Journals of Gerontology Series B : Psychological Sciences and Social Sciences* 55(4), 238-246.

Menec, V. H.(2003). The Relation between Everyday Activities and Succeesful Aging : A 6-year Longitudinal Study. *The Journals of Gerontology Series B : Psychological Sciences and Social Sciences* 55(4), 74-82.

Mitchell, B. A.(2002). *Successful Aging : Integrating Contemporary Ideas, Research Findings, and Intervention Strategies.* Springfield-Charles C. Thomas.

Rowe, John W. & Kahn, Robert L.(1987). Human Aging : Usual and Successful. *Science* 23(4811), 143-149.

_____(1997). Successful Aging. *The Gerontologist* 37(4), 433-440.

Ryff, C. D.(1989). Beyond Ponce de Leon and Life Satisfaction : New Directions in Quest of Successful Aging. *International Journal of Behavioral Development* 12(1), 35-55.

Seeman, T. E., Berkman, L. F., Carpentier, P. A., Blazer, D. G., Albert, M. S. & Tinetti, M. E.(1995). Behavioral and Psychosocial Predictors of Physical Performance : MacArthur Studies of Successful Aging. *The Journals of Gerontology Series A : Biological Sciences and Medical Sciences* 50(4), 177-183.

Strawbridge, W. J., Wallhagen, M. I. & Cohen, R. D.(2002). Successful Aging and Well-Being : Self-Rated Compared with Rowe and Kahn. *The Gerontologist* 42(6), 727-733.

Torres, Sandra(1999). A Culturally-Relevant Theoretical Framework for the Study of Successful Aging. *Ageing and society* 19, 33-51.

Vaillant, G. E.(1994). Successful Aging and Psychological Well-Being : Evidence from 45-Year Study. in Thompson, E. H. Jr.(ed.). *Older Men's Lives*, 22-41. Thousand Oaks, CA : Sage.

Vaillant, G. E. & Mukamal, K.(2001). Successful Aging. *The American Journal of Psychiatry* 158(6), 839-847.

＊ 본 논문은 한국가족복지학 제18호(2006)에 게재되었음을 밝혀 둔다.

세대 간 지원교환의 호혜성에 관한 연구 :
서울 지역 노인자료의 분석[1]

I. 서론

　인간은 누구나 타인과 사회관계를 맺고 상호작용을 하면서 일상생활에서 필요한 다양한 자원을 동원한다. 노년기에는 은퇴, 질병, 배우자 및 지인의 죽음 등으로 사회관계의 위축과 단절을 경험하지만, 사회관계는 노년기의 삶을 영위하는 데 여전히 중요하다. 노인의 사회관계에 관한 정경희(1995), 박경숙(2000), 김안나(2003)의 연구는 노인이 배우자와 성인 자녀로 대표되는 가족 중심적인 관계망 구조를 가지고 있다고 지적한다. 한국 사회에서는 공적·제도적 사회복지체계의 미비로 인해 노인 지원과 보호에서 성인 자녀가 절대적으로 중요한 비중을 차지해 왔다. 또한 전통적인 효 규범의 존재는 성인 자녀의 노부모 부양을 당연한 것으로 여겨 왔다.

　그러나 급격한 산업화 및 근대화로 인한 사회변동은 가족구조의 전반적인 변화를 초래하였다. 전통적인 확대가족이 감소하고 핵가족이 증대하였으며, 여성의 경제활동 참가로 인해 가족의 돌봄(care)기능이 현저하게 약화되었다. 또한 노부모 부양에 관한 사회적 인식도 지속적으로 변화되고 있다. 즉 장남/아들에 의한 노부모 부양의식이 감소하고 정부/사회의 책임을 요구하는 목소리가 증가하고 있다.

　이런 상황에서 노인복지에 관심을 갖는 연구자, 복지 실무자들은 노인의 사회관계를 통

---

[1] 이 논문은 2002년 정부재원(교육인적자원부 학술연구조성사업비)으로 한국학술진흥재단의 지원을 받아 연구되었음(KRF-2002-BM1028).

해 다양한 도움이 제공되는 지지망 또는 지원망(support network)에 주목하였다. Cantor (1979)에 따르면 노인들은 정부 또는 민간기관에 의한 공식적 지원체계보다는 가족과 지역 사회의 비공식적 지원체계를 선호하며, 비공식적 지원체계가 제대로 기능하지 않을 때에만 공식적 지원을 필요로 한다. 또한 비공식적 지원 중에서는 배우자, 함께 사는 자녀, 따로 사는 자녀/형제, 친구, 이웃의 순서로 선호한다고 보았다. 그러다 보니 많은 국내 연구가 노인이 어느 정도의 지원을 받는가, 그리고 지원을 받는 정도에 영향을 미치는 요인은 무 엇인가를 탐색해 왔다(서병숙·최정아, 1992 ; 황미영, 1999). 다른 한편으로는 노인을 부양하 는 자녀가 겪는 스트레스, 부양부담 등에 관심을 갖기도 한다(김태현·한은주, 1994).

그런데 이러한 연구들은 노인이 자녀로부터 제대로 부양되고 있는가 하는 관점에서 제 한적이다. 노인은 일방적인 지원수혜자로, 성인 자녀는 일방적인 지원제공자로 규정된다. 그러나 단순히 성인 자녀가 노부모를 부양하고 지원함으로써 노부모의 복지를 향상시키는 것만은 아니다. 노년기에 접어들면서 자원이 감소하지만 자녀로부터 일방적으로 지원을 받 기만 하는 것이 아니며, 여전히 성인 자녀에게 도움이 되는 지원을 제공한다. 최근 들어 맞 벌이가 증대하고 있지만 영유아 보호를 담당할 제도적 기반이 결여된 상태에서, 노부모가 성인 자녀에게 제공하는 손자녀 양육은 가장 보편적인 형태의 지원이라고 지적된다(조병 은·신화용, 1992). Yoon & Cha(1999)의 연구에서도 보듯이 노부모들은 성인 자녀에게 손자 녀 양육, 가사 지원뿐만 아니라 물질적·재정적 지원 같은 실질적인 도움을 주고 있다.

세대관계를 다루는 최근의 연구들은 지원의 호혜성에 초점을 맞추고 있으며, 기존의 연구 들이 노인으로부터 자녀에게 제공되는 지원을 상대적으로 간과해 왔다고 지적한다(윤경아, 1996 ; 김익기·김정석, 2000 ; 한경혜·홍진국, 2000 ; 윤현숙, 2003 ; Brackbill & Kitch, 1991 ; Kim & Rhee, 1999 ; Yoon & Cha, 1999 ; Lee & Weber, 2000). 이들은 지원교환의 실태를 설명하고 지원의 유형에 따라 심리적 안녕이나 주관적인 만족감, 삶의 질 등에 어떻게 관련되어 있 는지를 탐색해 왔다.

그런데 세대 간 지원교환의 유형과 그것이 미치는 효과는 연구자마다 다르게 나타나며, 일관된 결과를 보여 주지 않는다. 한경혜·홍진국(2000)의 연구에서는 노부모가 자녀에게 제공하는 지원이 자녀로부터 받는 지원보다 많은 경우에 심리적인 만족이 높게 나타났다. Stoller(1985)는 노인이 자녀에게 지원을 제공함으로써 노인의 만족감에 긍정적인 영향을 미 친다고 보고한다. 그러나 이와는 반대로 노부모가 자녀로부터 받은 지원이 많은 경우에는 심리적 안녕이 높아진다는 연구도 있다. Mutran & Keitzes(1984)는 특히 배우자가 없는 여 성노인의 경우에는 자녀의 도움이 심리적 만족감에 중요하다고 설명한다.

한편 김익기·김정석(2000)의 연구에서는 세대 간 지원이 균형을 맞출 때가 그렇지 않은 경우보다 노인의 생활만족도가 더 높게 나타나서, 지원의 균형이 노인의 심리적 복지에 중요한 역할을 하고 있음을 보여 준다. 한편 노부모와 자녀 간 사회적 지원교환과 노인의 복지감 간에는 유의미한 관계가 나타나지 않는다는 결과도 있다(윤현숙, 2003 ; McCulloch, 1990).

이러한 불일치는 노인이 처해 있는 상태와 맥락에 따라 세대 간 지원교환이 상이한 방식으로 구조화되고, 그 기능과 효과가 다르게 나타난다는 것을 의미한다. 노인은 인구학적 측면뿐만 아니라 사회경제적으로도 다양한 분화를 보이는 이질적 집단이며, 노인의 특성에 따라 지원교환은 전혀 다른 모습을 보인다. 재정적 지원이 절실한 노인이 있는 반면, 정서적 유대와 친밀감을 더 필요로 하는 노인이 있다. 또한 세대 간 지원은 자녀의 일방적인 노부모 부양, 노부모의 일방적인 자녀 지원, 노부모와 자녀 간의 쌍방적인 지원 등의 다양한 형태로 전개된다. 이처럼 지원교환이 다양성을 띤다는 사실은 세대관계가 당위적이거나 규범적으로 결정되는 것이 아니라 세대의 사회경제적 특성과 같은 상황적 요인, 그리고 세대 간 결속도 같은 관계적 요인에 의하여 조건화되는 경향이 강하다는 것을 의미한다.

그런데 기존의 연구들은 주로 세대 간 지원의 실태를 기술하거나 지원유형의 결과를 다루고 있을 뿐이며, 세대 간 지원이 어떤 상황과 맥락에 의해서 구조화되는지에 대한 연구는 미비한 편이다. 노인과 자녀의 인구학적 배경과 사회경제적 특성에 의한 지원유형 결정을 분석한 연구가 있지만(박경숙, 2003 ; 김두섭·박경숙·이세용, 2005) 세대 간 관계적 요인까지 검토하고 있지는 못하다. 그러나 세대 지원의 다양성을 이해하기 위해서는 개인적 속성뿐만 아니라 노부모와 성인 자녀 간의 관계적 요인이 동시에 고려되어야만 한다. 따라서 본 논문에서는 개인적 속성과 세대관계의 구조적 요인들이 세대 간 지원교환의 호혜성에 어떻게 영향을 미치는지를 분석하려고 한다.

II. 이론적 배경

1. 세대 간 지원에 관한 이론

세대 간 지원에 관한 기존의 연구 대부분은 교환이론 또는 공평성이론에 의존하고 있다(박재흥, 1991 ; 조병은·신화용, 1992, 2004 ; Dowd, 1975 ; Walster, Walster & Berscheid, 1978 ; Mutran & Reitzes, 1984 ; Stoller, 1985 ; McCulloch, 1990 ; Stevens, 1992). 교환이론은 기본적으로 개인의 행동을 유발하고 강화하는 유형, 즉 보상과 대가의 교환에 관련된 사람 사이의 상호작용에 관심을 갖는다. 여기에서 핵심적인 이슈는 교환이 이루어지게 하는 호혜성의 규범(norm of reciprocity)인데, 이에 대해 Gouldner(1960)는 교환의 당사자가 상대방으로부터 얻은 것을 되갚아야 할 '의무'와 자신이 준 것을 되돌려 받아야 할 '권리'를 모두 가지고 있다고 설명한다. 만일 어느 한쪽이 의무만을, 다른 한쪽이 권리만을 가지고 있는 일방적·비호혜적 상황에서는 교환의 필요성이 더 이상 존재하지 않는다.

교환이론에서 보면 노인이 자녀들에게 과도한 지원을 받을 경우, 일방적으로 의존하게 되는 부정적인 결과를 초래한다. 따라서 노인은 자녀와의 관계에서 자율성을 견지하기 위해서 상호작용의 수준을 낮추게 된다는 것이다. 공평성 이론 역시 불공평한 이익을 얻게 되면 상대방에 대해 죄책감이나 책임감을 느낄 수 있기 때문에 공평하다고 느낄 때 최대의 보상을 느낄 수 있다고 본다. 따라서 노부모와 자녀 간의 교환이 공평하다고 인식될 때 관계의 질이 가장 좋다고 간주한다(조병은·신화용, 2004). 즉 노부모와 자녀가 서로 동일한 정도로 의존하는 균형 잡힌 호혜성(balanced reciprocity)으로 지원이 이루어지는 것이 핵심이다. 자녀에게 제공하는 지원이 제공받는 양보다 적거나 자녀로부터 더 많은 양의 지원을 받게 되면 노인의 주관적 복지감이 낮아진다.

그런데 실제로는 세대 간 지원교환이 균형 또는 공평에 도달하지 않는다고 해서 상호작용이 축소되거나 노인의 주관적 만족감이 낮아지지 않는다. 부모는 미성년 자녀를 일방적으로 지원하고, 자원이 감소하는 노년기에는 자녀에게 의존하기도 하지만 여전히 성인 자녀를 지원한다.[2] 교환 이론대로라면 어느 한쪽의 일방적이고 지속적인 지원은 당사자의 의도와 상관없이 상대방에게 의존하게 되는 부정적인 결과를 초래하므로, 일방적인 상황에서 벗어나서 균형을 유지하기 위해 상호작용을 축소할 수 있다.

그러나 한경혜·홍진국(2000)의 연구에서 보듯이 자녀에게 많은 지원을 하는 노인일수록 행복감이 높아진다. 이들은 자녀에 대한 지원을 자원의 고갈이 아니라 당연한 부모의 역할로 간주하기 때문에 자녀를 지원할 수 있다는 사실로 인해 행복감을 느낀다는 것이다. Kim & Rhee(1999)도 노부모는 자신을 미성년 자녀에 이어 성인 자녀에 대한 연속적인 지원제공자로 인식하고, 이것을 부모로서의 당연한 역할과 의무감으로 간주한다고 설명한다. 더 나아가 한국의 노인들은 이러한 부모의 역할 완수를 성공적인 노화(successful aging)의 구성요소로 받아들이기도 한다. 성공적인 노화에 관한 연구에서(박경란·이영숙, 2002 ; 김미혜·신경림·강미선·강인, 2004) 노인들은 자신이 죽을 때 자식을 힘들게 해서는 안 되며, 자식들이 주는 용돈으로 살아가는 노인은 불행하다고 털어놓는다.

더 나아가 세대 간의 지원교환은 전 생애에 걸쳐 일어나므로 특정 시점의 교환을 통해

---

[2] 요보호상태에 있는 노부모를 일방적으로 부양하는 자녀의 입장에서도 마찬가지이다. 노부모 부양이 과거에 자신이 부모로부터 받았던 지원에 대한 보상일 수도 있지만, 그렇지 않더라도 부모에 대한 애정과 존경과 가족의 조화 등에 바탕을 둔 희생과 헌신에 의해서도 가능할 수 있다.

결과를 파악할 수 없으므로 세대 간 지원교환을 형평성으로 설명할 수 없다고 한다(윤현숙, 2003). Wentowski(1981)는 노부모가 자녀에게 지원해 주는 만큼 자녀가 보상해 주리라고 기대하지 않으며, 지금이 아니더라도 언젠가는 돌려줄 것으로 기대하기 때문에 어느 한 시점에서의 교환이 노인의 주관적 안녕상태를 반영하지 못한다고 본다. Rossi & Rossi(1990) 역시 세대관계는 전 생애에 걸쳐 지속되는 관계이며, 장기적으로 보았을 때 부모가 자녀를 지원하는 것이 자녀가 부모를 지원하는 것보다 더 지배적이라고 주장하였다.

이런 설명은 최근 사회과학계에서 활발히 논의되고 있는 사회자본론에서 강조하는 일반화된 호혜성(generalised reciprocity)과 연결된다. 사회자본의 개념은 개인이 다른 사람들과 맺고 있는 관계망의 구조와 특성, 그리고 그것의 기능과 효과를 설명하는 데 매우 유용한 이론적인 자원을 제공한다고 평가받고 있다(유석춘·장미혜·정병은·배영, 2003). 사회자본을 형성하는 구성요소로는 개인 간 관계들의 집합인 연결망(network), 관계의 속성을 특징짓는 신뢰(trust)와 함께 일반화된 호혜성이 중요하다고 설명되고 있다(Putnam, 1993, 1995 ; Newton, 1997 ; Portes, 1998).

여기에서 일반화된 호혜성은 보상/대가의 논리에 따라 교환의 균형 또는 형평을 추구하지 않고, 도덕적 의무감을 바탕으로 상대방에게 후하게 보상하는 방식의 교환을 뜻한다. 실제로 세대 간 지원은 보상/대가를 따지는 균형 잡힌 교환만으로는 설명되지 않는다. 부모와 자녀가 기꺼이 자신의 이익을 희생하여 이해타산에 기반하지 않고 다른 가족과 협력하며 헌신하기도 한다.[3] 또한 사회자본의 개념은 개인의 사회관계가 그저 주어진 것이 아니라 의도적인 노력을 통해서 형성되며, 나아가 '자본'으로 창출된다는 점을 부각시킴으로써 새로운 가치를 가질 수 있다. 사회자본의 관점에서 세대 지원을 설명하는 연구는 찾아보기 힘들지만, 부모가 자녀에게 후하게 베푸는 방식의 교환이 지배적이고 심리적 만족감에 긍정적인 영향을 미친다는 연구와 주장들은 사회자본의 이론적 관점을 공유하고 있다.

부모와 자녀 간의 관계를 유지하고 사회자본을 형성하는 동기에 대해서는 Portes(1998)가 말한 도구적 동기(instrumental motivation)와 완성적 동기(consummatory motivation)로 설명할 수 있다. 도구적 동기에 의한 사회자본의 형성이란, 미래에 보상받을 것이라는 기대하에서 상대방을 지원하는 것이다. 완성적 동기란, 관습상 그렇게 행동해야 할 의무감을 느끼기 때문에 또는 특정한 개인의 행동을 이끌어 내는 내면화된 규범에 바탕을 둔다. 자녀가 성인이 되면 노부모를 부양해야 한다는 효 규범에 따라서 부모를 일방적으로 지원하거나 노

---

3 사회자본이라는 용어를 직접 사용하지는 않았지만, 사회지원망이나 사회지지망에 관한 연구들은 노인이 다른 사람들과 연결되어 다양한 자원이 동원됨으로써 혜택을 얻고 있음을 설명하고 있다. 그러나 이는 사회자본 자체에 대한 설명이 아니라 지원 또는 지지라는 사회자본의 '기능'을 설명한다는 한계를 안고 있다.

부모가 부모로서의 역할 완수라는 도덕적 의무감 때문에 자녀가 성인이 되어서도 지원을 계속한다. 이러한 설명은 부모와 자녀 간에 비균형적이거나 일방적인 지원이 이루어지더라도 관계가 단절되거나 만족감이 감소되지 않는 현실을 설명해 준다. 사회자본의 일반화된 호혜성 개념은 지원교환의 균형과 형평에만 초점을 맞춘 교환이론의 이론적·경험적 한계를 보완할 수 있다는 의의를 갖는다.

2. 호혜적 지원에 관한 선행 연구 검토

세대 간 지원 실태를 보면(모선희, 1999) 경제적 지원은 자녀에게 의존하는 경향이 높은 반면 정서적 지원은 상호교류가 비슷하게 이루어지고 있으며, 신체적 지원은 노부모의 연령에 따라 다르다. 즉 초기 노년기에는 부모가 자녀들에게 도구적인 지원을 많이 하지만, 부모가 고령이 되고 건강이 나빠지면 자녀로부터의 지원이 많아진다. 이형실(1999)의 연구는 농촌에서 노인가구는 자녀를 지원하기보다 자녀로부터 지원을 받는 경향이 더 강하다는 것을 보여 준다. Lee & Weber(2000)는 한국 노인이 주로 자녀로부터 경제적인 도움을 받고 자녀에게 정서적인 도움을 주고 있으며, 자녀와 동거하는 노인은 그렇지 않은 노인에 비해서 식사준비를 지원받고 청소와 세탁을 돕는다고 설명한다.

대체로 경제적 지원의 경우에는 노인의 자원부족과 사회복지대책의 미비로 자녀에 의한 부양과 지원의 비율이 높으며, 자녀와 동거하면 자녀에 의존하고, 자녀와 별거하면 자녀의 경제적 부양책임이 줄어든다. 정서적 지원에서 남성노인은 배우자에게, 여성노인은 장남부부에게 의존도가 가장 높다. 신체적 지원에서는 기본적으로 자녀와의 동거 여부가 중요하지만 점차 가족부양의 한계성이 지적된다(모선희, 1999 ; 김두섭 외, 2005). 한국 노인이 자녀의 부양과 지원에 많이 의존하는 이유는 상대적으로 사회경제적 지위가 취약하기 때문이다. 노인생활의 실태에 관한 국제비교를 보면, 미국이나 일본에 비해 한국 노인은 교육수준이 낮고 건강상태도 열악한 편이다(오영희·석재은·권중돈·김정석·박영란·임정기, 2005).

세대 간 지원유형의 결정 요인을 분석한 연구(김두섭 외, 2005)에서는 전통적인 부양의식이나 동거 상황보다는 사회경제적 지위와 같은 상황적 요인에 의해 규정되는데, 노부모와 따로 사는 자녀의 경우 자녀의 사회경제적 지위가 높을수록 부모를 지원하는 경향이 강하다고 분석되었다. 그러나 이 연구에서는 노인의 경제상태, 자녀와의 관계적 요인은 배제되어 있다. 박경숙(2003)의 연구에서는 성인 자녀와 노인 간에 세대 지원에 대한 평가가 서로 상이하며, 지원교환의 결정 요인으로는 사회경제적 특성과 건강상태가 중요하다. 또한 노인의 독립성이 반드시 세대관계를 약화시키는 것이 아님을 강조하며, 경제적으로 여유 있는 가족에서 지원관계가 유지된다고 본다.

그런데 세대 간 지원관계는 문화적 차이에 따라 달라질 수 있다. 김두섭 외(2005)는 개인의 독립성을 강조하는 사회에서는 세대관계에서도 독립성과 균형적 관계가 바람직하다고 여기지만, 가족주의가 강한 사회에서는 가족의 안녕에 대한 개인의 책임과 부양의식이 강하다고 설명한다. 이러한 사회에서는 자녀가 노부모와 함께 살면서 노부모를 정서적으로, 물질적으로 부양하는 것이 이상적으로 여겨진다.

3. 분석틀

선행 연구는 교환이론에 따라서 부모와 자녀가 서로 비슷하게 지원하는 균형 잡힌 호혜성을 강조하거나 전통적인 효 규범과 노인의 자원 부족 때문에 노부모 지원과 부양에 주된 관심을 가져왔다. 그러나 부모가 자녀로부터 지원을 받는 것보다 자녀에게 더 많은 지원을 제공하는 유형에는 별로 주목하지 않았다. 또한 지원교환의 유형이 노부모 또는 성인 자녀의 주관적·심리적 복지감에 어떤 영향을 미치는가를 다루었고, 호혜적인 지원의 다양성에 영향을 미치는 요인들은 제대로 고찰되지 않고 있다. 이런 경향을 감안하여 본 논문에서는 노인의 개인적 특성과 자녀와의 관계적 속성이 세대 간 지원교환의 호혜성에 어떤 영향을 미치는가를 고찰한다.

세대관계에서 주도적인 역할을 담당하는 것은 노부모라고 판단하여 노부모와 관련된 요인을 중심으로 분석하도록 한다. 예전보다는 못하지만 노년기에도 여전히 '집안의 어른'으로서 지원역할을 간과하기는 어렵다. 또한 최근에는 노인들 쪽에서 자녀와의 관계에 의존하지 않고 보다 독립적이고 자율적인 삶을 추구하려는 경향이 강해지고 있다. 이들은 자녀와의 동거를 부담스럽게 여기고 스스로 별거를 선택하거나 노인전문시설을 선호하기도 한다.

앞에서 지적했듯이 지원교환의 호혜성은 다양하게 나타나는데, 부모가 자녀에게 주는 지원과 자녀로부터 받는 지원의 차이에 의해 결정된다. 즉 부모가 자녀에게 주는 지원과 자녀로부터 받는 지원이 균형을 맞추는 관계, 부모가 자녀에게 주는 지원이 자녀로부터 받는 지원보다 많은 관계, 반대로 부모가 자녀에게 주는 지원이 자녀로부터 받는 지원보다 적은 관계이다.

세대 간 지원교환의 호혜성에 영향을 미치는 요인으로는 노인의 건강, 경제력뿐만 아니라 자녀와의 관계적 속성(relational property)이 중요하다. Ward(1985)는 건강과 경제력을 노인의 역량(capacity)으로 보았으며, 박경숙(2000)도 건강과 경제력의 중요성을 지적하였다. 노부모가 자녀에게 일방적으로 의존하지 않고 자율적인 삶을 영위하려면 자녀로부터 경제적 지원을 받지 않아도 될 만한 경제력과 자신의 의지대로 거동할 수 있는 신체적 건강이 요구되기 때문이다.

또한 자녀와의 관계적 속성에 비중을 두었는데, 노인의 지원망에 관한 많은 연구결과에서 보듯이 노인의 건강과 경제력은 자녀와의 관계에 의해 영향을 받기 때문이다. Ward(1985)는 지원교환의 관계적 속성으로서 지원망의 크기, 접근 가능성, 빈도, 안정성을 포함시켰다. 노인의 지원망 연구에서는 관계수가 많고, 빈도가 높으면 원활한 지원을 받는 데 유리하다고 지적한다(서병숙·최정아, 1992 ; 황미영, 1999). 구체적인 연구내용은 다음과 같다.

· 노인의 경제력이 높을수록 자녀로부터 지원을 받기보다는 자녀에게 지원을 제공하는가?

· 노인의 건강상태가 좋을수록 자녀로부터 지원을 받기보다는 자녀에게 지원을 제공하는가?

· 노부모와 자녀 간의 관계적 속성들이 세대 간 지원교환의 유형에 독립적으로 영향을 미치는가?

· 자녀와의 관계수가 많을수록 그리고 자녀와 유대가 강할수록 자녀에게 지원을 제공하기보다 자녀로부터 지원을 받는가?

III. 연구방법

1. 자료 수집과 응답자의 특성

이 글에서 분석된 자료는 원래 한림대학교 고령사회연구소에서 노년기 삶의 질에 대한 종단적 연구를 목적으로 서울과 춘천에서 수집된 것이다. 자료 수집은 2003년 2월 45세 이상의 성인을 대상으로 구조화된 설문지를 이용하여 이루어졌으며, 이 중에서 서울 지역의 자료를 분석하였다. 조사대상자의 선정은 다단계 표집방법에 의해서 이루어졌다. 먼저 서울시의 성별·연령별 인구비율에 따라 25개 구(區)별 층화표집을 한 후, 1개의 구에서 인구수에 비례하여 1~3개의 동(洞)을 추출하였다. 조사구로 선정된 동에서는 무작위 숫자로 부여하여 통(統)을 선정하였고, 해당 통이 존재하지 않을 때에는 그 절반 값을 갖는 통을 선정하였다. 최종단위의 표집은 동사무소에서 해당 동·통의 노인인구 명부를 확보하여 일련번호를 매긴 뒤 목표 표본수를 기준으로 계통표집을 하였다.

자료 수집은 전문 조사원들이 표본으로 선정된 노인들을 수차례 방문하여 대면적인 면접조사(face to face interview)를 하였다. 조사가 완성된 응답자는 100명인데, 이 중에서 자녀가 있는 노인만을 선택하여 총 730명을 분석하였다. 다음의 〈표 1〉은 응답자의 주요 특성을 정리한 결과이다. 성별로는 남성(32.6%)보다 여성(67.4%)이 많고, 연령은 65~69세 35.6%, 70~74세

32.1%, 75~79세 19.5%, 80세 이상 12.9%로 분포되어 있다. 학력수준은 무학(29.5%), 초등학교(31.5%)가 많았고, 혼인상태는 유배우자 47.3%, 사별 49.0% 등으로 나타났다. 건강상태에 대한 주관적인 평가는 건강하다는 응답이 25%에 그쳤지만, 기능건강인 수단적 일상생활수행능력(Instrumental Activities of Daily Living. 이하 'IADL')은 상대적으로 높은 점수가 많다. 주택을 소유한 경우는 61.9%이고 그렇지 않은 경우는 38.1%였으며, 월평균 가구소득은 100만 원 이하 약 50%이며 200만 원 이상 약 28%로 나타났다.

자녀 수는 평균 3.75명으로 3~4명 정도가 가장 많고 5명 이상이라는 응답도 20%에 달한다. 대부분의 노인은 아들이 있지만 자녀와 동거하는 노인은 그보다 적은 54.9%에 그쳤다. 한편 동거하지 않는 자녀와의 접촉빈도는 전화연락은 주 1회 미만 31.4%, 주 1회 18.3%, 주 2~3회 24.4%, 주 1회 이상 22.8%로 나타났다. 또한 직접 방문은 월 1회 미만 46.1%,

<표 1> 응답자의 특성

(단위 : 명, %)

성별	남자	238(32.6)	아들 유무	아들 있다	682(93.4)
	여자	492(67.4)		아들 없다	48(6.6)
연령	65~69세	260(35.6)	자녀 수	1~2명	171(23.4)
	70~74세	234(32.1)		3명	167(22.9)
	75~79세	142(19.5)		4명	168(23.0)
	80세 이상	94(12.9)		5명 이상	94(20.7)
혼인상태	유배우자	345(47.3)	자녀와 동거 여부	자녀와 동거	400(54.9)
	사별	358(49.0)		비동거	329(45.1)
	기타	27(3.7)			
학력수준	무학	215(29.5)	비동거자녀의 전화연락빈도	전혀 없다	21(3.1)
	초등학교	252(34.5)		주 한 번 미만	215(31.4)
	중학교	86(11.8)		주 한 번	125(18.3)
	고등학교	114(15.6)		주 두세 번	167(24.4)
	대학교 이상	63(8.6)		하루 한 번 이상	156(22.8)
월평균 가구소득	50만 원 이하	160(24.8)	비동거자녀의 직접방문빈도	전혀 없다	57(8.3)
	50~99만 원	148(23.0)		월 한 번 미만	316(46.1)
	100~149만 원	98(15.2)		월 한 번	87(12.7)
	150~199만 원	63(9.8)		월 두세 번	82(12.0)
	200만 원 이상	175(27.2)		주 한 번 이상	143(20.9)
주택소유	자가	452(61.9)	IADL 점수	0~5	52(20.8)
	비자가	278(38.1)		6~7	132(18.1)
자가평가 건강	매우 건강	32(4.4)		8~9	317(43.4)
	대체로 건강	152(20.8)		10	97(13.3)
	보통이다	132(18.1)			
	대체로 허약	317(43.4)			
	매우 허약	97(13.3)			

요인	변수	측정방법
통제 변인	성별	더미변수화 남자=1, 여자=0
	연령	만 연령
	교육수준	교육받은 횟수
	혼인상태	더미변수화 자가소유=1, 비소유=0
	지원교환 크기	주는 지원의 크기와 받는 지원의 크기의 합
경제	주택소유	더미변수화 자가소유=1, 비소유=0
	월 평균 가구 소득	50만 원을 단위로 범주화 50만 원 미만~500만 원 이상
건강	자가평가 건강	현재 건강상태가 어떻다고 생각하는가(5점 척도)
	기능 건강	IADL 점수

월 1회 12.7%, 월 2~3회 12.0%, 주 1회 이상 20.9%였다. 직접방문이나 전화연락이 전혀 없다는 응답은 소수에 불과하였다. 수집된 자료는 지원교환의 실태에 대한 기술 분석을 위해 빈도와 백분율, 평균과 표준편차를 구하였고, 지원교환의 호혜성에 대한 중다회귀분석을 실시하였다. 중다회귀분석에서 노부모의 역량을 통제한 후에도 관계적 속성이 호혜성에 영향을 미치는가를 보기 위해 모델 1은 노부모의 경제력과 건강 요인만을, 모델 2는 노부모의 경제력과 건강뿐만 아니라 관계적 속성 요인까지 포함하였다. 그리고 모델 1과 모델 2의 결정계수(R^2)의 변화가 통계적 유의성이 있는지를 분석하였다.[4]

2. 주요 변수의 측정

1) 세대 간에 교환되는 지원을 정서적 · 신체적 · 재정적 지원의 3가지로 구분하여 각각 분석하였다.

정서적 지원과 달리 신체적 지원과 재정적 지원은 도구적이므로 구분하는 것이 타당하며, 신체적 지원과 재정적 지원은 그 내용이 서비스 · 재화라는 이질성 때문에 구분할 필요가 있다. 노인의 지원에 관한 많은 연구(조병은 · 신화용, 1992 ; 김태현 · 한은주, 1994 ; 윤경아, 1996 ; 윤현숙, 2003)도 3가지 지원을 다루었다. 정서적 지원은 '걱정이나 고민거리를 말할 때

---

4 중다회귀분석을 실시하기 위한 가정으로서 잔차(residual)의 동분산성(homoscedasticity) 검증과 독립변수 간의 다중공선성(multicollinearity) 진단은 문제가 없는 것으로 나타났다.

귀를 기울여 주는 것', 신체적 지원은 '몸이 아플 때 도와주는 것', 재정적 지원은 '금전적으로 도와주는 것'으로 측정되었다. 지원 정도에 따라 각각 5점 척도로 체크하였으므로, 단순히 지원 여부만을 측정한 것에 비해 지원의 양상을 보다 정확하게 반영할 수 있다.

2) 노인의 성별, 연령, 학력수준에 의한 영향을 통제하기 위해서 인구학적 요인들은 통제변수로 설정하였다. 한편 배우자 중심의 가족관계를 유지하는 경우에 생활만족도가 가장 높다는 연구(김영범·박준식, 2004), 배우자 존재 여부에 따라 자녀와의 동거 여부가 노인의 심리적 행복감에 미치는 영향이 다르다는 연구(원영희, 1995)를 감안하여 배우자 유무를 통제변수로 포함시켰다. 한편 호혜성의 수준이 같더라도 지원교환의 크기는 다를 수 있으므로 이에 따른 영향을 통제하였다.

3) 부모의 경제력 지표는 자가 소유 여부와 월평균 가구소득을 사용하였다. 일반적으로 개인의 경제력은 직업·소득으로 설명되지만, 노년기에는 대부분 경제활동을 하지 않기 때문에 적합하지 않다. 노부모의 용돈수준을 사용하는 연구도 있지만, 자녀가 용돈을 주는 경우가 많으므로 지원의 의미가 중복된다. 반면 주택은 자산의 형태로서, 자녀의 사업자금을 지원하거나 빚을 청산하는 데 부모 소유의 주택이 많이 활용되고 있다.[5] 월평균 가구소득은 자녀와 같이 사는 경우 자녀의 소득이 포함되는 문제가 있지만, 노인이 귀속되어 있는 경제적 계층을 파악할 수 있다.

4) 부모의 건강은 주관적·객관적 지표를 사용하였다. 실제로 건강한 상태가 중요하지만 자신이 스스로 '나는 건강하다'고 평가하는 것도 건강상태의 지표가 될 수 있다. 자가평가 건강(self-rated health)과 기능 건강을 적용하였는데, 자가평가 건강은 가장 보편적인 측정방법이며 기능적 건강 평가는 IADL 도구를 적용하였다. 구체적으로 몸단장, 집안일, 식사 준비, 빨래하기, 근거리 외출, 교통수단 이용, 물건 사기(쇼핑), 금전 관리, 전화사용, 약 챙겨 먹기의 10개 항목으로 측정하였다.[6]

5) 관계적 속성은 개인의 구조적인 위치를 드러내는 것으로, 다른 사람들과 어떤 방식으로 관계를 맺고 행위하는가를 결정짓는 요소가 된다. Ward(1985)의 논의를 참조하여 지원망의 크기와 빈도를 포함시켰는데, 일단 자녀 수가 많아야 노부모에게 중요한 의미 있는 관계가 형성되며 상호작용이 많아진다. 정서적 지원이나 재정적 지원은 근거리에 살지 않아도 제공될 수 있으므로 인근에 사는지 여부는 고려되지 않았다.

이와 관련되어 자녀와의 동거 여부는 세대 간 지원교환에 영향을 미치는 중요한 요인이

---

5 자녀와 동거하는 경우에 주택이 자녀의 소유일 수 있다. 그렇다 하더라도 자녀의 주택이 전세, 월세일 때보다 자가인 경우에는 간접적으로 노인의 경제력이 높을 것으로 가늠된다.

6 기능적 건강상태를 측정하는 도구로는 일상생활수행능력(Activities of Daily Living. 이하 'ADL')도 있으나, 응답자의 분포에서 ADL의 분산이 거의 없어 변수로 사용하기에는 부적합하다.

<표 3> 관계적 속성의 측정

변수	측정방법
자녀 수	모든 자녀의 수
아들 유무	더미변수화 아들 있음=1, 없음=0
자녀와 동거 여부	더미변수화 비동거=1, 동거=0
접촉빈도	비동거자녀와의 직접방문 및 전화연락빈도(6점 척도)

다. 노부모가 자녀와 동거하고 있다고 해서 자녀로부터 부양과 보호를 잘 받고 있다고 단정지을 수 없다(박경숙, 2000 ; 김두섭 외, 2005). 최근에는 노인단독가구, 노인부부가구의 비중이 비약적으로 증가하고 있는 실정이다.[7] 그러나 원영희(1995), Lee & Weber(2000)의 연구에서는 자녀와 동거하는 노인이 자녀로부터 더 많은 지원을 받는다고 하고, Shanas(1980)와 Litwak(1985) 역시 세대 간 동거에 대해서 물질적·정서적 지원의 개연성을 높인다고 설명하였다. 한편 한국 사회에서는 노부모의 부양과 보호가 아들의 당연한 책임과 의무로 인식되어 아들에 대한 선호가 강하였다. 효 규범은 자녀가 성인이 된 후 부모를 부양하는 것을 당연하게 여겼으므로 아들을 잘 교육시키는 것은 노년기를 대비하기 위한 보험이었다. 따라서 아들의 존재는 부모 자녀 간의 지원교환에 영향을 미칠 것으로 기대한다.

빈도는 세대관계의 강도(strength)를 보여 주는 지표인데, 자녀와 빈번하게 접촉하고 친밀한 유대를 유지할수록 지원을 받을 가능성이 높다. 직접 방문하는 경우뿐만 아니라 전화연락하는 경우도 측정하였다. 현대사회에서는 전화연락이 필수불가결한 접촉수단이고 대면접촉을 하지 않고도 지원교환이 얼마든지 가능하기 때문이다. 접촉빈도 측정은 직접방문빈도와 전화연락빈도를 합산하였다.

<표 4> 지원의 실태(평균, S.D)

지원	정서적	신체적	재정적
준다	3.75(0.96)	3.37(1.22)	2.15(1.30)
받는다	3.16(1.16)	3.44(1.08)	2.98(1.25)
주고받는다	6.92(1.72)	6.82(1.78)	5.13(1.61)

---

7 자녀와 같이 살지 않는 노인가구는 동질적이지 않고 사회경제력, 신체적 건강, 거주지 등에 따라서 다양한 모습을 갖고 있다. 한편으로는 경제적으로 여유가 있고 건강하며 자녀와의 별거를 자발적으로 선택하는 노인이 있는가 하면, 다른 한편으로는 경제적으로 빈곤하고 만성질환에 시달리면서도 가족으로부터 적절한 지원을 받지 못하는 노인이 있다.

<표 5> 호혜성의 실태

(단위 : 명, %)

호혜성	정서적		신체적		재정적	
-4	0	.0	12	1.6	46	6.3
-3	4	.5	38	5.2	122	16.8
-2	23	3.2	51	7.0	132	18.1
-1	72	9.9	129	17.7	115	15.8
0	297	40.7	272	37.4	150	20.6
1	163	22.4	134	18.4	62	8.5
2	119	16.3	65	8.9	48	6.6
3	41	5.6	20	2.7	39	5.4
4	10	1.4	6	.8	14	1.9
전체	729	100.0	727	100.0	728	100.0
평균	0.60(1.24)		-0.07(1.46)		-0.82(1.97)	

IV. 결과

1. 지원교환에 대한 기술 분석

부모가 자녀에게 주는 지원의 실태를 살펴보면, 정서적 지원이 가장 많고 그다음으로는 신체적 지원이며, 정서적 지원과 신체적 지원에 비해 재정적 지원은 현저하게 떨어진다. 자녀로부터 받은 지원은 신체적 지원이 가장 많고 정서적 지원이 뒤를 이으며 마찬가지로 재정적 지원이 가장 적게 나타났다. 전체적으로 재정적 지원은 다른 지원에 비해 서로 제공되는 정도가 낮다는 것이 특징적인 결과이다. 많은 연구가 자녀의 경제적 도움이 상대적으로 중요하다고 보았으나, 정서적 지원과 신체적 지원을 더 많이 받고 있다. 이는 서울에 거주하는 노인이 다른 지역의 노인에 비해 상대적으로 경제자원을 보유하고 있음을 뜻한다.

<표 5>는 지원교환의 호혜성을 보여 주는데, 전체적으로 정서적 지원은 평균이 +방향인데 반해 재정적 지원은 -방향이다. 즉 정서적 지원은 부모가 자녀에게 받기보다 주는 방향으로 이루어지고, 이와는 반대로 신체적 지원과 재정적 지원은 부모가 자녀에게 주기보다 받는 방향으로 이루어진다. 신체적 지원은 -방향이기는 하지만 거의 0에 가깝다. 정서적 지원은 지원교환이 가장 활발하면서도 부모가 자녀에게 지원하는 경향을 보인다. 반면 재정적 지원은 노부모와 자녀 간에 주고받는 정도가 가장 적으면서도 부모가 자녀로부터

144

지원을 받는 양상을 보인다. 노부모의 재정적 자원이 가장 열악하며 자녀에게 의존하는 상황에 놓여 있다.

2. 지원교환의 호혜성 분석

다음으로 지원교환의 호혜성에 대한 회귀분석결과는 〈표 6〉과 같다. 회귀모델에 포함된 변수들의 표준화된 회귀계수(β)의 방향은 3가지 지원에 일치되지 않는다. 동일한 변수라 하더라도 정서적·신체적·재정적 지원에 따라서 회귀계수의 방향이 다르며, 한 지원에서 유의미한 변수가 다른 지원에서는 유의미하지 않은 변수가 되기도 한다. 이는 각 지원의 교환이 상호의존적이거나 연관되어 있기보다 독립적으로 이루어진다는 것을 의미한다.

회귀모델의 설명계수(R^2)를 비교하면, 신체적 지원과 재정적 지원의 설명계수에 비해 정서적 지원의 설명계수는 약 10%에 불과하다. 이러한 결과는 황미영(1999)의 연구에서 볼 수 있듯이 정서적 지원은 주로 배우자에게 구하고 도구적 지원은 주로 자녀에게 받기 때문일 것이다. 또한 정서적 지원의 교환은 다른 종류의 지원교환과 달리 분석모델에는 포함되지 않은 다른 요인들이 중요한 영향을 미치는 것으로 판단된다.

〈표 6〉 호혜성에 대한 다중회귀분석

변수		정서적(β)		신체적(β)		재정적(β)	
		모델 1	모델 2	모델 1	모델 2	모델 1	모델 2
통제 변수	절편(C)	1.444*	1.498*	−.566	.329	−1.816(+)	−1.049
	성별(남자=1)	−.019	−.018	−.086(+)	−.089(+)	.070	.054
	연령	−.044	−.040	−.074(+)	−.065	−.045	−.041
	혼인상태(유배우자=1)	−.030	−.025	.060	.080(+)	.105*	.095*
	교육수준	.084(+)	.079	.128**	.129**	.199***	.164***
	지원교환 크기	−.255***	−.234**	.062	.058	−.001	.012
경제력	주택소유 여부(자가=1)	.070	.065	−.069	−.059	.047	.088*
	월평균 가구소득	.019	−.006	−.019	−.073	.060	.140**
건강	자가건강 평가	.034	.040	.134***	.149***	.085*	.073(+)
	IADL 점수	.154***	.153***	.160***	.179***	.087*	.081*
관계적 속성	자녀 수		−.049		−.113**		−.081*
	아들 유무(아들 유=1)		.029		−.033		−.072(+)
	자녀와 동거 여부(비동거=1)		−.060		−.154***		.176***
	접촉빈도		.001		−.087*		−.099*
		R^2=.088	R^2=.093	R^2=.105	R^2=.145	R^2=.159	R^2=.208

(+) p〈0.10, * p〈0.05, ** p〈0.01, *** p〈0.001

예상했던 바와 같이 노부모의 건강상태는 지원교환의 호혜성에 결정적인 영향을 미치고 있는데, 건강한 노인들은 자녀로부터 도움을 받기보다는 자녀에게 도움을 제공하는 경향이 더 강하다. 주목할 만한 점은 건강이 신체적 지원에만 관련되어 있는 것이 아니라 정서적·재정적 지원교환에까지 밀접하게 영향을 미친다는 것이다. 반면 노부모의 경제력은 예상과 달리 지원교환에 미치는 영향이 크지 않았으며, 재정적 지원교환에서만 의미 있는 요인으로 나타났다. 물론 경제적으로 여유 있는 노부모는 자녀에게 경제적으로 의존하기보다 자녀에게 금전적인 지원을 더 많이 제공한다.

또한 노부모 자녀 간의 관계적 속성을 보여 주는 변수들이 세대 간 지원교환의 유형을 결정하는 데 독립적인 영향을 미치는 것으로 분석되었다. 노인의 역량을 통제하고서도 관계의 속성이 지원교환에 영향을 미치는가를 분석한 결과를 보면, 관계적 속성이 포함되면 신체적 지원과 재정적 지원의(모델 2) 설명계수가 확연히 증가하는데 이는 통계적으로도 유의미하게 나타난다(p<0.000). 반면 정서적 지원에서는 모델 2의 설명계수가 미미한 수준으로 증가하였으며 통계적으로도 유의미하지 않았다. 관계적 속성 중에서 자녀 수/접촉빈도, 자녀와의 동거 여부는 지원교환의 호혜성과 밀접하게 관련되어 있다. 즉 자녀가 많을수록 빈번하게 접촉하는 강한 유대는 자녀로부터의 지원을 원활하게 제공받는 데 유리하다. 그런데 자녀와의 동거 여부는 신체적 지원과 재정적 지원에 각각 상이한 방식으로 영향을 미친다. 노인들이 따로 살 경우는 자녀와 같이 사는 경우에 비해 자녀로부터 신체적 지원을 더 많이 받는 반면, 자녀에게 재정적 지원을 더 많이 주게 되는 것으로 분석되었다. 반대로 자녀와 같이 사는 노인들은 자녀에게 신체적 지원을 제공해 주는 반면 재정적 지원을 받는 양상이다.

분석결과를 정리하여 몇 가지 중요한 발견점을 정리하면 다음과 같다. 먼저 기존 연구에서 밝혀진 바와 같이 노부모와 자녀는 호혜적으로 지원을 주고받는데 지원의 종류에 따라 교환의 실태가 다르다. 전반적으로 정서적·신체적·재정적 지원의 순으로 활발하게 교환이 이루어지며, 또한 자녀로부터 도움을 받기보다 자녀들을 도와주는 유형을 보인다. 노부모가 여전히 가족의 대소사에 관여하고 있으며 정서적으로 집안의 어른 역할을 하고 있음을 보여 준다.

둘째로 노부모가 자녀와 맺고 있는 관계적 속성이 지원교환의 양상을 결정하는 데 독립적으로 영향을 미친다. 지원교환의 호혜성에 영향을 미치는 가장 중요한 요소는 자녀와의 동거 여부이며 자녀 수, 접촉빈도의 순으로 나타났다. 부모가 자녀에게 지원을 제공하기보다 자녀로부터 지원을 받도록 하는 양상을 보인다. 이는 기본적으로 자녀들이 노부모의 지원망으로 기능하고 있기 때문이다. 반면 노부모가 선호하는 아들의 존재는 별다른 영향을 미치지 않는다. 노부모들은 아들을 소중하게 여기지만, 실제로 세대 간 지원에서 아들은 비중 있는 역할을 담당하지 못하고 있다.

셋째, 노부모의 건강상태는 지원교환에 결정적으로 영향을 미치지만, 경제력은 재정적 지원의 교환에서만 의미 있게 나타났다. 건강과 경제력이 노부모의 역량이라면 경제력보다는 건강상태가 더 중요한 것으로 간주된다. 노년기의 질병은 대체로 만성질환, 중병인 경우가 많아서 노인 당사자뿐만 아니라 그 가족에게 경제적인 타격을 입히는 경우가 많다.

V. 논의

이러한 분석결과를 놓고 노인복지와 관련된 몇 가지를 논의해 보면 다음과 같다. 먼저 자녀와의 동거 여부는 지원교환의 호혜성에 일관된 방향성을 보이지 않는다. 자녀와 동거하는 노인은 따로 사는 노인에 비해 자녀의 지원을 받기도 하고 자녀에게 지원을 제공하기도 한다. 따라서 자녀와 같이 산다고 해서 자녀의 보호와 지원을 받는다고 장담할 수 없으며, 자녀와 동거하지 않는다고 해서 아무런 도움을 받지 못한다고 간주할 수 없다. 앞에서 언급한 바와 같이 자녀와 따로 사는 노인들이 사회경제적 계층에 따라서 완전히 다른 처지에 놓여 있기 때문일 것이다. 그러므로 노인부양에 따른 혜택을 부여한다면 단순히 동거 여부로 판단할 것이 아니라 실제로 어느 자녀에 의해서 어떻게 부양과 보호가 실행되고 있는지를 면밀히 검토할 필요가 있다. 둘째로 노인의 경제력은 재정적 지원교환에서만 영향을 미치고 다른 종류의 지원교환에서는 그리 중요하지 않다. 반면 노인의 건강상태는 3가지 지원교환 모두에 결정적인 영향을 미친다. 따라서 노인의 역량을 강화한다면 경제력보다 건강상태에 중점을 두어야 할 것이며, 재정적·물질적 지원을 직접적으로 제공하기보다 질병 없이 건강을 유지할 수 있는 방안을 강구하는 것이 좋겠다.

세대 간 지원교환은 부모와 자녀가 서로 균형을 이루기도 하지만, 부모가 지원을 받기보다 지원을 주기도 하고 반대로 부모가 의존적으로 지원을 받기도 한다.[8] 부모와 자녀가 서로 비슷하게 지원을 주고받는 균형 잡힌 호혜성은 균형을 강조하는 교환이론 또는 공평성 이론에 토대를 두고 설명되어 왔다. 또한 부모가 자녀에게 지원을 제공하기보다 자녀로부터 더 많은 지원을 받고 있는 의존적인 상황은 노인의 자원부족과 전통적인 효 규범에서 연유된다고 설명된다. 그런데 노부모가 자녀에게 받기보다 자녀에게 더 많은 지원을 제공

---

8 현재의 노인은 일제강점기와 전쟁 등 빈곤한 시대를 살아왔던 탓으로 자원이 부족하고 자녀의 지원과 부양에 의존할 수밖에 없는 세대이다. 반면 최근의 노인은 교육수준도 높아지고 일부 중상층에서는 상당한 자원을 가지고 있어서 자녀의 지원에 대한 의존도는 감소될 수 있다.

하는 것에는 적절한 설명이 이루어지지 않거나 간과되었다. 본 논문에서는 이러한 방식의 지원교환을 일반화된 호혜성이라고 규정하였다.

부모가 자녀를 지원할 때 상대방으로부터 보상이 신속하고 분명하게 또한 자동적으로 되돌아오리라고 확신할 수 있는 계산을 하지 않는다. 오히려 자녀로부터의 보상은 미래의 불특정한 시기에 되돌아올 수 있다고 가정한다. 보상방식은 지원이 발생한 맥락과 전혀 다를 뿐만 아니라, 보상의 순간이 확실하지 않고 언제 받을 수 있다는 일정이 존재하지도 않는다. 이러한 일반화된 호혜성이 세대관계를 규정하기 때문에 노부모는 자원이 약화되는 노년기에도 자녀에게 연속적인 지원을 제공한다. 그뿐만 아니라 자녀에게 기대되는 보상은 부모가 제공했던 신체적 지원, 재정적 지원을 되돌려주는 것에 한정되지 않는다. 자녀가 사회적으로 안정적인 자리를 잡고 성공할 경우에 부모가 느끼는 만족감 역시 지원에 대한 보상으로 간주될 수 있다.[9]

일반화된 호혜성에 따라 상대방에게 지원이 이루어짐으로써 사회자본의 형성과 축적이 가능해진다. Fukuyama(1995), Putnam(1995)은 이기적이고 자기중심적인 개인을 변화시켜서 공동의 이해관계를 공유하고 공동체의 구성원이 되도록 하는 것이 사회자본의 핵심이라고 설명한다. 또한 Coleman(1988), Newton(1997)은 사회자본의 가장 중요한 형태이자 원천은 가족이라고 주장한다. 가족은 인간 누구나가 일상의 가장 많은 부분을 할애하면서 정서적인 소속과 헌신을 기울이는 집단이다. 가족 구성원 간의 친밀한 유대에 기반하여 상호신뢰도 높다. 인간이 태어나서 다른 사람을 경계하고 경쟁하는 것이 좋은지, 아니면 협력하는 것이 좋은지를 교육받는 최초의 장소이기도 하다. 그런데 가족 내 사회자본을 축적하는 데 있어서는 부모의 역할이 핵심적이라고 할 수 있다. 그동안 한국 사회에서 국가가 제도적인 사회복지체계를 마련하지 않고 가족에게 책임을 떠넘길 수 있었던 배경에는 노부모들이 가족 내에서 축적해 온 사회자본이 있다.

본 연구가 갖는 한계는, 서울 지역의 노인자료를 분석했기 때문에 결과를 일반화하기는 어려우며, 특히 농촌 지역의 노인자료를 분석하는 경우와는 다른 양상을 보일 것으로 생각된다. 또한 세대 간 지원교환을 다루면서 노부모의 입장에서만 접근하였는데, 자녀를 대상으로 지원교환에 관한 정보를 수집하면 지원교환의 세대관계를 정확하게 반영할 수 있을 것이다. 자녀의 입장에서는 부모에 대한 지원을 부양의 의무로 받아들일 수 있으므로 이와 관련된 항목이 추가되어야 한다. 세대 지원 측정에서 노부모 각각, 그리고 모든 자녀 각각

---

9 이런 인식은 아시아 지역에서 우세하게 나타나는데, 이를테면 태국 노인의 경우에는 자녀가 직장에서 성공하는 등 잘사는 것을 자신들이 성공적인 노후를 지내는 것으로 여긴다고 한다(Ingersoll-Dayton, Saengtienchai, Kespi-chayawattanay & Aungsuroch, 2001).

에 대해서 일대일로 대응한 지원관계를 조사하지 않았기 때문에 호혜성을 제대로 반영하지 못하였다.

향후 연구과제로는 각 사회의 문화적 차이가 지원교환에 미치는 영향을 설명하기 위한 국제비교 연구가 요청된다. 서구에서는 자립과 독립성을 강조하는 반면 한국 등의 아시아에서는 효사상, 가족주의 가치관으로 가족 전체의 안녕과 의무가 강조된다. 이러한 문화적 차이는 세대 간 지원의 다양성에 영향을 미치므로 국제비교가 가능한 자료에 근거하여 연구가 이루어져야 할 것이다.

참고문헌

김두섭·박경숙·이세용(2005). 중년층과 노부모의 세대관계 유형과 결정요인. 김두섭 편. 변화하는 노인의 삶과 노인복지. 한양대학교출판부.

김미혜·신경림·강미선·강인(2004). 한국 노인의 성공적 노후에 대한 경험. 한국노년학 24(2), 79-95.

김안나(2003). 가족과 사회연결망 : 독일과 한국의 개인관계에 대한 비교연구. 한국사회학 37(4), 67-99.

김영범·박준식(2004). 한국노인의 가족관계망과 삶의 만족도 : 서울 지역 노인을 중심으로. 한국노년학 24(1), 169-185.

김익기·김정석(2000). 세대 간 지원교환의 형태와 노인들의 생활만족도. 한국노년학 20(2), 155-168.

김태현·한은주(1994). 가족주의 가치관에 따른 부양만족도와 부양부담도. 한국노년학 14(1), 95-116.

모선희(1999). 노인과 가족 — 흔들리는 가족, 외로운 노인. 김익기·김동배·모선희·박경숙·원영희·이연숙·조성남 편. 한국 노인의 삶 — 진단과 전망. 미래인력연구센터.

박경란·이영숙(2002). 성공적 노화에 대한 인식 조사 연구. 한국노년학 22(3), 53-66.

박경숙(2000). 한국 노인의 사회적 관계 : 가족과 지역사회와의 연계 정도. 한국사회학 34(F), 621-647.

_____(2003). 고령화 사회 이미 진행된 미래. 의암.

박재흥(1991). 한국사회의 노인문제 : 교환론적 관점을 중심으로. 한국사회학 25(SM), 1-19.

서병숙·최정아(1992). 도시노인의 사회적 지원망에 관한 연구. 한국노년학 12(1), 65-78.

오영희·석재은·권중돈·김정석·박영란·임정기(2005). 노인의 삶의 질 향상을 위한 정책방안 연구 — 여성, 농어촌, 독거노인의 생활실태를 중심으로. 한국보건사회연구원.

원영희(1995). 동·별거 형태가 한국노인의 심리적 행복감에 미치는 영향. 한국노년학 15(2), 97-116.

유석춘·장미혜·정병은·배영 편역(2003). 사회자본 : 이론과 쟁점. Bourdieu, Pierre, Coleman, James, Putnam, Robert & Portes, Alejandro et al.. 그린출판사.

윤경아(1996). 사회적 지원과정에 관한 연구 — 강화노인의 사적 지원체계를 중심으로. 연세대학교 박사학위논문.

윤현숙(2003). 노부모와 자녀 간의 지원교환이 노인의 심리적 안녕에 미치는 영향. 한국노년학 23(3), 15-28.

이형실(1999). 농촌 부부가구노인의 사회적 지원에 관한 연구. 한국노년학 19(3), 109-120.

정경희(1995). 노인들의 사회적 연계망에 관한 연구. 한국노년학 15(2), 52-68.

조병은·신화용(1992). 사회교환론적 관점에서 본 맞벌이 가족의 성인 딸/며느리와 노모의 관계. 한국노년학 12(2), 83-98.

_____(2004). 노모부양에 대한 성인 자녀의 공평성지각 및 이익에 따른 관계의 질 : 공평성이론에서 본 한국과 재미교포사회의 비교. 한국노년학 24(3), 231-247.

한경혜·홍진국(2000). 세대 간 사회적 지원의 교환과 노인의 심리적 복지. 가족과 문화 12(2), 55-80.

황미영(1999). 도시 저소득층 노인의 비공식 지지망 기능에 관한 연구. 한국노년학 19(20), 27-46.

Brackbill, Y. & Kitch, D.(1991). Intergenerational Relationships : A Social Exchange Perspective on Joint Living Arrangements among the Elderly and Their Relatives. *Journal of Aging Studies* 5(1), 77-97.

Cantor, M. H.(1979). Neighbors and Friends : An Overlooked Resource in the Informal Support System. *Research on Ageing* 1(4), 434-463.

Coleman, J. S.(1988). Social Capital in the Creation of Human Capital. *American Journal of Sociology* 94, 95-120.

Dowd, J. J.(1975). Aging as Exchange : A Preface to Theory. *The Journal of Gerontology* 30(5), 584-594.

Fukuyama, F.(1995). *Trust : The Social Virtues and the Creation of Prosperity.* Free Press.

Gouldner, A. W.(1960). The Norm of Reciprocity : A Preliminary Statement. *American Sociological Review* 25(2), 161-178.

Ingersoll-Dayton, B., Saengtienchai, C., Kespichayawattana, J. & Aungsuroch, Y.(2001). Psychological Well-Being Asian Style : The Perspective of Thai Elders. *Journal of Cross-Cultural Gerontology* 16(3), 283-302.

Kim, C. S. & Rhee, K. O.(1999). Living Arrangements in Old Age : Views of Elderly and Middle Aged Adults in Korea. *Hallym International Journal of Aging* 1(2), 94-111.

Lee, M. & Weber, M. J.(2000). Intergenerational Reciprocal Care and Elderly Living Arrangements in Korea. 한국노년학 20(3), 129-142.

Lin, N.(2001). *Social Capital : A Theory of Social Structure and Action.* Cambridge University Press.

Litwak, E.(1985). *Helping the Elderly : The Complementary Roles of Informal Networks and Formal Systems.* NY : Guilford Press.

McCulloch, B. J.(1990). The Relationship of Intergenerational Reciprocity of Aid to the Morale of Older Parents : Equity and Exchange Theory Comparisons. *Journal of Gerontology* 4(4), 150-155.

Mutran, E. & Reitzes, D. C.(1984). Intergenerational Support Activities and Well-Being among the Elderly : A Convergence of Exchange Theory and Symbolic Interaction Perspectives. *American Sociological Review* 49(1), 117-130.

Newton, K.(1997). Social Capital and Democracy. *American Behavioral Scientist* 40(5), 575-586.

Portes, A.(1998). Social Capital : Its Origins and Applications in Modern Sociology. *Annual Review of Sociology* 24, 1-24.

Putnam, R. D.(1993). *Making Democracy Work : Civic Traditions in Modern Italy.* Princeton University Press.

_____(1995). Bowling Alone : America's Declining Social Capital. *Journal of Democracy* 6(1), 65-78.

Rossi, A. S. & Rossi, P. H.(1990). *Of Human Bonding : Parent-Child Relations Across the Life Course.*

NY : Aldine de Gruyter.

Shanas, E.(1980). Older People and Their Families : The New Pioneers. *Journal of Marriage and the Family* 42(1), 9-15.

Stevens, E. S.(1992). Reciprocity in Social Support : An Advantage for the Aging Family. *Families in Society* 73(9), 533-541.

Stoller, E. P.(1985). Exchange Patterns in the Informal Support Networks of the Elderly : The Impact of Reciprocity on Morale. *Journal of Marriage and the Family* 47(2), 335-342.

Walster, E. G., Walster, W. & Berscheid, E.(1978). *Equity : Theory and Research*. Boston : Allyn & Bacon.

Ward, R.(1985). Informal Network and Well-Being in Later Life : A Research Agenda. *The Gerontologist* 25(1), 55-61.

Wentowski, G, J.(1981). Reciprocity and the Coping Strategies of Older People : Cultural Dimensions of Network Building. *The Gerontologist* 21, 600-609.

Yoon, H. S. & Cha, H. B.(1999). Future Issues for Family Care of the Elderly in Korea. *Hallym International Journal of Aging* 1(1), 78-86.

* 본 논문은 한국노년학 제27권 제2호(2007)에 게재되었음을 밝혀 둔다.

노년기 우울증상에 영향을 미치는 요인 :
자녀와의 지원교환효과를 중심으로

김영범

I. 들어가며

우울은 노인에게 매우 일반적인 증상이다. 2012년 발표된 국민건강통계에 의하면 우리나라 65세 이상 노인의 15.5%가 우울증상을 경험한 것으로 나타났다. 우울은 특히 여성에게 자주 나타나 65세 이상 여성의 19.0%가 우울증상을 경험한 반면, 남성은 그 비율이 10.7%로 성별 차이가 있음을 확인할 수 있다(보건복지부, 2012). 우울은 삶의 질을 하락시킬 뿐만 아니라 자살과도 깊은 관련성이 있는 것으로 알려져 있다(배지연·김원형·윤경아, 2005 ; 김현순·김병석, 2007). 급속하게 노인 인구가 증가하는 우리 현실에서 노인들의 우울에 영향을 주는 요인이 무엇인지 분석하고 그에 대한 대비책을 마련하는 것은 매우 시급한 과제가 아닐 수 없다.

노인의 우울에 영향을 주는 요인들에 대해서는 다수의 연구가 진행된 바 있다. 선행 연구들(김동배·손의성, 2005 ; 윤현숙·구본미, 2009 ; 전해숙·강상경, 2009 ; 이민아, 2010 ; 이미숙, 2012 ; Aneshensel, Frerichs & Clark, 1981 ; Dean, Kolody & Wood, 1990 ; Umberson, Wortman & Kessler, 1992 ; Silverstein, Chen & Heller, 1996 ; Lee, Willetts & Seccombe, 1998 ; Mirowsky & Ross, 2001)에 의하면, 신체적·정신적 건강상태와 더불어 성·혼인상태·동거가족·교육수준·소득·비공식적 사회활동 등은 우울과 관련이 있는 것으로 알려져 있다. 일반적으로 건강상태가 좋을수록 우울수준은 낮으며, 일상적 활동에 대한 어려움이 없는 경우 우울수준이 낮다. 또한 여성에 비해 남성이, 유배우자가 무배우자에 비해 우울수준이 낮은 것으로 알려져 있다. 선행 연구에서 소득과 교육수준의 경우는 우울과 일관된 관계를 보이지 않는데, 소득이 낮을수록 우울이 증가하는 것으로 나타난 연구결과와 더불어 관련이 없다는 연구결과 역시 제시되고 있다. 이외에 친구나 이웃 등과의 접촉 역시 우울을 감소시키는 효과가 있는 것으로 알려져 있다.

서구의 경우 자녀로부터의 지원교환(Stoller, 1985 ; Lee, Willetts & Seccombe, 1998)은 지원이 일방적인 경우 정신건강에 부정적 영향을 주는 것으로 알려져 있다. 교환이론(social exchange theory)과 형평이론(equity theory)에 의하면 독립적인 삶을 영위할 때 행복해지는데, 자녀로부터의 일방적인 지원은 노인의 자녀에 대한 의존을 강화시켜 노인의 독립성을 약화시키기 때문에 노인의 정신건강에 부정적인 영향을 준다고 주장한다. 다른 한편 자녀로부터의 지원은 부모로서의 역할을 약화시킨다는 점에서 노인의 정신건강에 부정적 영향을 준다. 다만 이러한 주장에 대해 경험적 연구는 일관된 결과를 제시하지는 않는데, 교환관계의 호혜성(reciprocity)이 노인의 우울을 감소시키는 효과가 있다는 연구결과와 더불어 호혜성과는 무관하게 자녀로부터의 지원이나 자녀에 대한 지원이 노인의 우울을 증가시킨다는 연구결과도 제시되고 있다. 우리나라의 연구결과(노병일·모선희, 2007 ; 강선경, 2009 ; 윤현숙·구본미, 2009 ; 김수현, 2013)는 노인의 사회활동 참여나 사회적 지원이 우울을 감소시키며, 특히 자녀와의 지원교환은 건강수준의 영향을 매개하는 효과가 있는 것으로 나타난다.

본 연구는 춘천시 거주 노인들을 대상으로 노인의 사회관계, 특히 자녀와의 지원교환수준에 따라 우울수준에 차이가 있는지 검토하는 것이 목적이다. 본 연구의 특징은 다음과 같다.

첫째, 전국 조사 자료와는 달리 춘천 지역의 조사 자료만을 사용함으로써 지방 중소도시에 거주하는 노인의 우울수준을 분석한다. 전국 조사의 경우 인구 비례에 따른 표집으로 인해 지방 중소도시의 노인은 적은 수만 표집되기 때문에 특정 지역의 중소도시에 거주하는 노인의 특성을 분석하기 어렵다. 본 연구는 춘천 거주 노인을 충분하게 표집한 조사 자료를 활용함으로써 지방 중소도시 거주 노인 내부의 다양성을 분석할 수 있다는 장점을 갖는다.

둘째, 본 연구는 사회관계 일반이 아닌 자녀와의 지원교환효과를 분석하는 데 집중하고 있다. 우리나라 노인을 대상으로 한 연구는 소수를 제외하면 주로 사회관계 일반에 초점을 맞추고 있을 뿐, 자녀와의 지원교환의 효과를 분석하는 데 집중하고 있지 않다. 노후 준비가 부족하고 공식적 사회보장제도가 미비한 우리나라 노인에게 자녀는 가장 중요한 자원이라는 점에서 이들과의 지원교환이 노년기 삶에 어떠한 영향을 주는지 분석하는 것은 노년기의 삶을 이해하는 데 매우 중요하다.

본 연구의 구성은 다음과 같다. II장에서는 선행 연구를 검토하고 본 연구의 자료 및 분석 방법을 소개한다. III장에서는 자료에 대한 기술적 분석과 다변수분석을 통해 자녀와의 지원교환이 우울증상에 대해 갖는 효과를 분석한다. 마지막 Ⅳ장에서는 분석결과를 요약하고 본 연구의 함의를 제시한다.

Ⅱ. 선행 연구 및 연구방법

1. 사회활동, 자녀와의 지원교환과 우울

건강상태와 우울증상이 관련성이 있다는 연구는 다수 진행된 바 있다(이정애·김지미, 2010 ; Roberts, Kaplan, Shema & Strawbridge, 1997 ; Shieman & Plickert, 2007 ; Smith & Christakis, 2008 ; Umberson & Montez, 2010). 우울증상은 일상생활능력의 하락에 따라 증가하는 경향이 있으며, 심장병·류머티즘 등과 같은 질병이 있는 경우 증가하는 경향을 보인다. 사회인구학적 특성 역시 우울과 관련이 있는 것으로 나타나고 있는데, 교육수준·소득·종교활동 그리고 사회관계 등에 따라 우울증상에 차이를 보이는 것으로 나타나고 있다. 일반적으로 교육수준이 우울을 감소시키는 것으로 알려져 있으며, 종교활동에 참여하는 경우가 그렇지 않은 경우에 비해 우울을 감소시키는 것으로 나타나고 있다(김동배·손의성, 2005 ; 윤현숙·구본미, 2009 ; 전해숙·강상경, 2009 ; 이민아, 2010 ; 이미숙, 2012 ; Aneshensel, Frerichs & Clark, 1981 ; Dean, Kolody & Wood, 1990 ; Umberson, Wortman & Kessler, 1992 ; Silverstein, Chen & Heller, 1996 ; Lee, Willetts & Seccombe, 1998 ; Mirowsky & Ross, 2001). 다만 교육수준이나 소득과 같은 변수들의 효과는 연구에 따라 일관된 결과를 보이는 것은 아니다.

다양한 사회활동의 참여는 신체건강뿐만 아니라 정신건강에도 영향을 주는 것으로 알려져 있다. 사회활동 참여는 자기효능감(self-efficacy)을 강화함으로써 정신건강에 기여하는 것으로 알려져 있다. 사람들은 다양한 사회활동 참여를 통해 자신이 문제를 해결할 수 있는 능력이 있다는 점을 확인하며, 실패에 대한 두려움을 감소시켜 새로운 과제에 도전할 수 있게 해준다는 것이다. 이로 인해 우울의 전 단계인 고독감이나 슬픔을 감소시켜 우울증상을 약화시킨다(김수현, 2013 ; Fiori, Mcllvane, Brown & Antonucci, 2001). 즉 다양한 사회활동 참여가 삶의 과정에서 경험하는 부정적 사건 즉 배우자의 사망이나 건강 악화에 따른 스트레스를 완화하는 완충효과(buffering effect)가 있다는 점이다. 우울은 부양책임감과도 관련이 있는 것으로 나타나고 있는데, 부양책임감이 클수록 우울이 증가하는 것으로 나타나고 있다. 이는 자녀로부터의 지원이 부모의 부양책임감을 충족시키지 못하기 때문으로 설명되고 있다(Lee, Netzer & Coward, 1995). 자녀와의 접촉과 노년기 정신건강의 관계는 일관된 결과를 보이지 않는다. 전화접촉의 경우 노인의 사기(morale)를 증진시킨다는 연구결과(김영범·박준식·이기원, 2008)와 더불어 자녀방문은 우울과 관련이 없다는 연구결과(Lee, Netzer & Coward, 1995)도 제시되고 있다.

자녀와의 지원교환이 노인의 정신건강에 영향을 준다는 주장은, 서구의 경우 형평이론이나 사회교환이론을 통해 제기되어 왔다(Lee et al., 1995 ; Silverstein et al., 1996 ; Fiori et al., 2006). 이 이론들은 삶의 독립성을 강조하는 서구의 문화로 인해 자녀와의 지원교환이 불균등한 경우 정신건강에 부정적 영향을 주는 것이라고 주장한다. 즉 자녀로부터 일방적으로 도움을 받는 경우 자녀에 대한 독립성이 감소되는데, 이는 부모의 정신건강에 부정적 영향을 준다. 더욱이 자녀로부터의 지원은 부모의 역할붕괴를 초래하고 자기효능감을 약화시켜 우울을 증가시키는 효과를 갖는다. 다른 한편 자녀에게 일방적으로 지원을 제공하는 경우 역시 노부모의 자원이 고갈됨에 따라 정신건강에 부정적 영향을 주장한다. 즉 서구에서의 연구는 노인의 정신건강은 자녀와의 지원교환의 수준이 아니라 호혜성이 더욱 중요하다고 주장한다.

자녀와의 지원교환과 정신건강의 관계에 대한 경험 연구는 일반화하기 어려운 결과들을 제시하고 있다. 주로 삶의 만족이나 사기 등을 종속변수로 분석한 연구들은 형평이론이나 사회교환이론이 주장하듯 지원관계의 호혜성이 정신건강에 긍정적 영향을 준다는 결과와 더불어 지원교환은 관련성이 없다는 결과들도 제시되고 있다(Lee & Ellithorpe, 1982 ; Mutran & Reitzes, 1984 ; Silverstein & Bengtson, 1994 ; Lee et al., 1995). 이 연구들은 우울을 종속변수로 사회적 지지나 자녀와의 지원교환효과를 분석한 연구들(배지연·김원형·윤경아, 2005 ; 노병일·모선희, 2007 ; 강선경, 2009 ; 김수현, 2013 ; Stoller, 1985 ; Silverstein et al., 1996) 역시 자녀와의 지원교환이 노인의 우울을 감소시키는 데 기여하고 있다는 연구결과와 관련성이 없다는 연구결과 모두 제시되고 있다. 사회적 지지를 보다 구체화하여 자녀와의 지원교환과 우울의 관계를 분석한 결과들은 많지 않은데, 한 연구(윤현숙·구본미, 2009)에서는 자녀와의 지원교환이 노인의 우울을 감소시킬 뿐만 아니라 건강상태의 효과를 매개하는 것으로 나타나고 있다.

본 연구는 선행 연구들을 바탕으로 자녀와의 지원교환이 노인의 우울에 영향을 미치는 바를 분석하는 것이 목적이다. 본 연구는 노인의 사회적 지지를 구성하는 가장 큰 부분이 자녀로부터의 지원이라는 점에서, 노인에 대한 사회적 지지의 효과를 분석하기 위해서는 무엇보다도 자녀와의 지원교환이 갖는 효과를 분석하는 것이 중요하다고 판단된다. 선행 연구 가운데 일부 연구(윤현숙·구본미, 2009) 외에는 자녀와의 지원교환의 효과를 정밀하게 분석한 경우를 발견하기 어렵다. 다른 한편 우울에 영향을 주는 요인은 매우 다양하기 때문에 이 요인들을 충분히 반영하여 영향 요인에 대한 분석을 실시하는 것이 중요하다. 본 연구는 이를 위해 자녀와의 지원교환 외에 자녀와의 접촉, 공식적 사회활동 참여 등 다양한 통제변수를 분석에 포함하였다.

전통적인 효 의식으로 인해 우리나라 노인은 자녀로부터의 지원을 당연한 것으로 여겨 왔다. 이는 경험 연구에서도 확인된 바 있는데, 우리나라 노인의 성공적 노후에 대한 연구는 노인들이 자녀로부터의 지원을 성공적 노후를 위한 조건으로 인식하고 있음을 보여 주고 있으며(김미혜·임연옥·권금주·김혜선, 2004) 자녀로부터의 지원이 행복(subjective well-being)에 긍정적 기여를 한다는 연구결과(김영범·박준식·이기원, 2008)도 제시되고 있다. 이러한 결과들은 우리나라 노인의 경우 자녀로부터의 지원이 서구에서처럼 자아효능감을 약화시키거나 부모역할의 붕괴를 초래하지 않을 가능성을 보여 준다. 우리나라 노인의 경우, 자녀로부터의 지원은 부모 자식 관계가 정상적임을 보여 주는 것일 뿐만 아니라 자녀에 대해 자신의 의무를 다했음을 보여 주는 증표이기도 하다. 이런 맥락에서 본 연구 역시 자녀로부터의 지원이 서구의 노인들의 경우처럼 노인의 우울을 증가시키기보다는 감소시키는 효과가 있을 것으로 예측한다.

2. 연구방법

본 논문에서 사용한 자료는 한림고령자패널 4차 조사자료이다. 본 조사는 2003년 1차 조사가 시작되어 2010년 4차 조사까지 완료하였다(김영범, 2013). 본 연구에서는 4차 자료 중 65세 이상으로 춘천 지역 거주자 539명을 대상으로 한 자료의 분석을 실시하였다.

본 연구의 종속변수는 우울(depressed mood)이다. 본 연구에서는 우울증상을 CES-D척도(Center for Epidemiologic Studies-Depressed Mood Scale) 20문항으로 측정하였다. 척도의 내적 타당도를 보여 주는 Cronbach's α값은 .88로, 척도의 내적 타당도가 높은 것을 확인할 수 있었다. 우울 척도의 각 문항은 최소 0점, 최대 3점으로 기록되어 우울 척도는 최소 0점 최대 60점의 분포를 갖는다.

본 연구의 독립변수는 인구사회적 특성, 비공식적 사회관계, 주관적 건강, 배우자 유무로 구성되어 있다. 자녀와의 지원교환을 정서적 지원, 도구적 지원, 그리고 경제적 지원으로 구분한 후 지원주기와 지원받기 각각 5점 척도로 측정하였다. 따라서 지원주기와 받기는 모두 최소 3점에서 최대 15점까지의 범위를 갖는다. 이외에 지원교환의 호혜성을 분석하기 위해 본 연구에서는 지원주기와 지원받기의 점수 차이를 절대값으로 변환하여 사용하였다. 따라서 점수 차이가 클수록 지원교환의 불균등성이 큰 것을 의미한다. 이외에 자녀와의 접촉과 친구와의 접촉은 전화접촉과 대면접촉으로 나누어 6점 척도로 측정하였는데, 본 연구에서는 전화 및 대면접촉 점수를 합산하여 분석에 활용하였다. 분석에 포함된 변수는 〈표 1〉과 같다.

<표 1> 분석에 사용된 변수

구분	영역	변수	내용
종속변수		CES-D 20	• 20문항의 총점 • 점수가 높을수록 우울증상이 심각
독립변수	인구·사회 변수	성	• 여성=0 남성=1
		연령	• 연속변수
		학력	• 공식 교육 수학 기간, 연속변수
		가구소득	• 150만 원 미만=0, 150만 원 이상=1
		혼인관계	• 배우자 사별=0, 유배우자=1
		지역특성	• 동지역=0, 면지역=1
		직업	• 없음=0, 있음=1
		건강상태	• 주관적 건강상태(5점 척도, 1=매우 나쁨)
	비공식적 사회관계	친구 만남	• 대면접촉, 전화접촉 점수 합계(최대 12점)
		자녀 만남	• 대면접촉, 전화접촉 점수 합계(최대 12점)
	공식적 사회활동	사회활동	• 비참여=0, 참여=1
	지원교환	지원주기	• 자녀에 대한 지원주기 점수(3~15점) • 정서적·도구적·경제적 지원주기 점수 합
		지원받기	• 자녀에 대한 지원받기 점수(3~15점) • 정서적·도구적·경제적 지원받기 점수 합
		지원교환 호혜성	• 지원주기와 지원받기 차이의 절대값 • 차이가 클수록 지원교환의 일방성이 큼

　　본 연구에서는 이 변수들을 중심으로 회귀분석을 실시하였다. 회귀분석과정에서 이분산성이 발견되어 본 연구에서는 로버스트 회귀분석을 실시하였다.[1] 본 연구에서 사용한 표본의 일반적 특성은 다음과 같다(<표 2> 참조). 표본의 몇 가지 중요한 특징을 살펴보면 여성이 54.2%, 남성이 45.8%로 여성이 남성에 비해 약간 많다. 이는 여성이 남성에 비해 오래 살기 때문으로 당연한 것이다. 가구소득은 150만 원 미만이 71.5%로, 노인가구 대부분이 매우 빈곤한 상황임을 확인할 수 있다. 배우자 사별의 비율은 36.2%이다. 배우자 사별의 비율은 성별로 매우 큰 차이를 보이는데, 표에서는 제시하지 않았지만 여성의 경우 58.6%가 배우자 사별인 반면, 남성의 경우는 9.7%로 나타나 노인의 혼인상태가 성에 따라 큰 차이를 보이고 있음을 확인할 수 있다.[2]

---

1 이분산성(heteroskedasticity)이 발견되는 경우, 비효율적인 표준오차를 갖게 되어 가설 검증의 정확성이 떨어지는 문제가 발생한다. stata에서 이분산성의 탐지와 처리에 대해서는 Baum, 2006 참조.

2 남성은 여성에 비해 일찍 사망하기 때문에 사별자는 여성이 압도적으로 많다. 이와 함께 남성 사별자의 재혼비율이 여성의 그것보다 훨씬 높다.

<표 2> 주요 변수의 일반적 특징

변수		빈도(비율), 평균(표준편차)
CES-D 20		18.91(9.69)
성	여성	292(54.17)
	남성	247(45.83)
가구소득	150만 원 미만	391(71.54)
	150만 원 이상	148(27.46)
혼인관계	배우자 사별	195(36.18)
	혼인 중	344(63.82)
지역특성	도시지역	192(35.62)
	농촌지역	347(64.38)
직업	없음	421(78.11)
	있음	118(21.89)
연령		75.99(5.50)
수학연수		5.48(4.79)
건강상태		3.11(1.02)
친구 만남		7.72(2.90)
자녀 만남		5.55(2.13)
사회활동		1.66(1.39)
지원주기		9.05(2.52)
지원받기		10.85(2.56)
부양 책임감		21.31(3.63)

III. 분석결과

1. 기술적 분석

우울 점수를 사회경제적 요인에 따라 나누어 살펴보면 〈표 3〉과 같다. 성에 따라 우울 점수는 차이를 보이는데, 여성이 남성에 비해 높은 것으로 나타나고 있다. 이외에 가구소 득이나 혼인상태에 따라서도 우울 점수는 차이를 보이는데, 가구소득이 150만 원 이상인 집단이 미만인 집단에 비해 우울 점수가 낮은 것으로 나타나고 있으며, 유배우자 집단이 사별한 집단에 비해 우울 점수가 낮은 것으로 나타나고 있다. 직업 유무나 지역 특성은 우 울 점수와 유의미한 관련성이 없는 것으로 나타나고 있다. 노인의 경우 일반적으로 성, 소 득, 혼인상태는 상관성이 매우 크게 나타난다. 즉 여성 노인은 배우자 사별 비율이 남성 노

<표 3> 사회경제적 특징에 따른 우울 점수

구분		우울 평균(표준편차)	t-값
성	여성	20.41(9.59)	3.97***
	남성	17.14(9.53)	
가구 소득	150만 원 미만	20.0(10.33)	4.29***
	150만 원 이상	16.05(7.01)	
혼인 상태	배우자 사별	20.83(9.80)	3.49***
	유 배우자	17.83(9.48)	
지역 특성	도시지역	18.43(9.86)	-.86
	농촌지역	19.18(9.60)	
직업	없음	18.88(9.87)	-.15
	있음	19.03(9.07)	

* p<.05, ** p<.01, *** p<.001

<표 4> 우울과 사회관계 : 상관관계

구 분	주관적 건강	나이	부양 책임감	자녀 접촉	사회 활동	친구 접촉	지원 주기	지원 받기
전체	-.34***	.11**	.12*	.96	-.15***	-.12**	-.16***	-.24***
여성	-.31***	.09	.12*	.05	-.10	-.15*	-.16**	-.31***
남성	-.35***	.17**	.11	.10	-.12	-.09	-.20**	-.18**

* p<.05, ** p<.01, *** p<.001

인에 비해 훨씬 높고, 소득 역시 남성 노인에 비해 매우 낮다. 따라서 우울에 미치는 결과 역시 상관성을 통제한 상태에서 분석해 볼 필요성이 제기된다. 인구학적 특성 중 건강상태 나 나이와 우울 점수와의 관련성을 살펴보면(〈표 4〉 참조) 건강상태를 긍정적으로 평가할수 록 우울 점수는 감소하는 반면, 나이가 많을수록 우울 점수는 증가하는 것으로 나타났다.

우울 점수와 사회관계를 구성하는 다양한 요인 사이의 상관관계를 살펴보면 〈표 4〉와 같다. 우울과 유의미한 관련성을 보이는 요인들로는 사회활동, 친구접촉, 지원주기, 지원받 기 등으로 나타나고 있다. 즉 사회활동을 많이 할수록, 친구를 많이 만날수록, 그리고 자녀 와 지원교환이 많을수록 우울 점수는 감소한다.[3] 사회관계와 우울 점수의 관계는 성에 따 라 차이를 보이는데, 여성의 경우 부양책임감이 우울과 정적 관계를 보이는 반면 남성의

---

3 참고로 지원교환의 호혜성과 우울 점수 사이의 상관관계는 전체 표본과 여성 표본에서는 유의미하지 않지만, 남성 표본에서는 부적 상관관계를 보이고 있다.

경우는 유의미한 관계를 보이지 않고 있으며, 친구접촉의 경우도 여성은 부적 관계를 보이는 반면 남성은 유의미한 관계를 보이지 않고 있다, 남성의 경우는 여성과는 달리 나이가 우울과 정적 관계가 있는 것으로 나타나고 있다.

기술적 분석을 통해 나타난 결과들은 다변수분석을 통해 그 효과가 유의미한 것인지 확인해 볼 필요성이 있다. 특히 노인의 경우 성과 연령에 따라 건강상태, 소득, 사회활동, 자녀와의 관계 등에 상당한 차이가 있는 것으로 알려져 있기 때문에 변수 자체의 효과인지, 아니면 다른 변수의 영향에 따른 결과인지 다변수분석을 통해 확인하는 것이 필요하다.

2. 다변수회귀분석

본 연구에서는 전체 표본에 대한 분석과 더불어 여성과 남성으로 나누어 분석을 실시하였다. 여성과 남성으로 나누어 분석을 한 이유는 청장년기 동안 유지되어 온 남성과 여성의 역할 차이가 노년기 삶에 다양한 영향을 주기 때문이다. 노년기 삶의 성별 차이를 강조한 연구들(김영범, 2012 ; Umberson et al., 1992 ; Lee et al., 1998)은 배우자 사별의 효과나 자녀와의 접촉, 우울 등 노년기 삶의 다양한 측면에서 성별 차이가 나타난다는 점을 강조하고 있다. 본 연구에서는 노년기 남성과 여성의 삶이 다른 요인에 의해 영향을 받을 수 있다는 선행 연구에 기반해 전체 표본을 대상으로 한 분석과 함께 성별로 나누어 분석을 실시하였다. 분석결과는 〈표 5〉와 같다.

사회경제적 변수의 영향을 살펴보면 전체 모델의 경우 성에 따라 우울수준에 차이를 보이는 것으로 나타나고 있다. 즉 남성에 비해 여성의 우울수준이 높은 것을 알 수 있다. 본 연구의 결과는 우울이 남성보다는 여성에게 더 자주 나타나는 질환이라는 점을 다시 한 번 확인시켜 주고 있다(Simon, 2002 : 1068).[4] 건강상태의 경우 전체 모델, 성별 모델 모두에서 통계적으로 우울과 유의미한 관계를 보이는 것으로 나타나고 있다. 교육수준, 나이, 가구소득 등은 우울과 유의미한 관계를 보이지 않고 있다. 일부 연구들(이민아, 2010 ; 이미숙, 2012)에 의하면 교육수준이나 가구소득 등은 우울과 연관성이 높은 것으로 나타나고 있는데, 본 연구결과는 이와는 다른 모습을 보이고 있다.[5]

이러한 차이는 측정방법이나 통제변수의 차이 때문으로 보이는데, 본 연구에서 표로 제시하지는 않았지만 사회활동과 자녀와의 지원교환 변수를 제외한 모델의 경우 소득의 효과가 유의미하게 나타났다. 이는 노인의 가구소득이 자녀와의 지원교환이나 사회활동 참여와

---

4 남성은 우울보다는 음주나 폭력 등의 문제가 주로 나타난다.
5 서구의 연구 중 교육수준과 소득이 우울과 관련이 없다는 연구결과도 제시되고 있다(Lee et al., 1998).

<표 5> 우울 점수에 영향을 주는 요인 : 회귀분석결과

구분	전체 모델	여성	남성
	b(se)	b(se)	b(se)
성	−2.37(.93)*		
연령	.09(.07)	−.04(.11)	.19(.10)
수학연수	−.15(.93)	−.22(.15)	−.14(.13)
가구소득	−1.55(.79)	−1.71(1.12)	−.63(1.15)
혼인관계	−1.47(.92)	−2.06(1.10)	−.91(1.93)
지역특성	−.56(.86)	−1.52(1.20)	.38(1.27)
직업 유무	1.90(.95)*	1.65(1.29)	1.94(1.38)
건강상태	−2.83(.38)***	−2.94(.52)***	−2.75(.59)***
친구 만남	−.26(.15)	−.42(.21)*	−.11(.21)
자녀 만남	.53(.16)***	.45(.24)	.64(.23)**
사회활동	−.07(.52)	−.24(.70)	−.04(.79)
지원주기	.22(.22)	.47(.33)	−.03(.28)
지원받기	−1.34(.21)***	−1.64(.32)***	−.94(.28)***
지원 호혜성	.70(.27)**	.70(.41)	.83(.36)*
부양 책임감	.19(.10)	.39(.16)**	.04(.14)
	R^2=.27, F=15.59***	R^2=.29, F=10.09***	R^2=.23, F=6.26***

* $p < .05$, ** $p < .01$, *** $p < .001$

상관성이 있음을 보여 주는 것이다.[6]

다음으로 공식적 · 비공식적 사회활동의 효과를 살펴보면 다음과 같다. 우선 공식적 사회활동 참여 여부는 우울과 유의미한 관계를 보이지 않는다.[7] 일부 연구에 의하면 자원봉사와 같은 특정 종류의 사회활동 참여는 우울에 부적 영향을 주는 것으로 알려져 있는데(김수현, 2013), 선행 연구결과와 본 연구결과를 종합해 보면 우울에 영향을 미치는 요인은 사회활동 참여 여부보다는 특정 유형의 사회활동 참여라는 점을 추측할 수 있다.

비공식적 사회활동의 하나인 자녀와의 접촉은 특기할 결과를 보여 주고 있는데, 여성의 경우 통계적으로 유의미한 관련성을 보이지 않는 반면 남성의 경우는 우울과 정적 연관성을 보이고 있기 때문이다. 부모 자식 관계가 부모에게 항상 긍정적인 영향만을 주는 것은

---

6 이러한 결과를 통해 다양한 통제변수를 분석에 포함시켜야만 정확한 추정이 가능하다는 점을 다시 한 번 확인할 수 있다.

7 본 연구에서 표로 제시하지는 않지만, 참여활동 수를 통제변수로 포함하여 분석한 결과 역시 우울과는 유의미한 결과를 보이지 않았다.

아니다(Arling, 1976 ; Mutran et al., 1984 ; Antonucci & Akiyama, 1995). 자녀와 부모는 상이한 세대(cohort)라는 점에서 다른 가치관과 규범을 가지고 있을 가능성이 크다. 자녀와의 관계는 그것이 사회적 규범, 가치에 의해 결정되는 것이라는 점에서 자신의 의사에 따라 관계를 축소하기 힘들다는 특징을 갖는다. 자녀와 부모의 접촉은 상이한 가치관의 충돌이나 갈등을 초래하게 되어 결과적으로 부모의 정신건강에 부정적 영향을 줄 수 있다. 본 연구결과는 부모 자식 간의 관계에 갖는 이러한 부정적 측면을 보여 주는 것으로 해석할 수 있다. 남성에게서만 이러한 관계가 나타난 이유는, 남성의 경우 규범이나 가치가 자녀 세대와 큰 차이를 보일 뿐만 아니라 자녀와의 관계가 여성에 비해 친밀하지 못하기 때문으로 보인다. 즉 남성의 경우는 자녀와의 접촉에 따른 갈등이 여성에 비해 크게 부각되기 때문에 잦은 접촉이 남성 노인의 우울을 증가시키는 것으로 해석할 수 있다. 자녀와의 접촉과는 달리 자발적 관계인 친구와의 접촉은 여성의 경우에만 우울과 부적 관계를 보이고 있다. 친구와의 접촉이 갖는 긍정적인 효과는 자녀와의 관계와는 달리 자발성에 기초하고 유사한 가치와 규범을 갖고 있는 관계라는 점 때문으로 해석할 수 있다. 다만 남성의 경우 왜 우울과 관련이 없는지 추가적인 연구가 필요하다.

이제 본 연구의 핵심대상인 지원교환의 효과를 살펴보자. 우선 지원의 호혜성이 갖는 효과를 살펴보면, 여성의 경우 호혜성과 우울은 유의미한 관련성이 없는 반면 남성의 경우 지원교환의 호혜성이 약화될수록 우울이 증가하는 것으로 나타나고 있다. 앞에서 살펴보았듯 호혜성은 지원주기와 받기의 차이를 절대값으로 표현한 것이다. 따라서 호혜성 점수가 커지는 것은 지원만 주거나 혹은 받는 경우를 의미한다. 남성의 경우 호혜성 점수가 우울과 유의미한 정적 관련성을 갖는다는 점은 지원만 주거나 받는 것보다는 지원교환의 호혜성이 유지되는 경우 우울수준이 낮다는 것을 의미한다. 이는 사회적 교환이론이나 형평이론의 주장이 적어도 우리나라의 남성 노인들에게도 적용될 수 있다는 점을 방증하는 것으로 보인다. 즉 자녀에게 일방적으로 지원받는 경우는 자녀에게 의존하는 문제가 발생하며, 역으로 자녀에게 일방적으로 지원을 주는 경우는 자신의 자원이 감소하는 문제에 직면한다. 여성의 경우는 관련성이 없는 것으로 나타나고 있는데, 이는 여성이 남성에 비해 자녀와의 관계가 친밀하다는 점, 그리고 가족에 대한 돌봄 노동을 전담하고 있어 남성에 비해 자녀와의 지원교환에 익숙하다는 점 때문에 교환관계의 불균형이 갖는 부정적 효과를 상쇄시키는 것으로도 해석할 수 있다. 지원교환의 호혜성이 갖는 영향이 왜 성별로 차이가 나는지에 대해 좀 더 추가적인 연구가 필요한 것으로 보인다.

마지막으로 지원주기와 받기의 효과를 살펴보면 지원주기의 경우는 우울과 유의미한 관련성이 없는 것으로 나타나는 반면, 지원받기의 경우는 우울과 부적 관계를 보이는 것으로 나타나고 있다. 즉 자녀로부터 지원을 많이 받는다고 생각할수록 우울 점수는 낮은 것으로 나타나고 있다. 지원받기의 영향은 전체 모델, 성별 모델 구분 없이 모두 통계적으로 유의미한 관계를 보이고 있다. 호혜성을 통제한 상태에서 자녀로부터의 지원받기의 효과가 크다는 것은 두 가지 점에서 이해할 수 있다. 첫째, 우리나라의 효 문화와 관련이 있는 것으로 해석할 수 있다. 자녀로부터의 지원은 자식이 있는 노인이라면 당연한 것이기 때문에 지원받지 못하는 노인들은 불행하거나 비정상적인 노인으로 인식된다. 서구의 경우 자녀로부터의 지원은 노인의 자기효능감에 부정적 영향을 주는 것으로 알려져 있다(Silverstein et al., 1996). 자녀로부터의 지원은 노인의 부모역할의 붕괴를 초래하고 자아효능감을 감소시켜 우울을 증가시킨다. 그러나 우리나라의 경우는 이와는 반대로 자녀로부터의 지원이 부모로 하여금 자기효능감을 강화시키는 가능성도 생각해 볼 수 있다. 즉 자녀로부터의 지원은 부모가 자녀를 적절하게 보살펴 주었다는 점에 대한 방증으로 해석되어, 서구의 노인과는 반대로 우울을 감소시키는 효과를 낳게 되는 것으로 해석할 수 있다. 둘째, 노후의 생활을 위한 준비가 부족하고, 국가나 공공기관으로부터의 복지 혜택이 매우 적다는 점에서 자식으로부터의 지원은 또한 노인의 가장 중요한 노후 생활수단이다. 이 점에서 자식으로부터 지원을 많이 받는 노인일수록 노후의 삶에 대한 불안이 적을 가능성이 높다.

IV. 요약 및 함의

본 연구는 자녀와의 지원교환과 노인이 느끼는 우울의 관련성을 분석하는 것이 목적이다. 본 연구는 한림고령자 패널 4차 조사 중 춘천 지역 거주 65세 이상 노인을 대상으로 한 조사를 중심으로 분석을 실시하였다. 분석의 주요 결과는 다음과 같다.

첫째, 노인 우울에 영향을 주는 사회경제적 요인 중 가장 중요한 것은 역시 건강으로 나타났다. 우울은 그 자체가 문제일 뿐만 아니라 자살에도 영향을 주는 것으로 알려져 있다. 따라서 노년기 건강을 개선하는 것은 우울을 줄일 뿐만 아니라 자살을 줄이는 데에 기여할 수 있다는 점에서 정책적으로도 매우 중요한 과제가 아닐 수 없다.

둘째, 자녀와의 접촉이 꼭 노년기 삶에 긍정적인 영향을 주는 것은 아니다. 사기나 삶의 만족 등에 대한 연구에서 자녀와의 접촉이 통계적으로 유의미하지 않은 것으로 나타난 바 있는데(김영범, 2012), 본 연구결과를 통해 자녀와의 접촉이 꼭 노년기에 삶에 긍정적인 영향을 주는 것은 아니라는 점을 다시 한 번 확인하였다. 다만 성별로 우울에 대한 영향이 차이를 보이는 부분에 대해서는 추가적인 연구가 필요하다.

셋째, 자녀로부터의 지원은 노인의 우울을 감소시키는 효과가 있는 반면, 자녀에 대한 지원은 유의미한 영향을 주지 못하는 것으로 나타나고 있다. 사기를 대상으로 한 선행 연구(김영범, 2012) 역시 자녀로부터의 지원이 노년기 정신건강에 긍정적 영향을 주는 것으로 나타나고 있는데, 이를 통해 서구의 경우와는 달리 우리나라 노인들은 자녀로부터의 지원을 긍정적인 것으로 바라보고 있음을 알 수 있다. 서구의 연구결과는 대체로 지원받기가 우울과 관련이 없거나 우울을 증가시키는 효과가 있는 것으로 나타난 바 있다. 지원받기가 남성과 여성 모두 우울을 감소시키는 것으로 나타난 본 연구결과는 우리나라 노인에게는 여전히 자식이 부모를 돌보아야 한다는 효 의식이 높다는 점, 그리고 자녀로부터의 도움 외에 노후 생활을 책임질 수 있는 수단이 많지 않다는 현실에 기인하는 것으로 보인다. 즉 자녀로부터의 지원은 부모로서의 역할에 충실했음을 보여 주는 증거일 뿐만 아니라 노후의 삶을 정상적인 것으로 인식하게 만들고 노후의 생활에 대한 불안을 감소시키는데, 이로 인해 우울이 감소하는 효과를 갖는다.

자녀와의 지원교환은 정서적·도구적·경제적 측면에서 다양하게 이루어진다. 본 연구는 이 영역들의 지원교환을 종합하여 그 효과를 분석하고 있다는 점에서 지원교환의 어느 측면이 노인의 우울에 영향을 주는지 명확하게 분석하지 못한다는 한계를 갖는다. 정서적 지원이나 경제적 지원 혹은 도구적 지원이 노인의 우울과 상이한 관계를 보일 가능성을 배제할 수 없다. 추가적으로 지원교환의 영역에 따라 그 효과를 구별해 내는 추가적인 연구가 필요하다고 판단된다.

참고문헌

강선경(2009). 자기효능감과 사회적 지원이 우울증 노인의 삶의 질에 미치는 영향에 관한 연구. 한국노년학
　　　29(2), 629-643.

김동배 · 손의성(2005). 한국 노인의 우울 관련 변인에 관한 메타분석. 한국노년학 25(4), 167-187.

김미혜 · 임연옥 · 권금주 · 김혜선(2004). 성공적 노후를 위한 한국 노부모의 성인자녀에 대한 기대. 한국가
　　　족복지학 13, 43-75.

김수현(2013). 노인의 자원봉사 참여가 신체적 건강, 우울, 사회적 지지 및 삶의 의미에 미치는 영향. 한국노
　　　년학 33(1), 53-66.

김영범(2012). 자녀와의 지원교환과 노인이 느끼는 삶의 행복감 : 성에 따른 차이를 중심으로. 지역사회학
　　　13(2), 173-194.

김영범 · 박준식 · 이기원(2008). 자녀와의 지원교환과 노인의 부양책임감에 대한 인식이 노인의 주관적 안녕
　　　감에 미치는 영향. 한국사회복지조사연구 18, 47-65.

김현순 · 김병석(2007). 노인의 자살생각에 대한 경로분석. 한국심리학회지 상담 및 심리치료 19(3), 801-818.

노병일 · 모선희(2007). 사회적 지지의 수준과 차원이 노인 우울에 미치는 영향. 한국노년학 27(1), 53-69.

배지연 · 김원형 · 윤경아(2005). 노인의 우울 및 자살생각에 있어서 사회적 지지의 완충효과. 한국노년학
　　　25(3), 59-73.

보건복지부(2012). 2011 국민건강통계. 과천 : 보건복지부.

윤현숙 · 구본미(2009). 노인의 건강상태가 우울에 미치는 영향에 대한 사회적 지지의 매개효과. 한국 노인의
　　　삶의 질 2. 서울 : 소화.

이미숙(2012). 노인인구의 결혼관계와 우울증세 : 결혼지위와 결혼만족도를 중심으로. 한국사회학 46(4),
　　　176-204.

이민아(2010). 결혼 상태에 따른 노인의 우울도와 성차. 한국사회학 44(4), 32-62.

이정애 · 김지미(2010). 노인의 우울과 건강수준과의 관련성. 한국노년학 30(4), 1311-1327.

전해숙 · 강상경(2009). 노년기 우울궤적의 예측요인 : 한국복지패널을 이용하여. 한국노년학 29(4), 1611-
　　　1628.

Aneshensel, Carol S., Frerichs, R. R. & Clark, Virginia A.(1981). Family Roles and Sex Differences in
　　　Depression. *Journal of Health and Social Behavior* 22(4), 379-393.

Antonucci, T. C. & Akiyama, H.(1995). Convoys of Social Relations : Family and Friendships within
　　　a Life Span Context. in Blieszner, R. & Bedford, V. H. (eds.). *Aging and the Family : Theory
　　　and Research.* London : PRAEGER.

Arling, G.(1976). The Elderly Widow and Her Family, Neighbors and Friends. *Journal of Marriage and* the *Family* 38(4), 757-768.

Baum, C. F.(2006). *An Introduction to Modern Econometrics Using STATA*. Texas : STATA Press.

Carstensen, Laura L., Fung, Helene H. & Charles, Susan T.(2003). Socioemotional Selectivity Theory and the Regulation of Emotion in the Second Half of Life. *Motivation and Emotion* 27(2), 103-123.

Corcoran, K. & Fisher, J.(2000). *Measures for Clinical Practice*(3rd edition). New York : Free Press.

Dean, Alfred, Kolody, Bohdan & Wood, Patricia(1990). Effects of Social Support from Various Sources on Depression in Elderly Persons. *Journal of Health and Social Behavior* 31(2), 148-161.

Fiori, K. L., McIlvane, J. M., Brown, E. E. & Antonucci, T. C.(2006). Social Relations and Depressive Symptomatology : Self-Efficacy as a Mediator. *Aging & Mental Health* 10(3), 227-239.

Lee, G. R. & Ellithorpe, E.(1982). Intergenerational Exchange and Subjective Well-Being among the Elderly. *Journal of Marriage and the Family* 44(1), 217-224.

Lee, G. R., Willetts, M. C. & Seccombe, K.(1998). Widowhood and Depression : Gender Differences. *Research on Aging* 20(5), 611-630.

Lee, G. R., Netzer, J. K. & Coward, R. T.(1995). Depression among Older Parents : The Role of Intergenerational Exchange. *Journal of Marriage and Family* 57(3), 823-833.

Mirowsky, J. & Ross, C. E.(2001). Age and the Effect of Economic Hardship on Depression. *Journal of Health and Social Behavior* 42(2), 132-150.

Mutran, E. & Reitzes, D. C.(1984). Intergenerational Support Activities and Well-Being among the Elderly : A Convergence of Exchange and Symbolic Interaction Perspectives. *American Sociological Review* 49(1), 117-130.

Roberts, R., Kaplan, G. A., Shema, S. J. & Strawbridge, W. J.(1997). Prevalence and Correlates of Depression in an Aging Cohort : The Alameda County Study. *Journal of Gerontology* 52B(5), 252-258.

Schieman, S. & Plickertt, G.(2007). Functional Limitations and Changes in Levels of Depression among Older Adults : A Multiple-Hierarchy Stratification Perspective. *Journals of Gerontology : Social Sciences* 62B(1), 36-42.

Silverstein, M. & Bengtson, V. L.(1994). Does Intergenerational Social Support Influence the Psychological Well-Being of Older Parents? The Contingencies of Declining Health and Widowhood. *Social Science & Medicine* 38(7), 943-957.

Silverstein, M., Chen, X. & Heller, K.(1996). Too Much of a Good Thing? Intergenerational Social Support and the Psychological Well-Being of Older Parents. *Journal of Marriage and Family* 58(4), 970-982.

Simon, R. W.(2002). Revisiting the Relationships among Gender, Marital Status, and Mental Health. *American Journal of Sociology* 107(4), 1065-1096.

Smith, K. P. & Christakis, N. A.(2008). Social Networks and Health. *Annual Review of Sociology* 34(1), 405-429.

Stoller, E. P.(1985). Exchange Patterns in the Informal Support Networks of the Elderly : The Impact of Reciprocity on Morale. *Journal of Marriage and the Family* 47(2), 335-342.

Umberson, D. & Montez, J. K.(2010). Social Relationships and Health : A Flashpoint for Health Policy. *Journal of Health and Social Behavior* 51(1), 54-66.

Umberson, D., Wortman, Camille B. & Kessler, Ronald C.(1992). Widowhood and Depression : Explaining Long-Term Gender Differences in Vulnerability. *Journal of Health and Social Behavior* 33(1), 10-24.

＊ 본 논문은 지역사회학 제15권 제1호(2013)에 게재되었음을 밝혀 둔다.

노인의 건강상태가 생활만족도에 미치는 영향에 대한 사회적 관계의 매개효과 및 중재효과[1]

윤현숙 · 허소영

I. 서론

우리나라는 2020년에 평균 수명이 81세로 연장되고 65세 이상 노인인구 비율은 15%를 넘을 것으로 예측된다(통계청, 2006). 그 어느 세대보다 100세 장수의 꿈에 가까워졌지만, 길어진 노년기는 노화에 따른 신체기능의 약화, 친밀한 관계의 상실, 퇴직으로 인한 경제적·사회적 자본의 상실 등 부정적 스트레스를 경험하는 기간이 늘어나는 것을 의미하기도 한다.

노년기에 경험하는 부정적인 생활 사건들은 노인의 적응, 신체 및 정신건강, 생활만족도를 낮추고, 결과적으로는 삶의 질에 부정적인 영향을 미친다. 노인복지의 궁극적 목표는 노인의 삶의 질 향상이며, 노인의 삶의 질에 중요하게 영향을 미치는 생활만족도에 대한 연구는 노인문제 해결과 개입을 위해 매우 중요하다(이호성, 2005).

선행 연구에 의하면 노인의 건강상태와 사회적 관계는 생활만족도에 중요한 영향을 미친다. 생활만족도나 주관적 안녕감, 삶의 질을 다룬 여러 연구에서 이 두 변인은 가장 영향력 있는 변인으로 보고되었다. 특히 건강상태는 생활만족도에 가장 결정적인 영향을 미치며(김숙경, 2004 ; 석말숙, 2004 ; 이은희·김금운·한규석·주리애, 2004 ; 한형수, 2004 ; Sugisawa, Shibata, Houhham, Sugihara & Liang, 2002 ; Motel-Klingebiel, Tesch-Romer & von Kondratowitz, 2003 ; Chou, Chi & Chow 2004 ; Fiori, Antonucci & Cortina, 2006), 사회적 관계 또한 구조적 측

---

1 이 논문은 2005년도 정부(교육인적자원부)의 재원으로 한국학술진흥재단의 지원을 받아 수행된 연구임(KRF-2005-042-H00013).

면과 기능적 측면에서 생활만족도에 중요한 영향을 미치는 것으로 나타났다(김익기·김정석, 2000 ; 박경숙, 2000 ; 고보선, 2004 ; 윤현숙, 2003 ; 이형실, 2003 ; 전혜정·장덕민, 2003 ; 김영범·박준식, 2004 ; Chen & Silverstein, 2000 ; Chou et al., 2004).

그러나 기존의 연구들은 건강상태와 사회적 관계를 각각 개별적인 독립변인으로 다루어 생활만족도에 미치는 직접적인 영향을 주로 분석함으로써 건강상태가 생활만족도에 미치는 영향을 사회적 관계가 매개하거나 중재하는 영향과정(process)을 분석하지 못하였다. 노인과 배우자, 자녀, 친구의 사회적 관계는 생활만족도에 직접적인 영향을 미칠 뿐 아니라 건강상태가 생활만족도에 미치는 영향을 매개하거나 중재하여 그 과정에 영향을 미칠 수 있다. 본 연구는 노인의 건강상태가 생활만족도에 미치는 영향에 대해 사회적 관계가 지니는 매개효과와 중재효과를 분석함으로써 기존 연구의 한계를 넘어서는 중요한 의의를 지닌다.

또한 선행 연구에서는 사회적 관계를 구조와 기능의 측면에서 사회적 관계의 크기나 밀도·관계망·사회적 지원에 초점을 두었으나, 본 연구에서는 사회적 관계의 질(quality)에 초점을 두어 노인이 배우자와 자녀·친구와 어떤 관계를 맺고 있는지에 따른 영향을 분석하고자 한다. 특히 노년기의 사회적 관계는 성별에 따라 차이가 나타난다는 연구결과(Cheng & Chan, 2006)에 따라 노인을 남녀로 나누어 그 차이를 살펴본다.

따라서 본 연구의 주요 연구문제는 다음과 같다.

〔연구문제〕

1. 건강상태가 사회적 관계에 유의한 영향을 미치며, 사회적 관계(배우자·자녀·친구와의 관계)는 건강상태가 노인의 생활만족도에 미치는 영향을 매개하는가?

2. 사회적 관계(배우자·자녀·친구와의 관계)는 건강상태가 노인의 생활만족도에 미치는 영향을 중재하는가?

II. 선행 연구 검토

1. 노인의 건강상태가 생활만족도에 미치는 영향

생활만족도는 주관적 안녕감·적응·삶의 질 등의 개념들과 혼동되어 사용되고 측정방법 또한 연구자의 관심에 따라 다양하게 적용되고 있으나, 노년기의 생활만족도에 대한 대부분의 연구에서 노인의 건강상태는 생활만족도에 가장 중요한 영향을 미치는 요인으로 나타났다.

Campbell, Converse & Rodgers(1976)는 본격적으로 노년기의 생활만족도에 대한 연구를 시작하여 노인의 인구사회학적 요인, 객관적 건강상태, 주관적 건강상태, 사회적 관계에 대한 인식이 직접 혹은 단계적으로 생활만족도에 영향을 미치는 모델을 제시하였다. Campbell의 모델을 수정하여 적용한 Smith, Fleeson, Geiselman, Setterstern Jr. & Kunzmann(2001)의 연구에 의하면 노인의 주관적 건강상태가 생활만족도에 대한 가장 강력한 영향 요인으로 나타났으며, 사회적 관계에 대한 만족도는 객관적 건강상태의 지표인 질환의 수가 생활만족도에 미치는 영향을 매개하는 것으로 나타났다. Sugisawa 외(2002)는 건강상태를 기능장애와 질병의 유무로 측정하여 생활만족도에 미치는 영향을 분석한 결과, 두 변인 모두 생활만족도에 유의한 영향을 미치며, 배우자 유무를 중심으로 비교하였을 때 기능장애는 배우자 유무와 관계없이 유의한 영향을 미쳤으나, 질병 유무는 배우자가 없는 집단에만 유의한 영향을 미친 것으로 나타났다.

이호성(2005)의 연구에서도 수단적 일상생활수행능력(Instrumental Activities of Daily Living. 이하 'IADL')과 만성질환의 수 모두 생활만족도에 유의한 영향을 미치는 것으로 나타났으며, 오승환·윤동성(2006)의 연구에서는 일상생활수행능력(Activities of Daily Living. 이하 'ADL'), IADL, 만성질환의 수, 주관적 건강상태 중 IADL과 주관적 건강상태가 생활만족도에 유의한 영향을 미치는 것으로 나타났다.

생활만족도와 상반되는 정서적 개념인 우울증에 대해 건강상태가 미치는 영향을 살펴본 김원경(2001)의 연구에 의하면, ADL과 객관적 건강지표(Cumulative Illness Rating Scale, CIRS), 주관적 건강상태가 우울증에 미치는 영향을 분석한 결과 주관적 건강상태의 영향력이 가장 큰 것으로 나타났다.

건강상태는 자신의 건강상태를 주관적으로 평가하거나 객관적 지표를 적용하여 측정하기도 하는데, 본 연구에서는 주관적 건강상태가 종속변인인 생활만족도의 개념과 중복될 가능성이 있어 객관적 지표인 만성질환의 수로 측정하였다.

2. 노인의 사회적 관계가 생활만족도에 미치는 영향

Russell & Cutrona(1991), Antonucci(2001), Krause(2001) 등 노인의 사회적 관계가 생활만족도에 중요한 영향을 미치는 것으로 나타난 연구는 많이 있으나(Fiori et al., 2006 재인용), 대부분 사회적 관계의 구조적 측면인 사회적 연결망의 크기나 밀도(박경숙, 2000 ; 김영범·박준식, 2004 ; Bukov, Maas & Lampert, 2002 ; Sugisawa et al., 2002 ; Fiori et al., 2006)와 자원의 교환과 같은 기능적 효과를 다루고 있다(한혜경·홍진국, 2000 ; 고보선, 2004 ; 김혜경·Erika Kobayashi·Jersey Liang, 2003 ; 윤현숙, 2003 ; 허준수, 2004 ; Connidis, 2001 ; Ramos & Wilmoth,

2003).

사회적 관계에 대한 구조와 기능의 측면은, 노년기에 얼마나 많은 관계를 가지고 있으며 얼마나 자주 타인과 접촉하는지, 관계가 유지되는 동안 이들에게서 얼마나 많은 자원이 제공되는지 등을 파악하는 데 유용하나 사회적 관계의 질을 통해 생활만족도에 미치는 영향을 파악하지 못하는 한계를 지니고 있다(Krause, 2005). 특히 최근의 몇몇 연구를 통해 사회적 관계의 질이 노인의 심리적 안녕이나 고독감에 강력한 영향을 미치는 것으로 보고되어 (김원경, 2001 ; 이호성, 2005 ; Antonucci, Lansford, Akiyama, Smith, Takahashi, Futhrer & Dartigues, 2002 ; Lyyra & Heikkinen, 2006) 사회적 관계의 질을 분석하는 연구가 이루어지기 시작하였다. Antonucci(2001)는 사회적 관계의 구조적 측면보다 주관적으로 평가한 지각적 측면이 주관적 안녕에 미치는 영향이 더 크다고 보고하였으며, Wagner, Schütze & Lang (2001)의 연구에서도 사회적 관계의 기능적 측면인 지원교환은 노인이 느끼는 외로움에 유의한 영향을 미치지 못하는 것으로 보고하였다.

성별에 따른 사회적 관계의 차이를 국가별로 비교한 연구(Antonucci et al., 2002)에서는 부정적 사회적 관계(negative social relation)가 높은 집단에서 우울이 높게 나타났으며, 일본에서는 남녀 모두 부정적 관계가 우울에 유의한 영향을 미쳤으나, 프랑스와 미국에서는 여성노인의 우울에만 유의하였다.

본 연구에서는 노인의 사회적 관계를 대상에 따라 배우자와 자녀, 친구로 나누어 각 관계가 미치는 영향을 분석하였다. 각 관계가 노인의 생활만족도에 미치는 영향에 대한 선행연구를 정리하면 다음과 같다.

1) 배우자와의 관계

노년기의 생활만족도에 배우자와의 관계가 미치는 영향에 대한 연구는 최근에야 주목받기 시작하였다. 이는 그동안 흔히 노부부는 자녀를 양육하며 오랫동안 살아왔기 때문에 관계가 유지되고 있다면 별 문제가 없는 관계로 간주되어 연구 영역에서 제외되어 온 경향 때문일 것이다(모선희, 1997).

Carstensen, Gottman & Levenson(1995)에 의하면 노년기 배우자와의 관계에 대한 만족도는 생활만족도에 긍정적 영향을 미치는 반면(Connidis, 2001 재인용), 배우자와의 갈등은 우울을 증가시키고 생활만족도를 저하시키는 것으로 나타났다(이경미 · 김경신, 2002).

Lang & Carstensen(Lang, 2001 재인용)의 연구에서는 배우자와 정서적으로 친밀할수록 사회적 안녕감(social well-being)이 더 높게 나타났다. Bookwala & Franks(2005)는 결혼관계의 질이 우울에 영향을 미치는지를 분석한 결과, 신체적 장애가 있음에도 결혼에 대한 만족도가 높은 경우 우울이 감소하였음을 보고하였다. 이는 Tower, Kasl & Moritz(1997)의 연구에서 배우자나 본인의 부정적 건강상태와 배우자와의 관계가 노인의 생활만족도에 직접적인 영향을 미치기도 하지만 배우자와의 관계가 좋으면, 신체 및 인지장애가 정신건강에 미치는 부정적 영향을 줄여 노인을 보호한다는 연구결과와 일치하였다(Bookwala et al., 2005 재인용).

특히 Bookwala 외(2005), Tower 외(1997)의 연구에서 배우자나 본인의 부정적 건강상태와 배우자와의 관계가 노인의 생활만족도에 직접적인 영향을 미치기도 하지만, 배우자와의 관계가 좋으면 신체 및 인지장애가 정신건강에 미치는 부정적 영향력을 감소시키는 것으로 나타나, 배우자와의 관계가 노인의 건강과 생활만족도 관계를 중재하거나 매개할 가능성을 제시하고 있다.

2) 자녀와의 관계

기존의 연구에서 노인의 자녀와의 관계는 대부분 구조와 기능의 측면에 초점을 두어 노인과 자녀의 접촉빈도나 지원교환을 통해 생활만족도와의 관계를 분석하였으며(김익기·김정석, 2000 ; 고보선, 2004 ; 윤현숙, 2003 ; Treas & Lawton, 1999), 노인이 자녀에게 정서적으로 느끼는 유대감이나 관계에 대한 만족도는 거의 다루어진 바가 없다.

그러나 최근의 몇몇 연구에서 자녀와의 관계의 질이 생활만족도에 미치는 영향을 분석하기 시작하여 중국 노인을 대상으로 세대 간 사회적 지원과 노인의 심리적 안녕감의 관계를 연구한 Chen & Sliverstein(2000)은, 사회적 관계의 구조·기능, 정서적·평가적 지원 가운데 평가적 지원의 영향력이 가장 크고 자녀와의 관계만족도는 자녀로부터 받은 지원과 심리적 안녕감을 매개하는 것으로 나타났다고 한다. 김지연(2002)의 연구에서도 자녀와의 관계가 좋은 노인은 그렇지 않은 노인에 비해 생활만족도가 매우 높은 것으로 나타났다.

미국의 노인종단자료를 이용한 송지은·Marks(2006)의 연구에 의하면 성인자녀에 대한 만족도가 낮은 노부모는 우울증이 증가하고, 행복감이 감소하며, 사회적 안녕감이 낮아지는 것으로 나타났다. 특히 석말숙(2004)과 임주영·전귀연(2003)의 연구에 의하면 한국 노인의 주관적 안녕감에 배우자와의 관계보다 자녀와의 관계가 더 유의하고 강력한 영향을 미치는 것으로 나타났다.

국가별 노인의 생활만족도를 비교한 Motel-Klingebiel 외(2003)의 연구에서 노르웨이와 독일은 노인과 자녀의 관계가 생활만족도에 미치는 영향이 거의 없거나 미약한 반면, 세대 간 관계의 문화적 전통이 강한 이스라엘의 경우에는 자녀와의 관계가 노인의 생활만족도에 강력한 영향을 미치는 것으로 보고되었다. 유교 전통에 의한 효 문화가 강한 우리나라의 경우, 배우자나 친구와의 관계보다 자녀와의 관계가 노인의 생활만족도에 미치는 영향이 클 것으로 예측할 수 있을 것이다.

노인의 성별에 따른 차이를 살펴보면 Cheng & Chan(2006)의 연구에서 남녀 노인 모두에게 자녀와의 관계가 생활만족도에 유의한 영향을 미치는 것으로 나타났으며, 김은경(2002)의 연구에서는 성별에 따른 차이가 나타나, 여성노인의 경우 노인의 건강상태나 교육 정도와 같이 생활만족도에 중요한 영향을 미치는 변인들을 통제한 후에도 자녀와의 접촉과 결속이 생활만족도에 유의한 영향을 미치는 반면, 남성노인에게는 자녀의 수만이 생활만족도에 유의한 영향을 미치는 것으로 나타났다.

3) 친구와의 관계

친구는 비슷한 연령의 비슷한 환경을 경험한 또래이므로, 친구와의 상호작용 정도는 생활만족도에 주요한 영향을 미치며(이정화·한경혜·박공주·이한기, 2003), 노인에게 사회적 지원을 제공하는 중요한 사회적 관계망을 형성한다(배진희, 2004 ; 김영범·박준식, 2004). 친구와의 관계만족도가 높을수록 노인의 긍정적 정서가 높아지는 반면 친구와의 관계가 만족스럽지 못한 경우 긍정적 정서는 184%나 낮아지는 것으로 나타났다(Diwan, Jonnalagadda & Balaswamy, 2004).

몇몇 연구에서는 가족관계보다 친구와의 관계가 노인의 생활만족도에 더 중요한 영향을 미친다고 보고하고 있다(DuPertuis, Aldwin & Bosse, 2001 재인용). 가족관계가 중요하지만 의무적 관계인 반면, 친구관계는 선택적이며 자발적으로 형성된 관계이기 때문에 친구는 가족이 제공할 수 없는 정서적 친밀감, 동료애, 지역사회로의 통합, 자기가치감의 재확인 기회를 제공한다는 것이다(DuPertuis et al., 2001). 이러한 연구결과는 가족의 지지는 있으나 친구가 없는 경우가, 가족의 지지는 없으나 친구 등을 통한 지역사회의 지지가 제공되는 환경에 사는 것보다 더 위험할 수 있다는 것을 보여 주고 있다(Fiori et al., 2006).

한편 사회적 유대가 노인의 생활만족도에 미치는 영향을 검토한 이호성(2005)의 연구에서는 가족 간의 유대와 친구와의 유대 모두 생활만족도에 유의한 영향력을 나타냈으며, McMullin & Marshall(1996)은 가족과의 관계가 주관적 안녕감에 미치는 영향을 매개한 반면 친구와의 관계는 이러한 효과를 보여 주지 않았다(Zhang & Hayward, 2001 재인용). 노년기 친구관계와 심리적 안녕감의 관계를 살펴본 하근영·홍달아기(1999)의 연구에서도 건강상태 등 사회인구학적 요인이 생활만족도에 미치는 영향이 높아 이러한 변인들을 포함하여 분석한 결과 친구관계의 영향이 사라지는 것으로 나타났다.

3. 노인의 생활만족도에 대한 사회적 관계의 매개효과 및 중재효과

지금까지의 노인의 생활만족도에 대한 연구에서 사회적 관계는 대부분 '독립변인'으로서 직접적인 효과를 중심으로 검토되었다. 그러나 사회적 관계를 매개변인이나 중재변인으로 하여 건강상태와 생활만족도의 관계를 설명한 선행 연구는 드물다. 따라서 본 연구에서는 유사한 분석구조(사회적 관계 관련 변수가 매개나 중재변수로 설정되는 경우)와 변수들을 설정한 선행 연구를 포함하여 검토함으로써 사회적 관계의 효과에 대한 논의를 전개시키고자 한다.

1) 매개효과

Smith 외(2001)의 연구에서는 노인의 객관적 조건(질병의 수, 재정상태, 사회활동 참여 등)이 생활만족도에 직접적으로 영향을 줄 뿐만 아니라 노인의 주관적 영역에 대한 평가(주관적 건강상태, 재정만족도, 사회적 관계만족도 등)를 매개하여 간접적으로도 생활만족도에 영향을 미친다고 가정하였다. 연구결과 객관적 조건은 삶의 질에 직접적인 영향보다는 주관적 영역에 대한 평가를 통해 간접적으로 영향을 미치고 있었는데, 질환의 수는 사회적 관계에 크게 영향을 미치고, 사회적 관계는 주관적 안녕감에 정적인 영향을 미치는 것으로 나타났다.

Taylor & Lynch(2004)는 종단자료를 이용하여 시간의 흐름에 따라 노인의 장애 정도가 우울함에 미치는 영향에 대해 사회적 지원이 매개효과를 지니는지를 분석하였다. 검증결과, 노인이 받은 사회적 지원은 매개효과를 보이지 않았으나 노인이 지각한 사회적 지원은 장애 정도가 우울에 미치는 영향을 매개하는 효과를 지니고 있는 것으로 나타나, 노인이 주관적으로 평가한 지원이 생활만족도에 중요한 영향을 미친다는 것을 제시하였다.

사회적 관계를 통해 제공되는 사회적 지원이 생활만족도에 미치는 매개효과를 분석한 선행 연구를 살펴보면, 김기태·박미진(2005)의 연구는 구조방정식 모형을 이용하여 여성 노인의 생활 스트레스와 탄력성(resilience)의 관계에 대해 사회적 지원이 중재효과 및 매개효과를 지닌다는 가정을 검증하였다. 연구결과 스트레스에서 사회적 지원으로 가는 경로, 사회적 지원에서 탄력성으로 가는 경로 또는 스트레스에서 탄력성으로 가는 경로가 유의하여 사회적 지원이 스트레스와 탄력성 간의 관계에 부분적인 매개효과를 갖는 것으로 나타났다. 또한 사회적 지원이 '상'인 집단이 '하'인 집단에 비해 탄력성이 유의하게 높고($F=35.182**$), 스트레스와 사회적 지원의 상호작용효과가 유의하게 나타나 사회적 지원의 중재효과가 지지되었다. 즉 사회적 지원은 다른 요인이 스트레스에 미치는 직접적인 효과를 감소시키는 매개효과와 스트레스와의 상호작용을 통해 부정적인 건강상태로부터 노인을 보호하는 중재효과를 지닌 것으로 나타났다.

2) 중재효과

Bookwala 외(2005)는 배우자와의 관계의 질이 노인의 신체장애와 우울을 중재하는지를 검증하였다. 배우자와의 관계를 결혼갈등(marital disagreement)과 결혼만족(marital happiness)으로 나누어 신체장애와 상호작용을 분석한 결과, 결혼갈등만이 우울에 대하여 유의한 중재효과를 나타냈다. 공분산분석(Analysis of Covariance, ANOCOVA)을 이용하여 상호작용의 유형을 살펴본 결과, 장애의 정도가 높으면서 부부간 갈등이 높은 집단이 가장 높은 우울증세를 나타냈다.

Cheng 외(2006)는 구조방정식 모형과 위계적 회귀분석을 이용하여 성별에 따라 사회적 관계의 중재역할을 분석하였다. 연구결과 남성노인보다는 여성노인에게 사회적 관계의 영향이 컸으며, 배우자가 있는 남성의 경우만 사회적 관계가 생활만족도를 중재하는 것으로 나타났다. 이는 사회적 관계에 대한 여성노인과 남성노인의 인식과 경험이 다르며, 배우자 유무에 따라서도 사회적 관계가 다르게 작용하고 있음을 시사해 주고 있다.

III. 연구내용 및 방법

1. 조사대상

본 연구는 서울과 춘천에 거주하는 65세 이상 노인을 대상으로 구(區)별 무작위 층화표집(random stratified sampling)과 구 내의 동 및 통에 대한 집락표집(cluster sampling), 그리고 조사 구 내에서의 계통표집(systematic sampling)의 방법을 통해 선정된 1,826명 중 배우자와 자녀가 모두 있는 889명을 대상으로 하였으며, 2002년 2~3월 훈련받은 전문조사원이 직접 가정방문하여 면접조사를 실시하였다.

2. 측정방법

1) 생활만족도

노인의 생활만족도를 측정하기 위하 필라델피아의 노년학연구소 사기척도(Philadelphia

Geriatric Center Morale Scale, 이하 'PGCMS')(Lawton, 1975 ; Liang & Bollen, 1983)를 사용하였다. PGCMS는 노인의 생활만족도를 측정하기 위해 여러 연구에 사용되고 있으며, 5점 척도의 총 17문항으로 점수가 높을수록 생활만족도가 높은 것을 의미한다. 본 연구에서의 신뢰도는 Cronbach α=.85로 높은 수준을 보이고 있다.

<표 1> 연구변인의 측정값

구분	항목	측정
종속변인	노인의 생활만족도	PGCMS, α=.85
독립변인	건강상태	노인이 앓고 있는 만성질환의 수
매개변인 및 중재변인	사회적 관계	- 5점 척도(매우 불만족 1점, 매우 만족 5점) 1) 부부관계 : α=.92 - 결혼생활에 얼마나 만족하십니까? - 배우자로서 남편/아내에게 얼마나 만족하십니까? - 배우자와의 관계에 얼마나 만족하십니까? 2) 자녀와의 관계 : α=.71 - 부모로서 자신에게 얼마나 만족하십니까? - 아들/딸에게 얼마나 만족하십니까? - 자녀와의 관계에 얼마나 만족하십니까? 3) 친구와의 관계 : α=.85(Zimet가 개발한 사회적 지지척도 가운데 친구 해당 항목 합산) - 무엇인가 잘못되었을 때 내 친구들에게 의지할 수 있다 - 나는 내 기쁨과 슬픔을 함께 나눌 친구가 있다 - 나는 내 문제를 친구들과 상의할 수 있다
통제변인	노인의 사회인구학적 특성 성 연령 교육 정도 가구소득 한 달 용돈 자녀 수 자녀동거 여부	남성=0, 여성=1 만 나이 수학 연수 50만 원 단위의 등간척도 실수 실수 유=1, 무=0

2) 건강상태

노인의 건강상태는 만성질환의 수로 측정하였다. 고혈압, 관절염, 뇌졸중, 당뇨병, 심장병, 간경변, 위궤양, 천식, 골절, 백내장, 암, 우울증, 파킨슨, 요통, 골다공증, 전립선비대증의 16개 질환과 기타로 구분하여 현재 앓고 있는 질환의 수로 표시하였다.

3) 사회적 관계

사회적 관계는 배우자, 자녀, 친구로 나누어 측정하였다. 배우자·자녀와의 관계는 상대(배우자·자녀)에게 만족하는지, 상대와의 관계에 만족하는지를 5점 척도로 측정하였으며, 친구와의 관계는 Zimet의 지각된 사회적 지지의 다차원적 척도(Multidimensional Scale of Perceived Social Support, MSPSS) 6문항 가운데 친구와 관련된 3문항을 선별하여 5점 척도로 측정하였다. 점수가 높을수록 사회적 관계에 만족하는 것을 의미한다.

3. 분석방법

사회적 관계의 매개효과와 중재효과를 검증하기 위하여 Baron & Kenny(1986)가 제시한 절차에 따라 회귀분석을 실시하였다. 각 효과를 검증하기 위한 통계적 분석 모형은 〔그림 1〕, 〔그림 2〕와 같다.

매개효과가 있다고 판단하기 위해서는 분석단계마다 다음의 조건을 만족해야 한다.

① 첫 번째 단계(A)에서는 독립변인이 매개변인에 유의한 영향을 미쳐야 하며, ② 두 번째 단계(B)에서는 독립변인이 종속변인에 유의한 영향을 미쳐야 한다. 또한 ③ 세 번째 단계에서는 매개변인이 종속변인에 유의한 영향력을 미치며(C), 동시에 종속변인에 대한 독립변인의 영향력이 두 번째 단계에서보다는 세 번째 단계에서 적게 나타나거나 그 영향력이 유의하지 않아야 한다(C′). 종속변인에 직접적인 영향을 주지 않고 매개변인을 통해서만 영향을 주는 것이 완전매개효과이고, 독립변인이 종속변인에 직접적으로 영향을 주더라도 매개변인을 통제한 후에는 그 영향력(β)이 감소하는 것을 부분매개효과라 한다. 그러나

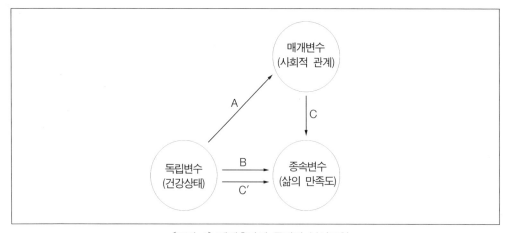

〔그림 1〕 매개효과의 통계적 분석모형

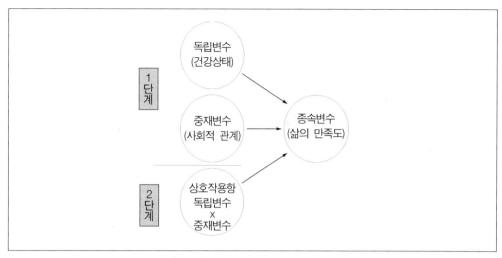

〔그림 2〕 중재효과의 통계적 분석모형

사회과학에서 완전매개효과는 드문 경우이므로, 독립변인의 종속변인에 대한 전체 효과에 직접효과로 감소한 정도에 따라 잠재적 매개효과의 지표를 삼을 수 있다(Baron et al., 1986).

중재효과 분석은 먼저 독립변인군(중재변인 포함)을 예측변인으로 회귀모델에 투입한다. 이때 독립변인은 종속변인에 대하여 유의한 예측변인일 필요는 없다. 두 번째 단계에서 중재효과를 나타내는 새로운 독립변인항으로 독립변인과 중재변인의 상호작용항이 투입된다. 이 상호작용항이 통계적으로 유의한 계수값을 갖는다면 중재효과가 있는 것으로 판단한다. 상호작용항은 두 독립변인 사이의 결합관계를 나타내며, 이러한 관계는 종속변인에 대해 추가적인 변량을 설명해 준다(Bennett, 2000).

IV. 연구결과

1. 조사대상자의 일반적 특성

총 883명 중 남성이 593명으로 67%, 여성이 290명 33%였으며, 평균연령은 71세였다. 연령대별로 65~74세가 74%, 75~84세가 19%, 85세 이상은 6%였다. 교육수준은 서당이나 무학이 22.9%, 초등학교 중퇴/졸업이 37.1%, 중학교 11.6%, 고등학교 17.6%, 대학교 이상은 11.7%였다. 평균 자녀수는 4.1명이었으며, 건강상태는 관절염·고혈압 등 16개 질환 가운데 진단받았다고 보고한 질환의 수는 '전혀 없다'가 24%, '1개'가 27%, '2개'가 23.7%, '3개'가 24.9%로 나타났다. 노인들이 쓰는 월평균 용돈은 16만 8천 원이었으며, 월 평균소득은

50만 원 미만이 31.5%, 50~99만 원이 25.5%로 57%의 노인이 월 100만 원 이하의 소득으로 생활하고 있었다. 자녀와 동거하는 노인은 34.7%로 나타났다.

2. 주요 변인의 상관관계

〈표 2〉에 연구모형에 포함된 주요 변인 간 상관관계를 분석한 결과를 제시하였으며, 상관계수 | r |이 .043과 .394 사이에 있어 다중공선성의 문제가 없는 것을 확인하였다. 건강상태를 나타내는 질환의 수는 남녀 노인 모두에게 생활만족도와 부적인 상관관계를 지니고 있으며, 사회적 관계는 남녀별로 차이를 보여 남성노인의 경우 배우자·자녀·친구와의 관계가 모두 생활만족도에 유의한 반면 여성노인의 경우 배우자·자녀와의 관계만 유의한 상관관계를 보였다. 여성이 남성보다 가족과의 관계에 더 집중하고 있음을 알 수 있다. 남녀노인 모두 자녀와의 관계는 질환의 수와 부적인 관계를 보이고 있으나, 배우자와의 관계는 여성노인에게서만 질환의 수와 유의한 영향이 나타났다. 친구와의 관계는 질환의 수에 대해 남녀 노인 모두에게 유의한 영향력을 보이지 않고 있다.

〈표 2〉 주요 변인 간 상관관계

여 / 남	생활만족도	건강상태	배우자관계	자녀관계	친구관계	M	SD
생활만족도		-.182**	.334***	.361***	.057	49.2	13.3
건강상태	-.214***		-.173**	-.186**	.086	2.22	1.69
배우자관계	.254***	.008		.287***	.048	9.94	2.44
자녀관계	.394***	-.106**	.329***		.051	10.52	2.00
친구관계	.138***	-.022	.043*	.081*		8.04	3.19
M	53.5	1.42	11.38	10.83	8.34		
SD	11.99	1.34	1.93	2.06	3.21		

* p<.05, ** p<.01, *** p<.001
* 가로 방향은 여성, 세로 방향은 남성의 상관관계와 평균, 표준편차임.

3. 사회적 관계의 매개효과

먼저 남성노인의 경우 1단계에서 건강상태가 배우자와의 관계에 유의하지 않으므로 매개효과가 없는 것으로 해석된다. 여성노인의 경우 1단계에서 건강상태가 배우자와의 관계에 유의하고, 2단계에서 건강상태가 생활만족도에 유의하며, 건강상태와 배우자와의 관계 모두를 투입한 3단계에서 건강상태의 베타값이 2단계(-1.94)보다 낮아졌고(-1.61), 배우자와의 관계가 생활만족도에 여전히 유의한 것(β=1.03, p<.001)으로 나타나, 여성노인에게 배우자와의 관계는 건강상태와 생활만족도를 부분매개해 주는 효과가 있음이 확인되었다.

〈표 3〉 배우자와의 관계의 매개효과

	남			여		
	1단계	2단계	3단계	1단계	2단계	3단계
	배우자관계	생활만족도	생활만족도	배우자관계	생활만족도	생활만족도
통제변인						
연령	0.02	−0.07	−0.09	−0.00	−0.02	−0.01
학력	0.04*	0.54***	0.48***	0.02	0.60**	0.58**
용돈	−0.01	0.06*	0.07**	0.02+	0.17*	0.14*
자녀 수	−0.03	0.08	0.12	0.03	−0.17	−0.18
자녀동거 여부	−0.39+	−1.61	−0.03	−0.90*	−4.27*	−3.28+
소득	0.15**	1.52***	1.33***	0.29***	1.58**	1.29**
독립변인						
건강상태	0.01(ns)	−2.12***	−2.16***	−0.30***	−1.94***	−1.61***
배우자관계			1.09***			1.03***
F	2.94**	27.28***	27.73***	4.9***	10.99***	11.24***
R2(adj R2)	0.04(0.02)	0.26(0.25)	0.29(0.25)	0.12(0.10)	0.23(0.21)	0.26(0.24)

+ p<0.1, * p<.05, ** p<.01, *** p<.001

〈표 4〉 자녀와의 관계의 매개효과

	남			여		
	1단계	2단계	3단계	1단계	2단계	3단계
	자녀관계	생활만족도	생활만족도	자녀관계	생활만족도	생활만족도
통제변인						
연령	0.03	−0.07	−0.12	0.06	−0.02	−0.11
학력	0.03	0.54***	0.50***	0.07+	0.60**	0.48*
용돈	0.00	0.06*	0.06*	0.01*	0.17*	0.16*
자녀 수	−0.00	0.08	0.08	−0.02	−0.17	−0.14
자녀동거 여부	−0.35+	−1.61	−1.04	−0.44	−4.27*	−3.55**
소득	0.24***	1.52***	1.13***	0.17*	1.58**	1.29***
독립변인						
건강상태	−0.17***	−2.12***	−1.84***	−0.24***	−1.94***	−1.54***
자녀관계			1.63***			1.64***
F	6.85***	27.28***	33.59	4.77***	10.99***	12.68***
R2(adj R2)	0.08(0.07)	0.26(0.25)	0.33(0.32)	0.12(0.09)	0.23(0.21)	0.28(0.26)

+ p<0.1, * p<.05, ** p<.01, *** p<.001

〈표 5〉 친구와의 관계의 매개효과

	남			여		
	1단계	2단계	3단계	1단계	2단계	3단계
	친구관계	생활만족도	생활만족도	친구관계	생활만족도	생활만족도
통제변인						
연령	−0.03	−0.07	−0.06	0.07	−0.02	−0.01
학력	0.02	0.54***	0.05***	−0.03	0.60**	0.60**
용돈	0.01+	0.06*	0.06	0.05**	0.17*	0.17*
자녀 수	0.05	0.08	0.06	−0.13	−0.17	−0.18
자녀동거 여부	−0.25	−1.61	−1.68	−0.37	−4.27*	−4.31*
소득	0.08	1.52***	1.49***	0.12	1.58**	1.59**
독립변인						
건강상태	0.04(ns)	−2.12***	−2.10***	−0.06(ns)	−1.94***	−1.93***
친구관계			0.31*			−0.12
F	2.04***	27.28***	24.68	1.95+	10.99***	9.62***
R²(adj R²)	0.03(0.01)	0.26(0.25)	0.33(0.32)	0.05(0.02)	0.21	0.23(0.21)

+ $p < 0.1$, * $p < .05$, ** $p < .01$, *** $p < .001$

자녀와의 관계는 남성노인과 여성노인 모두에게 유의한 매개효과를 보이고 있다. 건강상태는 자녀와의 관계에 대해 유의하였으며, 자녀와의 관계와 함께 생활만족도에 투입되었을 때, 남성의 경우 2단계 베타값이 −2.12에서 3단계에서는 −1.84로 감소하였고, 여성의 경우 2단계 −1.94에서 −1.54로 그 영향력이 줄어들어 부분매개효과를 나타냈다. 자녀와의 관계는 남녀 노인에게 독립적으로도 유의한 영향력을 보이지만, 건강상태가 생활만족도에 미치는 부정적인 영향력을 어느 정도 차단하면서 생활만족도에 이르는 새로운 경로를 제시해 주고 있다.

친구와의 관계는 남녀 노인 모두에게 1단계의 건강상태가 친구와의 관계에 유의한 영향을 미치지 않으므로 매개효과가 없는 것으로 해석된다. 이러한 결과는 친구와의 관계가 가족관계가 주는 부담감과 달리 자발적이고 선택적이어서 노인의 안녕감에 더 중요한 영향을 미친다고 본 DuPertuis 외(2001)의 연구나 가족 지원의 부재보다 친구 지원의 부재가 노인에게 더 강한 위험 요인으로 작용한다는 Fiori 외(2006)의 연구보다는 친밀한 가족의 유대는 다른 관계망으로 대체되기 어렵다는 Chapman(1989)의 연구결과(Zhang & Hayward, 2001 재인용)에 힘을 실어 주고 있다.

4. 매개변인의 효과성 검증

매개효과 검증결과 완전매개기준에 부합되는 변인은 확인되지 않았다. 따라서 Baron 외

<표 6> 사회적 관계의 중재효과 검증

		생활만족도					
		남	여	남	여	남	여
		β	β	β	β	β	β
1단계	**통제변인**						
	연령	−0.09	−0.01	−0.12	−0.11	−0.06	−0.01
	학력	0.48***	0.58**	0.49***	0.48*	0.53***	0.60**
	용돈	0.07**	0.14*	0.06*	0.16*	0.06*	0.17*
	자녀 수	0.12	−0.18	0.08	−0.14	0.06	−0.19
	자녀동거 여부	−1.02	−3.28	−1.04	−3.55*	−1.69	−4.31*
	소득	1.33***	1.29*	1.13***	1.29**	1.50***	1.59**
	독립변인						
	건강상태	−2.16***	−1.61***	−1.83***	−1.54***	−2.10***	−1.93***
	사회적 관계						
	− 배우자 관계	1.09***	1.03**				
	− 자녀관계			1.63***	1.64***		
	− 친구관계					0.31*	−0.12
	F	27.73***	11.24***	33.59***	12.68***	24.68***	9.62***
	R^2	0.2923	0.2622	0.3335	0.2854	0.2684	0.2326
2단계	**상호작용**						
	건강상태 x 배우자관계	−0.10(ns)	0.13(ns)				
	건강상태 x 자녀관계			−0.19(ns)	−0.03(ns)		
	건강상태 x 친구관계					−0.10(ns)	0.27(ns)
	F	24.65***	10.04***	30.17***	11.23***	22.07***	8.97***
	R^2 change	0.0005	0.0017	0.0027		0.0016	0.0095
	total R^2	0.2928	0.2639	0.3362	0.2854	0.2700	0.2418

* p<.05, ** p<.01, *** p<.001

(1986)가 제안한 대로 Sobel(1982)[2]의 공식을 적용하여 각 매개변인이 부분매개효과를 나타내는지 확인해 보았다. 그 결과 남성노인의 자녀와의 관계, 여성노인의 배우자와 자녀와의 관계에서 부분매개효과가 유의한 것으로 나타났다. 남성노인의 경우, 자녀와의 관계가 Z=−2.06, p<.05, 여성노인의 경우 배우자와의 관계가 Z=−2.39, p<.05, 자녀와의 관계가 Z=−2.68, p<.001로 나타난 반면 친구와의 관계는 남녀 노인 모두에게 유의한 매개효과를 나타내지 않았다.

---

2 Sobel(1982)의 공식은 매개효과가 있는지 검증하는 것으로 매개효과가 0보다 큰지를 Z-검증을 통해 알아보는 공식이다. 회귀분석에서 독립변인과 종속변인의 비표준화 회귀계수 b_1, b_2와 표준오차 Se_1, Se_2를 의미한다. 본 연구에서도 매개효과 검증은 비표준화 회귀계수를 사용하였다.

5. 사회적 관계의 중재효과

1단계로 독립변인과 통제변인이 투입되었고, 2단계로 중재효과를 검증하기 위해 상호작용항을 단계적으로 투입하였다. 성별에 따라 건강상태와 세 유형의 사회적 관계 간 상호작용을 분석하였다. 그 결과 유의한 상호작용효과를 나타내는 사회적 관계변인은 없었다. 즉 남녀노인에게 사회적 관계는 중재효과가 없는 것으로 나타났다. 이는 배우자가 있는 남성노인의 경우에 사회적 관계가 생활만족도에 중재효과를 보여 주었던 Cheng 외(2006)의 연구와도 다른 결과를 보여 주고 있다. 다수의 선행 연구는 기능적·구조적 측면의 사회적 지지가 심리적 안녕감과 사회적 스트레스 요인에 대해 완충효과(김기태·박미진, 2005 ; Jang, Haley, Small & Mortimer, 2002 ; Chou et al., 2004)를 보이는 것으로 보고하고 있다. 그러나 유사한 개념으로 살펴보았던 사회적 관계는 남녀노인 모두에게 유의한 중재효과를 나타내지 않아, 노인의 사회적 관계변인이 생활만족도에 대해 사회적 지지와는 다른 역할을 하는 변인임을 검증해 주고 있다. 그렇지만 아직 사회적 관계의 중재효과에 대한 연구가 많지 않으므로 추후 연구에서 더 심도 깊은 논의가 필요할 것이다.

V. 논의

1. 요약

기존의 연구를 통해 노인의 건강상태와 사회적 관계가 생활만족도에 중요한 영향을 미치는 것으로 알려져 왔다. 본 연구에서는 노인과 배우자, 자녀, 친구와의 사회적 관계가 생활만족도에 직접적인 영향을 미칠 뿐 아니라 건강상태가 생활만족도에 미치는 영향을 매개하거나 중재하여 그 과정에 영향을 미칠 수 있다는 가정의 검증에 초점을 두어 분석하였다.

연구결과, 배우자와의 관계는 남녀노인에게 다르게 나타나 여성노인의 경우에만 건강상태가 생활만족도에 미치는 영향을 매개하는 효과를 지니고 있는 것으로 나타났다. 여성노인의 경우, 건강상태가 생활만족도에 미치는 부정적인 영향이 배우자와의 관계를 통해 감소되어(−1.94 → 1.61) 배우자와의 관계가 생활만족도에 영향을 미치는 중요한 요인임을 알 수 있다.

자녀와의 관계는 남성과 여성노인 모두에게 직접적인 효과뿐 아니라 매개효과를 갖는 중요한 변인으로, 노인의 건강상태가 생활만족도에 미치는 영향력을 자녀와의 관계가 어느 정도 약화시키는 것으로 나타났다. 건강상태가 생활만족도에 직접적인 영향을 미치고는 있으나, 자녀와의 관계라는 경로를 거치면서 부정적 영향력(남 : −2.12→1.84, 여 : −1.94→1.54)이 감소되었다. 이러한 결과는 자녀와의 관계가 여전히 한국 노인들의 주관적 안녕감에 영향을 미치는 가장 중요한 요인으로 보고한 선행 연구결과를 지지하고 있다(임주영·전귀연, 2003 ; 김미혜·신경림·강미선·강인, 2004 ; 석말숙, 2004 ; 공수자·이은희·하미옥, 2005). 특히 성별에 따른 세대관계 연구에서 남녀노인 모두에게 자녀와의 관계가 유의하게 영향을 미쳤다는 Cheng 외(2006)의 연구와도 일치하는 결과를 보여 주었다.

한편 친구와의 관계는 남성과 여성노인 모두에게 유의한 매개효과를 제시하지 못하였다. 남성노인과 여성노인 모두 친구와의 관계가 매개효과를 갖지 않는 것은 Cantor(1975)의 위계적 보상모델로 어느 정도 설명이 가능하다. 사람들은 관계의 위계에 따라 지지적 유대를 선택하는데, 이 경우 비가족원을 선택하기에 앞서 가족 성원을 먼저 선택한다는 것이다. 따라서 우리나라에서는 여전히 가족 내 관계에 대한 인식이 직접적으로든 간접적으로든 생활만족도에 더 중요한 영향을 미친다고 볼 수 있다.

본 연구에서 자녀와의 관계는 남녀노인 모두에서 건강상태가 생활만족도에 미치는 영향을 매개하는 효과를 지니고 있는 것으로 나타나 전통적인 효 문화가 강한 우리나라에서는 성공적인 노후를 위해 자녀가 차지하는 비중이 매우 높음을 제시하고 있다. 성공적 노후에 대한 대부분의 연구에서 가족관계가 중요한 영향변인으로 보고되었으며, 특히 아시아 국가의 경우 전통적 부양의식과 결합하여 자녀와의 관계와 자녀에 대한 기대감이 성공적 노후에 강력한 영향을 미치는 것으로 나타났다(김미혜·임연옥·권금주·김혜선, 2004 재인용).

배우자와의 관계는 여성노인의 경우에만 매개효과를 지니고 있는 것으로 나타났다. 이러한 결과는 189명의 환자를 대상으로 한 Coyne 외(2001)의 연구에서 긍정적인 부부관계는 남성보다 여성의 생존율을 높인 반면, 부정적 부부관계는 여성의 사망률을 높였다는 결과(Umberson & Williams, 2005 재인용)에서 함의를 찾을 수 있다. 즉 여성에게 배우자와의 관계의 질은 생존율을 높일 만큼 중요한 의미를 가지며, 관계자원에 대한 연대가 강할수록 관계의 질은 여성의 생활만족도에 더 강력한 영향을 미치는 것이다(Cheng et al., 2006).

사회적 관계의 매개효과가 관계의 유형과 성별에 따라 부분적으로 제시되었던 반면 중재효과는 모든 유형에서 유의하게 나타나지 않았다. 사회적 관계를 통해 제공되는 사회적 지지가 스트레스 요인을 중재하거나 완충하는 역할을 수행하는 기존의 연구결과(김기태·박미진, 2005 ; Jang et al., 2002 ; Fukukawa, Nakashima, Tsuboi, Niino, Ando, Kosugi & Shimokata, 2004)와 달리 사회적 관계의 질은 중재효과를 지니지 않아 노년기 질환이라는 스트레스 사건이 주는 문제를 사회적 관계가 매개하기는 하나, 완충해 주는 조절변인으로서의 역할을 수행하지는 않는 것으로 나타났다.

2. 연구의의 및 제언

첫째, 본 연구는 사회적 관계가 생활만족도에 직접적으로 영향을 미치는 동시에 건강상태가 생활만족도에 미치는 영향을 매개하거나 중재하는 효과를 분석하였다. 기존의 연구는 대부분 건강상태와 사회적 관계를 각각 독립변수로 설정하여 생활만족도에 미치는 영향을 분석한 수준에 그치고 있어 기존 연구의 한계를 넘어 사회적 관계의 간접적 역할을 분석하고자 하였다.

둘째, 사회적 관계가, 건강상태가 생활만족도에 미치는 영향의 경로에 작용하는 과정변인으로서의 역할을 수행하고 있음을 검증했다는 점에서 노인복지현장에서의 실천개입에 의미 있는 발견을 하였다. Baron 외(1986)는 매개변인이 환경적 개입을 제시할 수 있다고 주장하였다. 즉 노인의 건강상태가 직접적으로 생활만족도에 영향을 미치기도 하지만 또 다른 경로로, 부정적인 건강상태(-)가 긍정적인 사회적 관계(+)를 거치면서 생활만족도에 미치는 부정적 영향력이 약화된다는 과정적 접근은 노인의 생활만족도를 증진시키기 위한 실천 개입의 가능성을 제시해 주고 있다. 이번 결과는 단순히 노인이 인식하는 수준의 건강상태가 아니라 진단받은 신체적 질환의 수가 생활만족도에 미치는 영향을 사회적 관계가 매개해 주고 있으므로, 질환에 대한 의료적 치료와 개입 방안으로서 사회적 관계의 적극적 활용을 고려할 수 있다는 점에서 더욱 의미가 있다.

셋째, 사회적 관계의 중재효과 검증에서 성별과 유형에 따라 유의한 결과를 보이지 않았다는 점은 사회적 관계의 질이 구조나 기능의 차원과는 다른 역할을 한다는 점을 보여 주고 있다. Baron 외(1986)는 중재변인이 독립변인과 종속변인 사이의 관계가 약하거나 일관되지 않은 관계일 때 투입되고, 두 변인 사이에 강력한 관계가 있을 때 매개변인을 투입한다고 하였다. 이 연구에서 사용된 독립변인인 건강상태는 종속변인에 대하여 강력한 영향을 미치는 변인으로 사회적 관계가 중재변인보다는 매개변인으로서 역할을 할 가능성을 보여 준다.

넷째, 사회적 관계를 성별·유형별로 검토하여 각 상호작용의 크기가 다르다는 점을 확인하였다. 이를 통해 노인의 삶의 질을 높이기 위해서는 남녀별로, 관계의 대상별로 차별화된 좀 더 정교한 개입 방안이 개발될 필요성을 제시하였다.

이러한 연구결과를 토대로 노인의 삶의 질을 높이기 위해서는 건강수준 자체의 개선 노력도 중요하지만, 사회적 관계 특히 자녀와의 관계유지와 증진이 필요하며 노인복지 실천현장에서 가족관계 향상을 위한 다양한 개입 프로그램이 개발되어 적용될 필요가 있음을 제안한다. 또한 이번 연구에서 여성노인의 삶의 질을 높이기 위해서는 배우자와의 관계도 중요한 것으로 나타나 노인부부간의 관계를 증진시킬 수 있는 개입의 필요성을 강조한다.

매개효과를 보이지는 않았으나 친구관계 역시 노인의 삶의 질에 유의한 변인이었다. 따라서 노인의 가용 관계망을 확대시켜 주고, 관계의 질을 강화시킬 수 있는 종합적인 개입 방안을 모색해야 한다.

본 연구는 건강상태가 생활만족도에 미치는 영향에 대한 사회적 관계의 매개효과 및 중재효과를 분석하는 과정 연구이지만, 횡단자료를 사용하는 데에서 오는 한계를 지니고 있다. 특히 노인성 질환이 만성적인 성격을 지니며, 사회적 관계 역시 어느 한 시점에 우연적으로 발생하는 관계라기보다 과정적이며 시간의 경과를 필요로 한다는 점에서 횡단자료로 볼 수 있는 인과성에는 한계가 있다. 또한 역인과성의 가능성도 배제할 수 없다. 예를 들면 사회적 관계를 좋게 유지해 온 사람이 건강상태가 좋을 가능성이 있다. 좀 더 엄격한 과정 분석을 위해서는 종단적 자료를 통한 연구가 요구된다. 끝으로 본 연구는 기존에 구축해 놓은 데이터를 사용하여 사회적 관계의 효과를 살펴본 것으로, 배우자나 자녀와의 관계변수와 달리 친구와의 관계변수가 문항에 포함되지 않아 '사회적 지지' 척도 가운데 친구에 관련된 항목을 선별하여 친구와의 관계변수를 대신하였다. 그러나 '친구로부터의 지지' 변수가 친구와의 관계라는 현상을 설명하는 데에는 한계가 있을 수 있다. 따라서 추후 연구에서는 사회적 관계를 좀 더 정밀하게 구성한 문항을 포함하여 분석할 필요가 있다.

참고문헌

고보선(2004). 제주노인의 사회적 지지 유형 특성과 주관적 삶의 질 결정요인에 관한 연구. 한국노년학 24(2), 145-162.

공수자·이은희·하미옥(2005). 한국 노인의 주관적 안녕감 구성에 영향을 미치는 요인들. 노인복지연구 30(겨울), 141-169.

김기태·박미진(2005). 여성노인의 부정적인 생활스트레스와 탄력성과의 관계 — 사회적 지지의 중재효과와 매개효과. 노인복지연구 29(가을), 71-90.

김미혜·신경림·강미선·강인(2004). 한국 노인의 성공적 노후에 대한 경험. 한국노년학 24(2), 79-95.

김미혜·임연옥·권금주·김혜선(2004). 성공적 노후를 위한 한국 노부모의 성인자녀에 대한 기대. 한국가족복지학 13, 43-75.

김숙경(2004). 농촌노인의 삶의 질 향상에 영향을 미치는 요인. 노인복지연구 23, 179-202.

김영범·박준식(2004). 한국노인의 가족관계망과 생활만족도 — 서울지역 노인을 중심으로. 한국노년학 24(1), 169-185.

김원경(2001). 노년기의 신체적 건강과 우울증 간의 관계 : 구조적 및 기능적 측면의 사회적 지지 효과를 중심으로. 한국심리학회지 : 임상 20(1), 49-66.

김은경(2002). 농촌 여성노인과 남성노인의 생활만족도에 영향을 미치는 성인자녀 관련변인에 관한 연구. 한국가정관리학회지 20(4), 27-36.

김익기·김정석(2000). 세대 간 지원교환의 형태와 노인들의 생활만족도. 한국사회학 전기 사회학대회, 120-124.

김지연(2002). 자녀와의 관계와 성격이 노인의 생활만족도에 미치는 영향. 이화여자대학교 교육대학원 석사학위논문.

김혜경·Erika Kobayashi·Jersey Liang(2003). 일본 후기고령자의 자녀와의 사회적 지원과 심리적 복지감. 한국노년학 23(4), 195-208.

모선희(1997). 노년기 부부관계와 결혼만족도에 대한 탐색적 연구. 한국가족복지학 2(2), 1-15.

박경규·구향숙·박선희·강수균(2003). 노인의 주관적 건강상태, 건강관심도, 건강실천행위와 생활만족도와의 관계 분석. 난청과 언어장애연구 26(1), 141-162.

박경숙(2000). 한국노인의 사회적 관계 : 가족과 지역사회와의 연계정도. 한국사회학 34(3).

배진희(2004). 농촌지역 노인의 사회적 지지와 생활만족. 사회복지정책 20, 197-216.

석말숙(2004). 노인의 주관적 안녕감에 대한 생태 체계적 접근 — 지역사회거주 재가 노인을 중심으로. 노인복지연구 26(겨울), 237-261.

송지은·N. F. Marks(2006). 성인자녀와의 관계가 부모의 정신건강에 미치는 영향 : 미국 종단 자료의 분석.

한국노년학 26(3), 581-599.

오승환·윤동성(2006). 노인의 삶의 질 특성에 관한 연구 — 도시, 농촌, 어촌지역을 비교를 중심으로. 노인복지연구 32(여름), 119-147.

윤현숙(2003). 노부모와 자녀 간의 지원교환이 노인의 심리적 안녕에 미치는 영향. 한국노년학 23(3), 15-28.

이선미·김경신(2002). 노년기 부부의 생활만족도와 우울 및 관련변인 연구. 한국노년학 22(1), 139-157.

이은희·김금운·한규석·주리애(2004). 노인의 안녕감에 미치는 생성감의 역할. 한국노년학 24(3), 131-152.

이정화·한경혜·박공주·이한기(2003). 사회적 환경으로서의 지원망 특성이 농촌노인의 심리적 복지에 미치는 영향. 농촌계획 9(3), 1-7.

이형실(2003). 농촌 노인의 세대 간 사회적 지원 교환과 생활만족 : 성별 및 연령집단별 비교. 대한가정학회지 41(4).

이호성(2005). 도시노인의 사회적 유대와 생활만족도 연구. 한국노년학 25(3), 123-138.

전혜정·장덕민(2004). 여성노인의 비공식적 지원제공과 정신 및 신체건강 : 심리적 매개과정을 중심으로. 노인복지연구 22(겨울).

통계청(2006). 장래인구추계결과. 대전 : 통계청.

하근영·홍달아기(1999). 노인의 교우관계와 심리적 안녕감과의 관계. 한국노년학연구 8, 75-90.

한경혜·홍진국(2000). 세대 간 사회적 지원의 교환과 노인의 심리적 복지. 가족과 문화 12(2), 55-80.

한형수(2004). 한국사회 도시노인의 삶의 질에 관한 연구. 사회복지정책 19, 113-142.

허준수(2004). 지역사회거주 노인들의 생활만족도에 관한 연구. 노인복지연구 24, 127-151.

Antonucci, T. C.(2001). Social Relations : An Examination of Social Networks, Social Support, and Sense of Control. in Birren, J. E. & Schaie, K. W.(eds.). *Handbook of Psychology of Aging*(5th). CA : Academic Press.

Baron, R. M. & Kenny, D. A.(1986). The Moderator-Mediator Variable Distinction in Social Psychological Research : Conceptual, Strategic, and Statistical Considerations. *Journal of Personality and Social Psychology* 51(6), 1173-1182.

Bennett, J. A.(2000). Focus on Research Methods Mediator and Moderator Variables in Nursing Research : Conceptual and Statistical Differences. *Research in Nursing & Health* 23(5), 415-420.

Bookwala, J. & Franks, M.(2005). Moderating Role of Marital Quality in Older Adult's Depressed Affect : Beyond the Main-Effects Model. *The Journals of Gerontology Series B : Psychological Sciences and Social Sciences* 60(6), 338-341.

Bukov, A., Maas, I. & Lampert, T.(2002). Social Participation in Very Old Age : Cross-Sectional and Longitudinal Findings from BASE. *The Journals of Gerontology Series B : Psychological Sciences and Social Sciences* 57(6), 510-517.

Campbell, A., Converse, P. E. & Rodgers, W. L.(1976). *The Quality of American Life*. New York : Russell Sage Foundation.

Cantor, M. H.(1975). Life Space and the Social Support System of the Inner City Elderly of New York. *Gerontologist* 15(Feb), 23-7.

Carstensen, L. L., Gottman, J. M., & Levenson, R. W.(1995). Emotional Behavior in Long-Term Marriage. *Psychology and Aging* 10, 140-149.

Chapman, N. J. (1989). Gender, Marital Status, and Childlessness of Older Persons and the Availability of Informal Assistance. in Peterson, M. D. & White, D. L.(eds.). *Health Care of the Elderly : An Information Source Book*. London : Sage

Chen, X. & Silverstein, M.(2000). Intergenerational Social Support and the Psychological Well-Being of Older Parents in China. *Research on Aging* 22(1), 43-65.

Cheng, S. T. & Chan, A. C.(2006). Relationship with Others and Life Satisfaction in Later Life : Do Gender and Widowhood Make a Difference?. *The Journals of Gerontology Series B : Psychological Sciences and Social Sciences* 61(1), 46-53.

Chou, K-L., Chi, I. & Chow, N. W. S.(2004). Sources of Income and Depression in Elderly Hong Kong Chinese : Mediating and Moderating Effects of Social Support and Financial Strain. *Aging and Mental Health* 8(3), 212-221.

Connidis, A. I.(2001). Support Exchanges between Older Parents and Their Children. *Family Ties & Aging*. California : Sage publications.

Coyne, J. C., Rohrbaugh, M. J., Shoham, V., Sonnega, J. S., Nicklas, J. M. & Cranford, J. A.(2001). Prognostic Importance of Marital Quality for Survival of Congestive Heart Failure. *American Journal of Cardiology* 88(5), 526-529.

Diwan, S., Jonnalagadda, S. & Balaswamy, S.(2004). Resources Predicting Positive and Negative Affect during the Experience of Stress : A Study of Older Asian Indian Immigrants in the United States. *The Gerontologist* 44(5), 605-614.

DuPertuis, L. L., Aldwin, C. M. & Bosse, R.(2001). Does the Source of Support Matter for Different Health Outcomes? Findings from the Normative Aging Study. *Journal of Aging and Health* 13(4), 494-510.

Fiori, K. L., Antonucci, T. C. & Cortina, K. S.(2006). Social Network Typologies and Mental Health among Older Adults. *The Journals of Gerontology Series B : Psychological Sciences and Social Sciences* 61(1), 25-32.

Fukukawa, Y., Nakashima, C., Tsuboi, S., Niino, N., Ando, F., Kosugi, S. & Shimokata, H.(2004).

The Impact of Health Problems on Depression and Activities in Middle-Aged and Older Adults : Age and Social Interactions as Moderators. *The Journals of Gerontology Series B : Psychological Sciences and Social Sciences* 59(1), 19-26.

Jang, Y., Haley, W. E., Small, B. J. & Mortimer, J. A.(2002). The Role of Mastery and Social Resources in the Associations between Disability and Depression in Later Life. *The Gerontologist* 42(6), 807-813.

Krause, N.(2001). Social Support. in Binstok, R. H. & George, L. K.(eds.). *Handbook of Aging and the Social Sciences*, 272-294. CA : Academic Press.

_____(2005). Social Relationships in Late Life. in Binstock, R. H. & George, L. K.(eds.). *Handbook of Aging and the Social Sciences* 6th edition. Elsevier Inc..

Lang, F. R.(2001). Regulation of Social Relationships in Later Adulthood. *The Journals of Gerontology Series B : Psychological Sciences and Social Sciences* 56(6), 321-326.

Lang, F. R. & Carstensen, L. L.(1994). Close Emotional Relationships in Late Life : Further Support for Proactive Aging in the Social Domain. *Psychology and Aging* 9(2), 315-324.

Lawton, M. P.(1975). The Philadelphia Geriatric Center Morale Scale : A Revision. *Journal of Gerontology* 30(1).

Liang, J. & Bollen, K. A.(1983). The Structure of the Philadelphia Geriatric Center Morale Scale : A Reinterpretation. *Journal of Gerontology* 38(2), 181-189.

Lyyra, T-M. & Heikkinen, R-L.(2006). Perceived Social Support and Mortality in Older People. *The Journals of Gerontology Series B : Psychological Sciences and Social Sciences* 61(3), 147-152.

McMullin, J. & Marshall, V. W.(1996). Family, Friends, Stress, and Well-Being : Does Childlessness Make a Difference?. *Canadian Journal on Aging* 15, 355-373.

Motel-Klingebiel, A.. Tesch-Romer, C. & von Kondratowitz, H-J.(2003). The Role of Family for Quality of Life in Old Age. in Bengtson, V. L. & Lowenstein, A.(eds.). *Global Aging and Challenges to Families*. New York : Aldine de Gruyter.

Ramos, M. & Wilmoth, J.(2003). Social Relationships and Depressive Symptoms among Older Adults in Southern Brazil. *The Journals of Gerontology Series B : Psychological Sciences and Social Sciences* 58(4), 253-261.

Russell, D. W. & Cutrona, C. E.(1991). Social Support, Stress, and Depressive Symptom among the Elderly : Test of a Process Model. *Psychology and Aging* 6, 190-201.

Smith, J., Fleeson, W., Geiselmann, B., Setterstern Jr., R. A. & Kunzmann, U.(2001). Sources of Well-Being in Very Old Age. in Baltes, P. B. & Mayer, K. U.(eds.). *The Berlin Aging Study*

Aging from 70 to 100. New York : Cambridge University Press.

Sobel, Michael E.(1982). Asymptotic Confidence Intervals for Indirect Effects in Structural Equation Models. *Sociological Methodology* 13, 290-312.

Sugisawa, H., Shibata, H., Houhham, G. W., Sugihara, Y. & Liang, J.(2002). The Impacts of Social Ties on Depressive Symptoms in U.S. and Japanese Elderly. *Journal of Social Issues* 58(4), 785-804.

Taylor, M. G. & Lynch, S. M.(2004). Trajectories of Impairment, Social Support, and Depressive Symptoms in Later Life. *The Journals of Gerontology Series B : Psychological Sciences and Social Sciences* 59(4), 238-246.

Tower, R. B., Kasl, S. V, & Moritz, D. J.(1997). The Influence of Spouse Cognitive Impairment on Respondents' Depressive Symptoms : The Moderating Role of Marital Closeness. *The Journals of Gerontology Series B : Psychological Sciences and Social Sciences* 52(5), 270-278.

Treas, J. & Lawton, L.(1999). Family Relations in Adulthood. in Sussman, Marvin B., Steinmetz, Suzanne K. & Gary, W. P.(eds.). *Handbook of Marriage and the Family.* New York : Plenum Press.

Umberson, D. & Williams, K.(2005). Marital Quality, Health, and Aging : Gender Equity?. *The Journals of Gerontology Series B : Psychological Sciences and Social Sciences* 60(2), 109-113.

Wagner, M., Schütze, Y. & Lang, F. R.(2001). Social Relationships in Old Age. in Baltes, P. B. & Mayer, K. U.(eds.). *The Berlin Aging Study : Aging from 70 to 100.* New York : Cambridge University Press.

Zhang, Z. & Hayward, M. D.(2001). Childlessness and the Psychological Well-Being of Older Persons. *The Journals of Gerontology Series B : Psychological Sciences and Social Sciences* 56(5), 311-320.

* 본 논문은 한국노년학 제27권 제3호(2007)에 게재되었음을 밝혀 둔다.

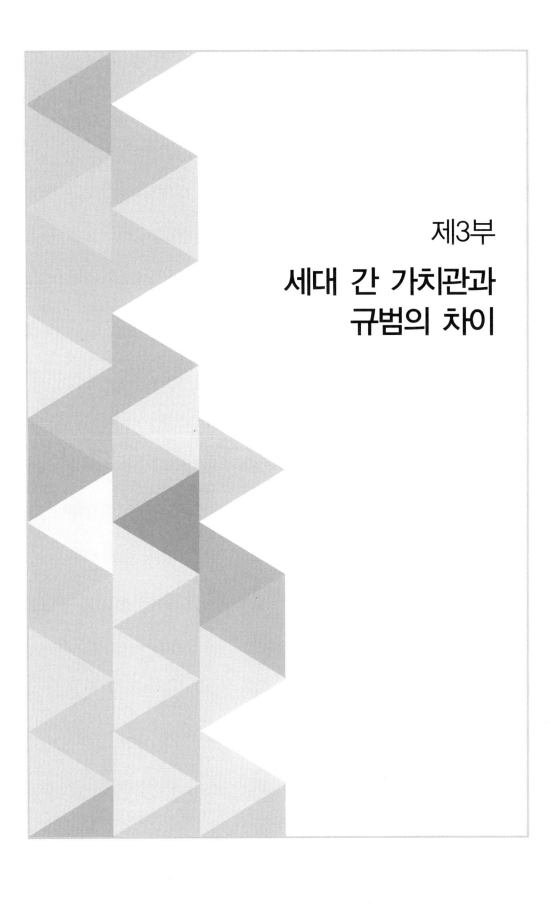

제3부

세대 간 가치관과
규범의 차이

서울·춘천 지역 중·고령자의 부양책임감 변화[1] : 세대효과와 연령효과를 중심으로

김영범

I. 들어가며

사람들은 대부분 사회에서 인정된 규범에 따라 행동한다. 예들 들어 특정 연령에 학교에 가거나 결혼하는 것, 또는 은퇴하는 것과 같은 행동은 다양한 요인으로부터 영향을 받기는 하지만 연령과 행동을 연결해 주는 나이에 따른 규범(aging norm)의 영향에 따른 것으로 이해할 수 있다. 이처럼 사회적으로 규정된 규범이나 가치는 개인을 넘어 존재함에도 불구하고 개인의 사고와 행동을 규정한다(Durkheim, 2002).

사회적으로 형성된 가치와 규범이 어떻게 변화하는지에 대해서는 크게 두 가지 입장이 대비되어 왔다(Roberts & Bengtson, 1999). 즉 특정 세대(cohort)[2]가 성장하면서 경험하는 사회환경의 차이로 인해 세대 간 가치나 규범이 차이를 보인다는 주장과 함께, 개인이 나이가 들어 감에 따라 경험하는 사건이나 환경에 의해 가치나 규범이 변화한다는 주장도 제기되고 있다. 전자의 경우 특히 성장기의 사회환경을 강조하는바 성장기에 형성된 가치와 규범은 장년층이 되어서도 크게 변화하지 않는다고 주장하는 반면, 후자의 경우 중장년층이 되어 직면하는 현실이 성장기에 형성된 가치나 규범을 충족시키지 못하면 현실을 합리화하

---

[1] 이 논문은 2007년 정부(한국학술진흥재단)의 재원으로 한국학술진흥재단의 지원을 받아 수행된 연구임(KRF-2007-411-J01903).

[2] 세대는 친족계보상 동일한 항렬에 있는 사람, 비슷한 시기에 태어나 가치나 규범을 공유하고 있는 집단, 사회운동의 단위 등 다양한 용법으로 사용되고 있다. 본 연구에서는 두 번째 의미로 한정하여 사용한다. 이 용법에 대한 비판적 논의로는 박재흥, 2003a ; Roberts & Bengtson, 1999 참조.

기 위해 가치와 규범은 변화된다고 주장한다.

가치나 규범의 변화문제와 관련하여 노년학에서는 노부모를 부양해야 한다는 가치나 규범을 의미하는 부양책임감(filial responsibility expectation)의 변화를 중심으로 연구되어 왔는데, 구체적으로 학력이나 성·인종 등에 따른 차이와 더불어 세대 간 차이를 보이는지 아니면 생애주기에 따른 차이를 보이는지에 대한 연구(Rossi & Rossi, 1990 ; Lee, Peek & Coward, 1998 ; Burr & Mutchler, 1999 ; Gans & Silverstein, 2006)가 진행되어 왔다. 그러나 노인의 부양책임감 변화에 대한 연구는 일치된 결론에 도달하지 못하고 있는 것으로 보인다. 서구의 경우, 성·소득·인종 등과 더불어 세대와 연령에 따라 차이를 보이고 있다는 연구들이 제시되고 있는 반면 그에 따른 차이가 크지 않다는 연구 역시 다수 발견되고 있다.

우리나라의 경우는 부양책임감이 인구사회적 특성에 따라 차이를 보이는지에 대해서는 몇몇 연구가 진행된 바 있는데, 이 연구들에 의하면 남성이 여성에 비해, 고등학생이 대학생에 비해 부양책임감이 높다는 정도의 결론에만 도달하고 있을 뿐 세대와 생애주기를 통합하여 분석한 연구는 드문 실정이다. 본 연구는 이러한 선행 연구들의 한계에 주목하여 부양책임감이 생애주기에 따라 변화하는 것인지, 아니면 특정 세대에 따라 차이를 보이는지 분석하고자 한다.

본 연구는 고령자를 대상으로 한 패널자료를 활용하여 세대와 연령에 따라 부양책임감이 변화하는지 분석하는 것이 목적이다. 본 연구에서 사용한 고령자 패널은 2003년 1차를 시작으로 2009년 4차까지 동일한 대상을 반복적으로 조사한 자료로 구축되어 있다. 이 자료들을 활용하는 경우, 세대와 연령을 동시에 통제하는 것이 가능하다. 부양책임감에 대한 연구는 정책적으로 매우 중요한 함의를 가지는바, 부양책임감은 자녀와 부모의 지원교환에 영향을 줄 뿐만 아니라 노인의 삶에 대한 만족도에도 영향을 주는 것으로 나타나고 있기 때문이다.

본 연구의 구성은 다음과 같다. 우선 II장에서는 선행 연구 및 연구자료, 방법을 기술한다. 이어 III장에서는 기술적 분석과 더불어 다변수분석을 통해 부양책임감이 세대에 따라 차이를 보이는지, 혹은 연령의 변화에 따라 차이를 보이는지 분석한다. 마지막 IV장에서는 연구결과를 요약하고 그 함의 및 한계를 지적한다.

II. 선행 연구 및 연구방법

1. 부양책임감 변화에 대한 선행 연구

부양책임감은 부모에게 경제적 지원, 돌봄, 보호 등을 제공해야 한다는 책임감에 대한 태도(Seelbach, 1978)를 의미한다. 부양책임감은 사회적 규범으로서 개인이 자신의 부모에게 실제로 얼마만큼 지원을 제공하는가는 구분된다(Lee et al., 1994).[3]

부양책임감에 대한 선행 연구들은 우선 그것이 실제 부양 정도나 삶의 만족 등에 어떠한 영향을 주는지 분석하는 것과 더불어 부양책임감에 영향을 주는 요인은 무엇인지 밝혀내는 데 집중하고 있다.

전자와 관련한 선행 연구를 간단하게 살펴보면 부모의 부양책임감이 높을수록 부모의 자녀에 대한 지원이 많아진다는 연구결과(Lee, et al., 1994)가 제시되고 있으며, 부양책임감이 높을수록 삶의 만족도는 낮아진다는 연구(김영범·박준식·이기원, 2008 ; Seelbach & Sauer, 1977)도 제시되고 있다.

부양책임감의 변화에 영향을 주는 요인 중 연령과 세대의 효과에 대해서는 다양한 이론을 통한 설명이 제시되어 왔다(Rossi et al., 1990 ; Gans et al., 2006). 먼저 연령에 따른 변화 가능성에 대한 논의를 살펴보면 분리이론(disengagement theory), 생애주기적 접근(life course perspectives), 그리고 인지부조화이론(cognitive dissonance) 등을 통한 설명을 제시할 수 있다. 분리이론의 경우 노년기가 되어 갈수록 기존의 사회관계나 규범으로부터 벗어나는 것이 바람직하며, 사회는 이를 위한 제도적 장치를 구비하고 있다고 주장한다. 이러한 분리이론의 주장에 기반하면 두 측면에서 노년기의 부양책임감이 장년기에 비해 낮을 것을 예상할 수 있는데, 첫째, 노년기에 들어서면서 부양책임감이라는 사회적 규범으로부터 벗어나는 것이 바람직하기 때문이며, 둘째 나이가 들수록 부모나 친구 등 자신의 사회관계를 유지하는 사람들이 점차 사망하게 되는데, 이처럼 관계가 소멸하는 경우 그 책임감 역시 감소하기 때문이다.

생애주기적 접근에 기반할 경우 청년기나 장년기에 비해 노년기에 부양책임감이 감소한다는 주장이 가능한데, 왜냐하면 노년기에 들어서면 자신이 성장하면서 의지했던 부모에 대한 부채의식이 자녀에 대한 양육을 통해 상쇄될 수 있기 때문이다. 즉 부양에 대한 채무

---

3 행동적 측면만을 포함한다는 점에서 부양책임감은 우리나라의 전통적인 효도(filial piety)와 차이를 보이는데, 효도란 행동적 측면뿐만 아니라 감정적 측면을 포함하기 때문이다. 구체적으로 효는 부모에 대한 적절한 보살핌을 제공하는 것과 더불어 부모에 대한 존경, 사랑, 가족 간의 조화 등과 같은 감정적 측면을 포함한다. 효도의 차원에 대해서는 Sung, 1995 참조.

관계가 자녀의 양육을 통해 변제되기 때문에 노부모에 대한 부양책임감은 노년기에 감소한다는 것이다.

인지부조화이론 역시 부양책임감의 변화를 설명하는 이론으로 활용되기도 한다. 이 이론에 의하면 사람들은 자신이 갖고 있는 가치나 규범과 현실이 어긋나는 경우 현실을 변화시키기는 어렵기 때문에 가치나 규범을 변화시킴으로써 현실에 적응한다고 주장한다. 이 이론을 부양책임감 변화를 설명하는 데 적용하면 부모 부양의 규범과 실제 부양 사이의 괴리가 나타나는가에 따라 부양책임감은 변화하는 것으로 이해할 수 있다. 이에 대한 한 연구 (Gans et al., 2006)에 의하면 부양책임감은 청년기나 노년기보다는 장년기에 높아지는 것으로 나타나고 있다. 이러한 현상에 대해 서구의 경우 청년기 동안 노부모에 대한 지원 없이 지내다가 실제 노부모에 대한 지원을 담당하게 되는 장년층이 되면 부모에 대한 지원을 합리화하는 규범의 필요성으로 인해 부양책임감이 증가하는 것으로 해석한다.

다른 한편으로 세대 간 차이를 강조하는 연구 역시 제시되고 있는데, 이 연구들은 연령집단별 사회화(cohort socialization)로 인해 세대에 따라 부양책임감에 차이를 보인다고 주장한다. 여기에서 세대란 출생연도가 유사한 개인의 집합(Bentson, Cutler, Mangen & Marshall, 1985)을 의미한다. 세대는 출생연도뿐만 아니라 유사한 가치관과 규범을 공유하는 집단으로 구성된다. 세대 간 규범이나 가치가 차이를 보이는 것은 크게 두 가지 이유 때문이다. 첫째, 시대에 따라 고유한 문화적 특징을 보이기 때문이다. 한 예로 서구 사회의 경우 1960년대는 이전 시기에 비해 개인주의적 및 물질주의적 가치가 크게 확대되었는데, 이 시기에 청소년기를 보낸 세대의 경우 이전 세대에 비해 당연히 개인주의·물질주의적 가치관이 높게 나타난다.

둘째, 유년기를 보내는 과정에서 형성된 가치와 규범은 나이가 들어서도 쉽게 변화하지 않는다는 점 때문이다. 이와 관련해 물질주의와 탈물질주의로 가치관을 구분한 바 있는 Inglehart(1977)는 청소년기에 기본적인 욕구를 충족시킨 세대의 경우 성인이 되면 기본적 욕구를 넘어서서 탈물질적 가치를 지향하는 반면, 청소년기에 기본적 욕구를 충족시키지 못한 세대의 경우는 물질적으로 풍요로운 시기에도 여전히 기본적 욕구를 지향한다고 주장한 바 있다. 이처럼 청소년기에 사회화된 가치와 규범은 나이가 들어서도 큰 변화를 보이지 않는다. 따라서 세대에 따른 차이를 강조하는 입장은, 가치나 규범이 청년층과 노년층 등 생애주기 속 특정 단계에 따라 변화한다기보다는 특정 세대가 청소년기를 보냈던 문화가 어떠한 특징을 보이는가에 따라 변화한다고 주장한다. 이를 부양책임감에 대입해 보면 개인주의와 물질주의가 강화된 환경에서 자라난 신세대일수록 구세대에 비해 부양책임감이 낮아질 것임을 예측할 수 있다.

세대와 연령 외에도 인구학적·사회경제적 특징에 따라 부양책임감이 차이를 보이는지에 대한 다양한 연구가 진행되어 왔다. 그러나 이 연구들은 일관된 결론에 도달하지 못하고 있다. 몇 가지 사회경제적 특징에 따른 차이를 살펴보면, 미국의 경우 인종에 따라 부양책임감에 차이가 있는지에 대한 연구가 다수 진행되어 왔다. 이 연구들 중 일부에 의하면 (Lee et al., 1998 ; Burr et al., 1999) 흑인의 경우 미국 사회에 존재하는 다양한 차별로 인해 공식적 제도를 신뢰하지 않기 때문에 문제가 생길 때 이를 가족 안에서 해결하고자 한다. 따라서 백인에 비해 노인 부양의 경우도 가족의 책임을 강조하는 의식이 높게 나타난다고 주장한다. 그러나 역으로 백인이 흑인에 비해 부양책임감이 높다는 연구 역시 제시되고 있다(Hanson, Sauer & Seelbach, 1983).

교육수준에 따른 차이 역시 일관된 결과를 제시하지 못하고 있다. 부양책임감이 교육수준에 따라 차이를 보인다는 연구(Rossi et al., 1990)는 교육기간에 따른 차이를 두 가지로 설명하고 있는데, 첫째, 긴 교육기간이 기존의 가치체계를 더 많이 흡수할 수 있는 기회를 제공한다는 점, 둘째, 긴 교육기간은 부모의 지원으로 가능했다는 점에서 자녀가 더 많은 부채의식을 느끼게 된다는 점에서 교육수준이 높으면 부양책임감도 높아진다고 주장한다. 이와는 달리 교육수준이 높은 경우 오히려 부양책임감이 낮아진다는 주장 또한 제시되고 있다(Finley, Roberts & Banahan, 1988). 이 주장에 의하면 교육수준이나 소득이 높으면 부모 부양을 위한 대안적인 자원을 쉽게 얻을 수 있기 때문에 부양서비스를 직접 제공하고자 하는 의식은 낮아진다는 것이다. 결과적으로 이 입장들은 교육수준이나 소득은 부양책임감과 부적 관계를 보인다고 설명한다.

부양책임감에 영향을 주는 요인이 무엇인지에 대해서는 우리나라에서도 연구가 진행된 바 있다. 이 연구들은 그러나 일관된 결과를 보이지는 않는데, 우선 세대별로 분석한 연구들에 의하면 청소년 세대가 부모 세대에 비해 부양의식이 높다는 연구결과(김윤정·함정현·이창식, 2005)와 더불어 부모 세대가 청소년 세대에 비해 부양의식이 높다는 연구결과(성규탁, 1995)도 제시되고 있다. 연령과 관련하여는 연령이 낮을수록 부양의식이 낮다는 연구결과가 제시되고 있다(송다영, 2004).

이외에 인구사회적 변수 중 성별로는 여성보다는 남성의 부양의식이 높은 것으로 나타나고 있으며(조성남, 2006), 교육수준과 관련하여서는 교육수준이 높을수록 부양의식이 높다는 연구(성규탁, 1995)와 더불어 교육수준이 높을수록 부양의식이 낮다는 상반된 결과(송다영, 2004)가 제시되고 있다.

세대와 연령에 따른 부양책임감의 변화를 경험적으로 분석하기 위해서는 세대와 연령을 다년간 조사한 자료가 필요하다. 횡단면 자료의 경우 특정 세대와 나이가 일치하기 때문에 나이가 들어 감에 따라 나타난 변화를 파악할 수 없다. 대안적으로 세대와 연령 변수 중 한 변수만을 분석에 포함하는 경우, 그 결과가 분석에 포함되지 않은 연령 혹은 세대의 효과일 가능성을 배제할 수 없다. 따라서 연령과 세대의 효과를 모두 통제한 경험 분석을 위해서는 다양한 연령층을 반복 조사한 시계열·횡단면 결합자료(cross-sectional time-series data)의 활용이 요구된다. 우리나라의 연구는 주로 횡단면 자료를 사용한 관계로, 연령에 따른 변화 가능성과 세대에 따른 차이 가능성을 동시에 통제하지 못하는 한계를 보이고 있다. 본 연구는 이러한 선행 연구의 한계에 주목하여 시계열과 횡단면을 결합한 패널자료를 통해 연령 및 세대에 따라 부양책임감이 차이를 보이는지 분석하고자 한다.

2. 연구방법

본 연구에서 사용된 자료는 한림고령자패널의 1~4차 패널자료이다. 한림고령자패널은 2003년 1차 조사를 시작하여 2009년 4차 조사를 완료하였다. 2003년 당시 43세 이상을 대상으로 구조화된 설문을 통한 일대일 면접조사를 실시하였다. 1차 조사의 표본은 2,519명이었지만 사망, 조사 불능, 이사 등으로 인해 1~4차 조사 모두 참여한 사람은 836명이었다. 본 연구에서는 1~4차 모두 참여한 836명을 대상으로 분석을 실시하였다.

본 연구에서 사용한 부양책임감은 실바흐(Seelbach, 1978)가 제시한 바 있는 부양책임감 척도를 사용하였다. 그의 부양책임감 척도는 아래 6문항으로 구성되어 있다. 각 문항은 '전혀 그렇지 않다'에서 '매우 그렇다'까지 5점 척도로 측정되어 점수가 높을수록 부양책임감이 큰 것을 의미한다. 본 연구에서 사용된 자료를 분석한 결과 신뢰도는 조사시기별로 최소 .71에서 최대 .74로 나타났다.

〈표 1〉 부양책임감 구성 항목

항목 1	결혼한 자녀는 부모 가까이 살아야 한다.
항목 2	부모가 건강하지 못할 때, 자녀는 부모를 돌보아야만 한다.
항목 3	자녀는 부모에게 경제적 도움을 주어야 한다.
항목 4	자녀가 성장 후 부모와 가까이 산다면, 일주일에 한 번은 부모를 방문해야 한다.
항목 5	먼 곳에 사는 자녀는 일주일에 한 번은 편지/전화를 해야 한다.
항목 6	자녀는 부모님에 대한 책임감을 느껴야 한다.

사회과학에서 세대는 단지 유사한 시기에 태어난 연령층만을 의미하지는 않는다. 단순히 연령집단이 세대가 되기 위해서는 그 집단의 독특한 문화적·사회적 경험을 통한 가치, 규범, 행동양식 등에 있어서 이전 세대와는 다른 모습을 보여야 한다(박재흥, 2001, 2009). 즉 세대는 '동일한 역사적·문화적 권역에서 비슷한 시기에 출생하여 역사적·문화적 경험을

공유하고 그에 따라 유사한 의식과 행위양식을 갖는 사람들'로 규정된다(박재홍, 2001). 우리나라의 경우는 일제로부터의 해방, 한국전쟁, 경제성장 및 도시화 등 단기간에 급속한 사회경제적 변화를 경험하였다는 점에서 세대 간에 가치와 규범의 차이를 보일 가능성이 매우 크다.

세대 연구에서 가장 중요한 점은 역사적·문화적 차이를 갖는 집단을 어떻게 구분할 것인가 하는 점이다. 즉 가능한 세대는 문화적·사회적 차이를 보여 주는 역사적 경험에 따라 구분되어야 한다(박재홍, 2003a, 2003b ; 홍덕률, 2003). 본 연구에서는 박재홍(2003b, 2009)의 연구에 기반하여 세대를 식민지/전쟁체험 세대와 산업화/민주화 세대로 구분하였다. 만 나이로 구분하면 2003년 조사에서 63세 이상은 식민지/전쟁체험 세대로, 63세 미만은 산업화/민주화 세대로 나뉘었다.

식민지/전쟁체험 세대는 식민지 시기의 수탈과 한국전쟁을 경험하였다는 점에서 가장 열악한 환경에서 성장한 세대라고 할 수 있다. 이 세대는 또한 전통적인 유교문화의 영향력이 강한 세대로 볼 수 있는데, 이는 일제 치하에서 정규 교육이 아닌 전통적인 한문 교육을 받은 사람이 많고, 부모·조부모 세대가 유교적인 문화에 영향을 많이 받은 세대이기 때문이다.

이와는 달리 산업화/민주화 세대는 산업화·도시화를 경험하면서 성장하였고, 공식 교육을 통해 자유·개인주의·평등 등 서구의 가치와 규범을 습득한 세대이다. 이 세대의 경험은 1960년대 이래 민주화운동의 토대를 제공한다. 결과적으로 이들은 식민지/전쟁체험 세대에 비해 전통적 가치관으로부터 상대적으로 자유롭다는 특징을 보인다(박재홍, 2003b, 2009). 이러한 세대 간 차이로 인해 우리는 두 세대 사이의 부양책임감 역시 유의미한 차이를 보일 것으로 예상할 수 있다. 즉 전통적 가치관에 몰입되어 있는 식민지/전쟁체험 세대에 비해 서구적 가치관을 학습한 산업화/민주화 세대의 부양책임감이 낮을 것으로 예상할 수 있다.

본 연구에서는 시계열·횡단면 결합자료의 분석에 사용되는 여러 모델 중 집단에 따른 오차를 인정하는 랜덤 상수모델(random intercept model)을 사용하여 자료를 분석하였다. 시계열·횡단면 결합자료는 동일한 대상에 대한 반복 측정이라는 특성으로 인해 개별 측정 사이의 독립성이 보장되지 않을 가능성이 크다. 따라서 시계열·횡단면 결합자료에는 일반적으로 횡단면 자료의 회귀분석에서 사용하는 최소자승법(ordinary least square)을 사용하기 어렵다(Allison, 2005 ; Rabe-Hesketh & Skrondal, 2005). 본 연구에서 사용한 랜덤 상수모델은 최소자승법 대신 최대우도법(method of maximum likelihood)을 사용한다. 랜덤 상수모델은 독립변수의 상수에 대한 효과가 무작위적이라고 가정하는 것으로 구체적인 모델은 다음과 같다.

$$Y_{ij}=\beta_{0j}+\beta_{1jxij}+\beta 2_{jxij}+ - - +r_{ij} \quad r_{ij}\sim N(0,\ o^2)$$

$$\beta_{0j}=\gamma_{00}+u_{0j}$$

$$\beta_{1j}=\gamma_{10}$$

$$i=개인$$

$$j=측정횟수$$

분석을 위해 본 연구에서는 부양책임감을 종속변수로 하여 성, 건강상태, 아들 유무, 부부동거 유무, 지역 특성, 도시 구분, 학력, 소득 등 인구사회적 변수를 통제변수로 포함하여 연령 및 세대에 따른 효과를 분석하였다. 분석에 포함된 변수는 다음과 같다.

〈표 2〉 분석에 사용된 변수

구분	변수	내용
종속변수	부양책임감	• 6개 문항의 합산 점수
독립변수	성	• 남성과 여성 더미변수(여성=0, 남성=1)
	소득	• 더미변수(200만 원 미만=0, 200만 원 이상=1)
	학력	• 연속변수
	아들 유무	• 더미변수(없다=0, 있다=1)
	배우자 동거	• 더미변수(비동거=0, 동거=1)
	자녀 동거	• 더미변수(비동거=0, 동거=1)
	주관적 건강상태	• 5점 척도로 구성(1=매우 나쁨, 5=매우 좋음)
	지역 특성	• 동지역, 읍지역으로 구분(동지역=0, 읍지역=1)
	도시 구분	• 서울, 춘천(춘천=0, 서울=1)
	연령	• 연속변수
	세대	• 출생연도 1940년 기준 구분(1차 58세 미만=0, 58세 이상=1)

III. 분석결과

1. 기술적 분석

본 연구에 사용된 자료의 일반적 특성을 살펴보면 다음과 같다. 먼저 인구학적 특성 중 성·연령·학력을 살펴보면 여성이 58.85%로 남성에 비해 약간 많은 것으로 나타났으며, 1차 연도 조사 시 평균 나이는 66.86세로 나타났다. 또 표본의 대부분(92.8%)은 아들이 있고 평균 학력은 6.13년이며 평균적으로 초등학교를 졸업한 수준으로 나타나고 있다. 거주지역

<표 3> 표본의 인구사회적 특성

구분	항목	사례 수(%)
성	남성	344(41.15)
	여성	492(58.85)
거주지역	춘천	522(62.44)
	서울	314(37.56)
지역 특성	동지역	469(56.10)
	면지역	367(43.90)
아들 유무	없다	60(7.18)
	있다	776(92.82)
평균 나이(1차 연도)	66.86세	
평균 학력(1차 연도)	6.13년	

구분		1차 조사	2차 조사	3차 조사	4차 조사
건강수준(평균 점수)		2.76	2.90	2.84	3.12
소득	200만 원 미만	588(76.26)	572(70.27)	531(71.95)	567(74.90)
	200만 원 이상	183(23.74)	242(29.73)	207(28.05)	207(28.05)
배우자 동거	비동거	287(34.33)	299(35.77)	321(38.40)	351(41.99)
	동거	549(65.67)	537(64.23)	515(61.60)	485(58.01)
자녀 동거	비동거	457(54.67)	463(55.38)	497(59.45)	524(62.68)
	동거	379(45.33)	373(44.62)	339(40.55)	312(37.32)

및 지역 특성을 살펴보면 서울 거주자에 비해 춘천 거주자가 60% 정도 더 많은 것으로 나타나고 있는데, 이는 1차 조사에서 서울 1, 춘천 1.5의 비율로 표본을 수집했기 때문이다.

건강상태의 경우 매 조사마다 변화하게 되는데, 각 조사별로 평균값을 살펴보면 4차 조사를 제외하고는 '보통'보다 낮은 수준을 기록하고 있어 전반적으로 자신의 건강을 부정적으로 평가하고 있음을 알 수 있다. 가구소득을 살펴보면 200만 원 미만의 비율이 70% 이상으로 나타나 경제적으로 어려운 노인이 많음을 확인할 수 있다. 배우자 및 자녀와의 동거상황을 살펴보면 배우자 동거의 경우 1차 조사 65.67%에서 4차 조사 58.01%로 점차 감소하는 것으로 나타나는데, 이는 배우자의 사망 때문으로 해석할 수 있을 것이다. 자녀 동거의 경우도 45.33%에서 37.32%로 시간이 지날수록 동거 비율이 감소하고 있음을 알 수 있다.

부양책임감의 평균 점수는 1차에서 4차에 이르기까지 3.7에서 3.5점 사이를 보이고 있는데, 1차 및 2차 조사에 비해서는 3차 및 4차 조사의 평균 점수가 약간 낮은 것을 확인할 수 있다. 부양책임감의 항목별 평균 점수를 살펴보면 전반적인 책임감을 질문하는 항목 6과 건강하지 못한 부모에 대한 수발에 대한 인식을 질문하는 항목 2가 상대적으로 높은 점수를 기록하고 있다. 이와 달리 부모와 근거리 거주에 대한 인식을 질문하는 항목 1의 경우는 상대적으로 점수가 낮은 것을 확인할 수 있다. 이외에 경제적 지원과 전화 및 편지를 통한 접촉에 대해 높은 점수를 기록하고 있으며, 방문의 경우는 상대적으로 낮은 점수를 기록하고 있다.

부양책임감의 6항목 점수를 합한 값을 인구사회적 특성에 따라 나누어 살펴보면(〈표 4〉참조) 다음과 같다. 먼저 성에 따라 나누어 살펴보면 2차 조사를 제외하고는 남성에 비해 여성의 부양책임감 점수가 약간 높은 것으로 나타나고 있지만, 통계적으로 유의미한 수준은 아니다. 1940년 이전 출생자와 1940년 이후 출생자로 나누어 살펴본 바에 의하면, 4회의 조사 모두에서 식민지/전쟁체험 세대의 부양책임감이 산업화/민주화 세대의 그것에 비해 통계적으로 유의미하게 높은 것을 알 수 있다.

인구학적 변수 중 동거 가족에 따른 부양책임감의 차이를 살펴보면 다음과 같다. 먼저 배우자 동거 여부에 따른 차이를 살펴보면, 비동거의 경우가 동거의 경우에 비해 부양책임감 점수가 높은 것을 알 수 있다. 자녀 동거 여부에 따른 차이는 배우자의 경우와는 다른 모습을 보이는데, 전 조사에 걸쳐 자녀 동거 유무에 따라서는 부양책임감에 유의미한 차이를 발견할 수 없다.

다음으로 나이와 부양책임감과의 상관관계를 분석한 바에 의하면 4회 조사 모두에서 나이가 많을수록 부양책임감 점수가 높다는 점을 확인할 수 있다. 4회 조사의 상관계수는 .14에서 .17로 크지는 않지만 모두 통계적으로 유의미한 것으로 나타나고 있다. 소득과의 연관성 역시 비교적 유의미하게 나타났는데, 소득이 높을수록 부양책임감은 낮아지는 것으로 나타났다. 마지막으로 학력과 부양책임감 사이의 상관관계를 살펴보면 4회 조사 모두에서 부적 관계를 보이고 있다. 즉 학력이 높을수록 부양책임감은 낮아지는 것으로 나타나고 있다. 일반적으로 나이가 많을수록 배우자와 동거하지 못할 가능성이 크며 소득과 학력 또한 낮을 가능성이 크다. 따라서 나이, 배우자 동거 여부, 학력, 소득의 영향은 다변수분석을 통해 상호효과를 통제한 상태에서 다시 확인할 필요가 있다고 판단된다.

2. 랜덤 상수모델을 통한 다변수분석

부양책임감이 세대에 따라 차이를 보이는지 혹은 연령에 따라 차이를 보이는지 분석하기 위해 다변수분석을 실시하였다. 분석모델은 세대와 연령만을 포함한 기본모델과 여기에 인구사회학적 변수를 통제한 확장모델로 구성되었다. 분석결과는 다음과 같다.

우선 주요 분석변수인 나이와 세대의 영향에 대해 살펴보자. 나이와 세대 두 변수는 기본모델과 확장모델 모두 통계적으로 유의미한 영향을 주는 것으로 나타나고 있다. 이를 구

<表 4> 인구학적 특성에 따른 부양책임감 평균 점수

항목		1차	2차	3차	4차
부양책임감 전체 평균		3.70	3.71	3.63	3.50
		836	836	835	836
항목 1		3.17	3.09	2.93	3.32
항목 2		4.01	4.08	3.95	3.75
항목 3		3.68	3.81	3.65	3.44
항목 4		3.51	3.32	3.39	3.15
항목 5		3.76	3.80	3.86	3.68
항목 6		4.09	4.14	3.99	3.72
성	여자	22.29	22.14	21.82	21.16
	남자	22.12	22.35	21.71	20.89
	사례 수	836	836	835	836
배우자 동거	비동거	22.98***	22.60*	22.55***	21.58***
	동거	21.82	22.03	21.29	20.67
	사례 수	836	836	835	836
자녀 동거	비동거	22.20	22.31	21.94	21.07
	동거	22.24	22.12	21.54	21.03
	사례 수	836	836	835	836
세대	식민지/전쟁체험 세대	22.44**	22.49***	22.09***	21.29***
	민주화/산업화 세대	20.98	20.74	19.95	19.78
	사례 수	834	834	834	834
나이(상관계수)		.14***	.17***	.16***	.17***
소득(상관계수)		−.08*	−.13***	−.15***	−.07#
건강(상관계수)		−.06#	−.12***	−.13***	−.07*
학력(상관계수)		−.19***	−.09**	−.21***	−.09*

p⟨.1, * p⟨.05, ** p⟨.01, *** p⟨.001

체적으로 살펴보면 나이의 경우 부양책임감과 부적 관계를 보이고 있는데, 이는 일반적인 상식과는 반대되는 결과로 보인다. 일반적으로 나이가 많을수록 전통적인 사고방식을 갖고 있기 때문에 부양책임감도 높을 것으로 생각한다. 그러나 서구의 연구에 의하면 노인에 대한 수발이 주는 어려움에 대한 고려, 자신이 부모로부터 받았던 돌봄을 자녀에게 되갚았다는 인식, 그리고 사회관계의 소멸에 따른 의무감의 감소 등으로 인해 장년층에서 노년층으로 갈수록 부양책임감이 감소한다는 연구결과(Rossi & Rossi, 1990)가 제시되고 있다.

세대효과를 살펴본 바에 의하면 민주화/산업화 세대는 식민지/전쟁체험 세대에 비해 부양책임감이 낮은 것으로 나타나고 있다. 유교적 교육을 받았으며, 식민지 치하와 전쟁을

<표 5> 부양책임감 결정요인 : 랜덤 상수모델을 통한 분석

변수	단순모델	확장모델
고정효과	B(S.E)	B(S.E)
상수	24.43(1.12)***	25.76(1.28)***
성(여성=0, 남성=1)		.73(.23)**
학력		−.10(.02)***
소득(200만 원 미만=0, 200만 원 이상=1)		−.01(.20)
지역 특성(0=도시, 1=농촌)		.64(.26)*
거주지역(0=춘천, 1=서울)		.95(.26)***
자녀 동거 여부(0=비동거, 1=동거)		−.06(.19)
배우자 동거 여부(0=비동거, 1=동거)		−.34(.22)
아들 유무(0=없다, 1=있다)		.32(.37)
건강수준(5점 척도)(1=매우 나쁨, 5=매우 좋음)		−.33(.07)***
나이	−.03(.2)*	−.04(.02)*
세대(0=식민지/전쟁체험 세대, 1=산업화/민주화 세대)	−1.86(.31)***	−1.54(.32)***
임의효과		
집단 간 표준편차	2.14	2.04
집단 내 표준편차	3.39	3.40

# p<.1, * p<.05, ** p<.01, *** p<.001

경험하면서 극심한 빈곤에 시달렸던 식민지/전쟁체험 세대와는 달리 민주화/산업화 세대는 서구식 근대교육을 받은 세대일 뿐만 아니라 경제성장을 통해 물질적으로도 앞선 세대에 비해서는 비교적 풍요로운 세대이다. 이 세대를 가장 잘 보여 주는 사건이 4·19혁명으로 근대적 교육을 통해 배운 민주주의적 가치는 4·19혁명을 가능하게 한 이념적 자원이었던 것이다(박재흥, 2005).

즉 민주화/산업화 세대에서 보이는 상대적으로 낮은 부양책임감은 청소년기를 민주화/산업화 과정을 경험하면서 지내 왔다는 점 때문으로 해석할 수 있는데, 산업화를 통한 경제성장과 민주주의의 확대는 사회 전반적으로 개인주의적이고 자유주의적인 문화를 강화하는바, 이러한 문화 속에서 청소년기를 보낸 민주화/산업화 세대는 이전 세대에 비해 전통적인 가치관으로부터 벗어나 있을 가능성이 크기 때문이다.

다음으로 인구학적 사회경제적 변수들의 영향을 살펴보자. 우선 성별로 나누어 살펴보면 남성이 여성에 비해 부양책임감이 더 높은 것으로 나타나고 있다. 서구의 연구들(Burr et al., 1999 ; Lee et. al., 1998)에 의하면 부양책임감은 성별에 따라 유의미한 차이를 보이지 않는 것으로 나타나고 있다. 그러나 우리나라의 경우 앞선 연구들(성규탁, 1995 ; 조성남, 2006)에서도 남성이 여성에 비해 부양책임감이 높은 것으로 나타나고 있는데, 이는 노인에 대한 각종 수발을 담당하는 것은 여자이지만 유교적 전통 아래 효를 책임지는 것은 아들이라는

관념의 결과로 해석할 수 있을 것이다.[4]

학력과 주관적 건강상태에 따라서도 차이를 보이는 것으로 나타나고 있다. 즉 학력과 주관적 건강상태 모두 부양책임감과 부적 관계를 보이고 있다. 선행 연구에 의하면 학력이 높을수록 부양책임감이 높다는 연구결과와 더불어 학력이 높을수록 부양책임감이 낮다는 상반된 연구결과가 제시되고 있는데, 본 연구결과는 후자를 다시 한 번 확인시켜 주고 있다(송다영, 2004). 일반적으로 학력이 높을수록 소득이 높을 가능성이 높고 소득이 높을수록 필요한 서비스를 가족이 아닌 시장에서 구매할 능력이 크다. 본 연구결과는 이러한 논리를 반영하는 것으로 보인다.

이외에 가족동거 여부에 따라서는 부양책임감에 유의미한 차이를 보이지 않는 것으로 나타나고 있다. 서구의 연구(Lee et al., 1998 ; Burr & Mutchler, 1999 ; Gans & Silverstein, 2006) 결과 역시 배우자와 자녀 등과 같은 가족동거 여부에 따라서는 부양책임감에 유의미한 차이를 보이지 않는 것으로 나타나고 있다. 이러한 결과에 대해 서구의 연구나 우리나라의 연구 모두 명확한 설명을 제시하고 있지 못하다는 점에서 가족동거 여부에 따라 왜 차이를 보이지 않는가에 대해서는 추가적인 연구가 필요하다고 판단된다. 다만 배우자, 자녀와의 동거가 자녀로부터의 지원에 영향을 준다는 점에서 노인의 부양책임감이 자녀로부터의 지원과는 관련이 없기 때문으로 추측해 볼 수도 있다.[5]

지역 특성에 따라 살펴보면 서울이 춘천에 비해 그리고 면지역이 동지역에 비해 부양책임감이 높은 것으로 나타나고 있다. 면지역이 동지역에 비해 부양책임감이 높다는 결과는 농촌지역일수록 전통적인 가치관의 영향력이 크기 때문으로 해석할 수 있다. 다만 춘천과 서울에서 나타나는 차이에 대해서는 양 지역의 어떠한 특성이 차이를 만들어 내는지 추가적인 연구가 필요하다고 판단된다.

IV. 결론 및 한계

가치나 규범 혹은 태도가 생애주기의 특정 단계에 따라 변화하는지, 혹은 청년기 동안 체험한 기저의 경험에 따라 영향을 받는지에 대해서는 사회학, 정치학, 노년학 등 사회과학

---

4 우리나라에서도 부양책임감에 대해 성별 차이가 없다는 연구(윤현숙 · 류삼희, 2005)가 제시되고 있다.

5 이 점에서 비동거 자녀를 포함해 자녀로부터의 지원이 영향을 주는지도 확인해 볼 필요성이 있다고 판단된다. 그러나 본 패널자료에는 자녀로부터의 지원에 대한 문항을 모든 조사에 포함한 것이 아니어서 본 연구에서는 분석변수에 포함할 수 없었다. 이는 본 연구의 한계점으로 지적될 수 있다.

전반의 분야에서 다양한 논의들이 이루어져 왔다(Bengtson, Cutler & Marshall, 1985). 기존 연구들은 특히 세대 간 변화와 생애주기에 따른 변화에 주목해 왔는데, 노년학 분야에서는 주로 부양책임감의 변화를 중심으로 연구가 진행되어 왔다.

본 연구의 목적은 부양책임감이 생애주기에 따라 변화하는지, 또는 세대에 따라 차이를 보이는지 시계열·횡단면 결합자료를 통해 분석해 보는 것이다. 본 연구는 세대와 연령의 효과를 상호 통제한 분석을 실시하기 위해 한림고령자 패널의 1~4차 조사자료를 결합하여 분석을 수행하였다. 본 자료는 2003년 현재 만 43세 이상의 응답자만을 포함하고 있다.

본 연구의 결과를 요약하면 다음과 같다. 첫째, 부양책임감은 나이와 부적 관계를 보이는 것으로 나타났다. 즉 연령이 증가할수록 부양책임감은 감소한다. 서구의 경우 수발이 주는 어려움에 대한 인식, 자신이 부모로부터 받았던 돌봄을 자녀에게 되갚았다는 인식, 그리고 사회관계의 소멸에 따른 의무감의 감소 등으로 인해 나이가 들수록 부양책임감이 감소하는 모습을 보이는바, 우리나라 노인들 역시 이러한 경향을 보이는 것으로 해석된다. 둘째, 세대별로 살펴보면 식민지/전쟁체험 세대에 비해 민주화/산업화 체험 세대에서 더 낮게 나타나고 있다. 가치와 규범의 변화가 세대에 따른 차이인지, 생애주기에 따른 차이인지에 대한 관심의 측면에서 보면, 본 연구결과는 가치나 규범의 변화가 두 요인 모두에 영향을 받는 것이라는 점을 보여 주고 있다. 셋째, 이외에 성, 학력, 지역, 건강상태 역시 부양책임감에 영향을 주는 요인으로 밝혀졌다.

본 연구의 분석결과 중 특히 흥미로운 점은 연령과 관련된 결과이다. 연령과 부양책임감이 부적 관계를 보인다는 본 연구의 결과는 일상생활에서 경험하는 상식, 즉 노인의 부양책임감이 젊은 층의 그것에 비해 높은 것으로 느껴지는 현실과는 차이를 보이고 있다. 본 연구에 기반하여 볼 때 노인의 부양책임감이 장년층에 비해 높은 것은 그들이 노인이기 때문이라기보다는 식민치하 아래 전통적인 유교적 문화 속에서 성장했기 때문일 가능성이 크다. 즉 노인이 장년층에 비해 부양책임감이 높은 것은 나이가 많다는 점 때문이라기보다는 오히려 그들 세대가 체험한 역사적 경험의 결과라고 해석하는 것이 타당하다고 판단된다.

부양책임감의 변화에 대한 연구는 현실적으로도 매우 중요하다. 왜냐하면 부양책임감은 노인의 삶의 질에 영향(김영범 외, 2008)을 줄 뿐만 아니라 자녀의 부모에 대한 부양수준에도 영향을 주기 때문이다. 특히 공식적인 노인복지제도가 미비한 우리나라의 현실에서 자녀가 가장 중요한 자원이라는 점을 고려해 볼 때, 부양책임감의 세대 간 차이는 그것이 적절한 사회적 보완책과 동반되지 않을 경우 노인의 삶의 질을 악화시키는 요인이 될 가능성이 크다. 다른 한편으로 부양책임감의 변화는 노인 부양과 관련된 역할의 배분에 있어서 가족, 공동체, 국가에 대해 새로운 과제를 제시한다는 점에서 정책적으로도 매우 큰 의미를 갖는다.

본 연구는 장년층 이상만을 대상으로 포함하고 있다는 점에서 이른바 386세대나 정보화 세대를 분석에 포함하지 못하고 있다는 한계를 갖는다. 따라서 이 세대들을 포함한 장기 시계열 연구를 통해 가치와 규범의 변화가 세대에 따라 어떻게 변화하고 있는지에 대한 추가적인 연구가 필요하다고 판단된다.

참고문헌

김영범·박준식·이기원(2008). 자녀와의 지원교환과 노인의 부양책임감에 대한 인식이 노인의 주관적 안녕감에 미치는 영향. 한국사회복지조사연구 18, 47-65.

김윤정·함정현·이창식(2005). 부양의식의 세대차이와 결정변인에 관한 연구 : 청소년과 그들의 부모를 대상으로. 청소년학연구 12(4), 243-261.

박재흥(2001). 세대연구의 이론적·방법론적 쟁점. 한국인구학 24(2), 47-78.

_____(2003a). 세대 개념에 관한 연구 : 코호트적 시각에서. 한국사회학 37(3), 1-23.

_____(2003b). 사회변동과 세대문제. 강정구·정진성·이병천 지음. 한국사회발전연구. 서울 : 나남.

_____(2005). 한국 사회의 세대구성. 문학과 사회 18(3), 172-186.

_____(2009). 세대명칭과 세대갈등 담론에 대한 비판적 검토. 경제와 사회 81, 10-34.

성규탁(1995). 한국인의 효행의지와 연령층들 간의 차이. 한국노년학 15(1), 1-14.

송다영(2004). 부양의식을 통해 본 노인부양 지원정책의 방향성 : 기혼여성의 부양경험을 중심으로. 사회복지정책 19, 207-233.

윤현숙·류삼희(2005). 전통적인 효의식과 아들선호사상에 영향을 미치는 요인 : 노년층과 장년층 비교연구. 한국노년학 25(3), 177-194.

조성남(2006). 노인부모부양에 관한 기혼자녀세대의 인식 : 초점집단토론(FGD) 자료분석을 중심으로. 한국인구학 29(3), 139-157.

홍덕률(2003). 한국사회의 세대연구. 역사비평 64, 150-191.

Allison, P. D.(2005). *Fixed Effects Regression Methods for Longitudinal Data Using SAS*. Cary : SAS Press.

Bengtson, V. L., Cutler, N. E., Mangen, D. & Marshall, V. W.(1985). Generations, Cohorts, and Relations between Age Groups. in Binstock, R. H. & Shanas, E.(eds.). *Handbook of Aging & the Social Science*(2nd edtion). New York : Van Nostrand Reinhold Co..

Burr, J. A. & Mutchler, J. E.(1999). Race and Ethnic Variation in Norms of Filial Responsibility among Older Persons. *Journal of Marriage and Family* 61(3), 674-687.

Durkheim, E.(2002). *The Rules of Sociological Method*. 박창호·윤병철 옮김. 사회학적 방법의 규칙들. 서울 : 새물결.

Finley, N. J., Roberts, M. D. & Banahan, B. F.(1988). Motivators and Inhibitors of Attitudes of Filial Obligation toward Aging Parents. *The Gerontologist* 28(1), 73-78.

Gans, D., Silverstein, M.(2006). Norms of Filial Responsibility for Aging Parents across Time and Generations. *Journal of Marriage and Family* 68(4), 961-976.

Hanson, S. L., Sauer, W. J. & Seelbach, W. C.(1983). Racial and Cohort Variations in Filial Responsibility Norms. *The Gerontologist* 23(6), 626-631.

Inglehart, G.(1977). *Silent Revolution*. 정성호 옮김(1983). 조용한 혁명. 서울 : 종로서적.

Lee, G. R., Netzer, J. K. & Coward, R. T.(1994). Filial Responsibility Expectations and Patterns of Intergenerational Assistance. *Journal of Marriage and the Family* 56(3), 559-565.

_____(1995). Depression among Older Parents : The Role of Intergenerational Exchange. *Journal of Marriage and the Family* 57(3), 823-833.

Lee, G. R., Peek, C. W. & Coward, R. T.(1998). Race Differences in Filial Responsibility Expectations among Older Parents. *Journal of Marriage and the Family* 60(2), 404-412.

Rabe-Hesketh, S. & Skrondal, A.(2005). *Multilevel and Longitudinal Modeling Using Stata*. Texas : STATA Press.

Roberts, R. E. L. & Bengtson, V. L.(1999). The Social Psychology of Values : Effects of Individual Development, Social Change, and Family Transmission over the Life Span. in Ryff, C. D. & Marshall, V. W.(eds.). *The Self and Society in Aging Processes*. New York : Springer Publishing Company.

Rossi, P. H. & Rossi, A.(1990). *Of Human Bonding : Parent-Child Relations across the Life Course*. New York : Aldine de Gruyter.

Seelbach, W. C.(1978). Correlates of Aged Parent's Filial Responsibility Expectations and Realizations. *The Family Coordinator* 27(4), 341-350.

Seelbach, W. C. & Sauer, W. J.(1977). Filial Responsiblity Expectations and Morale among Aged Parents. *The Gerontologist* 17(6), 462-469.

Sung, Kyu-taik(1995). Measures and Dimensions of Filial Piety in Korea. *The Gerontologist* 35(2), 240-247.

* 본 논문은 한국노년학 제29권 제4호(2009)에 게재되었음을 밝혀 둔다.

전통적인 효 의식과 아들선호사상에 영향을 미치는 요인 :
노년층과 장년층 비교 연구

윤현숙 · 류삼희

I. 연구의 필요성 및 목적

전통적인 한국 사회에서는 효(孝, filial piety) 사상을 백행지본으로 존중해 왔으며 규범적 가치인 효에 바탕을 둔 가족 부양체계가 오랫동안 유지되어 왔으나, 산업화와 도시화를 거치면서 효 의식이 변화되고 약화되어 노인의 부양기능도 약화되고 있다(성규탁, 1995 ; 모선희, 2000 ; 박영란, 2000).

효 의식과 관련된 우리 사회 변화의 인구사회학적 측면을 살펴보면, 첫째는 우리나라의 인구 고령화 현상을 들 수 있다. 1980년대 이후 우리나라는 평균수명의 연장으로 노인인구가 급격히 증가하고, 출산율의 감소로 2000년 65세 이상 노인인구가 전체 인구의 7%를 넘어서서 고령화 사회로 접어들었으며, 2019년에는 노인인구가 14%를 차지하여 고령사회로의 진입이 예측되고 있다(통계청, 2002). 이는 가족당 평균 자녀 수는 줄어들고 이들이 부양해야 하는 노인인구가 절대적으로 늘어남을 의미하며, 이러한 고령화 현상은 자녀세대의 노인부담으로 인식되고 있다.

둘째는 우리 사회의 현대화에 따른 가족구조의 변화이다. 우리 사회는 산업화와 도시화가 진행되는 과정에서 급속한 속도로 핵가족화가 이루어지고 있다(윤종주, 1985 ; 김두섭 · 박병진, 2000 ; 한국보건사회연구원, 2005). 이러한 핵가족제도의 보편화는 노인과 별거하는 현상을 만들고, 특히 도시화에 의한 농촌인구의 도시로의 이동은 노부모와 성인자녀의 거주지역을 분리시켜 노부모를 고립시켰다(서병숙, 1986). 주거형태에 있어서도 노부모는 점차 자녀와 떨어져 사는 추세를 보이는데, 산업화와 도시화의 영향으로 노인 혼자 또는 노부모만의 가구가 급속하게 증가하였다(권태환·김태헌·최진호, 1995). 이러한 가족구조와 주거형태의 변화는 세대 간에 이루어지는 물질적 지원뿐만 아니라 정서적 지원 등 여타 지원관계에 많은 영향을 주고 있다.

셋째는 노부모에 대한 가족부양기능의 약화이다. 가족성원 중 여성이 주로 노인의 부양을 담당하나, 여성 특히 기혼여성의 사회 진출 증가로 집 안에서 노인의 간호와 수발 등의 책임을 담당하던 여성인력이 부족해진 결과, 노인에 대한 실질적 부양기능이 현저히 약화되었다(김익기·김동배·모선희·박경숙·원영희·이연숙·조성남, 1999 ; 차홍봉·최성재·이가옥·윤현숙·서혜경·박경숙, 2000). 또한 가족과 함께 사는 노인들의 의식도 변화되어 자녀들과의 동거생활과 그들의 수발을 부담스럽게 생각하여 경제력만 있으면 자녀와 따로 사는 것을 선호하는 경향이 높아지고 있다(이가옥·서미경·고경환·박종돈, 1994 ; 박재간, 1995).

넷째는 자녀세대가 노년의 부모세대를 지원하는 것을 당연하게 여겨 온 효 규범 또한 약화되고 있다는 점이다. 효란 부모를 위한 봉사와 공경으로 우리 문화를 유지해 온 기본정신인데, 서구의 자유·평등·개인주의사상의 영향으로 젊은이들의 이러한 효 문화가 약화되고 있는 것이 현실이다.

이러한 우리 사회의 고령화와 가족구조의 변화, 가족부양기능과 효 의식의 약화라는 시대적 상황에 부응하여 1970년대를 전후하여 효에 관한 논의와 연구가 활성화되었다. 1980년대 후반부터 효 의식과 행동(성규탁, 1994 ; 김경신, 1997), 효의 방향(옥경희, 1996), 효의 교육적 중요성(이계학, 1995), 그리고 효의 개념(서선희, 1998)을 분석하는 실증적 연구가 시작되었고 효에 관한 다양한 실태조사가 실시되었다(박영란, 2000 ; 성규탁, 1990). 선행 연구에서 세대별로 효 의식은 매우 높게 나타나고 있으나, 노인세대에서 장년층·청소년층으로 내려올수록 효 의식의 정도는 약해지는 것으로 보고되고 있다.

아들선호사상에서도 그에 대한 선행 연구는 비교적 미미하여 실태조사수준이지만, 노인층은 장남에게 높은 부양기대감을 가지고 있는 데 비해 장년층으로 갈수록 장남이 아니더라도 형편이 되는 아들이 부양해야 된다는 생각을 하고 있음을 보여 주고 있다. 이러한 세대 간의 효 의식과 아들선호사상의 차이는 갈등을 초래하는 원인이 될 수 있고 노인부양이라는 측면에서 커다란 문제를 제기하는 원인을 제공할 수 있을 것이다. 따라서 본 연구에서는 노인의 효 의식과 아들선호사상의 정도를 파악하고 세대 간 차이를 다시 검증하여 세대 간 갈등의 가능성을 살펴보고자 한다.

앞에서 논한 기존 연구에서 효 의식에 영향을 주는 요인으로는 노인의 연령, 교육수준, 경제적 상태, 가족의 크기, 동거기간, 현대화 등을 제시하고 있다. 아들선호사상에 영향을 주는 요인에 대한 선행 연구는 아직 발견하지 못하고 있다. 이러한 선행 연구의 단편적이거나 거의 없는 연구를 보완하기 위하여 본 연구에서는 효 의식과 아들선호사상에 영향을 미치는 요인을 노인의 인구사회학적 특성(성, 연령, 교육 정도, 배우자 유무, 가구소득 등), 노인가족의 인구사회학적 특성(자녀 수, 아들 유무, 자녀와의 동거 유무, 동거 가족 수), 노인의 주관적 건강상태, 노인의 가족관계 등으로 보고 종합적으로 그 요인을 검증하여 보고자 한다. 이는 영향을 주는 요인을 발견하여 가족의 부양기능을 강화하는 데 도움을 주기 위함이다.

본 연구의 내용은 아래와 같다.

① 노인의 전통적인 효 의식과 아들선호사상의 정도를 파악한다.

② 65세 이상의 노인과 45~64세 장년층의 효 의식과 아들선호사상을 비교하여 세대 간 차이를 파악한다.

③ 노인의 전통적인 효 의식에 영향을 주는 요인을 파악한다.

④ 노인의 아들선호사상에 영향을 주는 요인을 파악한다.

II. 이론적 고찰

1. 전통적인 효 의식

최근의 효의 의미를 정의한 연구를 살펴보면, 한국인구보건연구원(임종권, 1985)은 "노인들은 효를 '부모 말에 순종하는 것', '자손, 자식이 잘되는 것'으로 보고 있으며, 자녀들은 '부모 마음을 편하게 해드리기', '부모 말 순종'이라고 생각하는 것"으로 보고하였다. 성규탁(1989)은 효행상 수상자를 대상으로 한 연구에서 효란 '부모나 직계가족 연장자에게 구체적인 보살핌과 도움을 제공하는 일종의 서비스'라고 정의하였다.

외국의 연구에서는 효 의식의 핵심을 '자식으로서의 책임감이나 의무감'으로 파악하려는 연구들(Matthews, Werkner & Delaney, 1989)이 있고, 소수민족 노인 특히 동양계 미국인을 대상으로 한 연구에서는 효 의식을 '세대 간 관계를 설명하는 기본적 가치'로 보았다(Liu, 1986).

이상의 선행 연구를 근거로 본 연구에서는 전통적인 효 의식을 '부모나 직계가족 연장자에게 구체적인 보살핌과 도움을 제공하는 일종의 서비스', '자식으로서의 책임감이나 의무감' 그리고 '노인의 그에 대한 기대감'으로 보고자 한다.

2. 전통적인 효 의식의 세대 간 비교

연령이 높을수록 효행의지가 높고, 연령이 젊어짐에 따라 효행의지가 조금씩 약해지는 추세이지만(성규탁, 1994, 1995), 앞 절의 선행 연구에 따르면 성인자녀의 부모부양 및 효에 대한 인식은 여전히 높게 나타나고 있는 것을 알 수 있다. 그리고 청소년들은 점차 부모 지향적이기보다는 자기중심적인 효 의식을 갖는 경향인 것으로 파악되었다(정옥분·김광웅·김동춘·유가효·윤종희·정현희·최경순·최영희, 1996).

이와 같은 연구들은 아직 결과가 제한적인 성격을 띠고 있으며, 보다 일반화된 이론으로 발전시키기 위해서는 개인적인 특성과 상황적 변수에 따른 부모부양의 차이에 대한 분석과 세대관계에 관한 연구가 지속될 필요가 있다(성규탁, 1990)고 하겠다.

3. 노인 부양의식과 아들선호사상

선행 연구 중 노인부양과 관련하여 아들선호사상을 살펴보면, 한국인구보건연구원(임종권, 1985)의 노인을 대상으로 한 조사에서는 노부모 부양책임이 '장남에게 있다'가 73.4%로 절대 다수였고 '아들 형편에 따라'가 16.2%, '자녀 형편에 따라'가 8.3%로 나타났으나, 1992년 노인문제연구소에서 노인을 대상으로 한 조사에서는 '자녀 모두의 책임'이라고 답한 비율이 36.1%로 가장 높고, 다음으로는 '국가나 사회의 책임'이 29.8%, '노인 자신이 책임져야 한다'는 비율이 17.5%, '장남의 책임'은 16.5%로 나타나 질문하는 방식과 응답범주에 따라 차이가 있기는 하지만(모선희, 2000), 장남의 책임이라는 의식은 많이 줄어들고 자녀 모두의 책임이라는 의식으로 변화되고 있으며 국가나 사회의 책임, 자신 스스로 노후를 준비해야 한다는 의식이 점차 늘어나는 것으로 보고하고 있다.

최근 통계청에서 만15세 이상 성인 약 3만 명을 대상으로 한 사회통계조사(통계청, 1994, 1998, 2002)의 결과로 아들선호사상을 보고자 한다. 본 조사 1994년 자료에는 '아들딸 모두(29.1%)'와 '능력 있는 자녀(27.2%)'를 합치면 남녀 구분 없이 자녀의 책임이라는 의식이 56.3%이고, '장남(19.6%)', '아들(11.4%)', '노인 스스로(9.9%)', '사회 및 기타(2.9%)'로 나타났다. 1998년 자료에는 '능력 있는 자녀(45.5%)'의 비율이 급격히 증가하여 '아들딸 모두(14.5%)'를 합하여 남녀 구분 없이 자녀의 책임이라는 의식이 60%에 달했다. '장남(22.4%)', '아들(7.0%)', '딸(0.5%)', '노인 스스로(8.1%)', '사회 및 기타(2.0%)'로 나타났다. 2002년 조사자료에는 '능력 있는 자녀(21.2%)'가 부양해야 한다는 의식이 여전히 많았으나 1998년에 비해 절반으로 준 점이 흥미롭다. '능력 있는 자녀'와 '아들딸 모두(19.5%)'를 합한 아들딸 구분 없이 자녀의 책임이라는 의식이 40.7%였다. '장남(15.1%)', '아들(13.9%)', '딸(1.0%)', '가족과 정부 사회가 함께 공동으로 부양해야 한다(18.2%)', '노인 스스로(9.6%)', '정부 사회와 기타(1.5%)'로 나타났다.

이 사회통계조사에 따르면, 우리나라 성인은 부모부양에 대한 의식에서 아들딸 구분 없이 자녀 모두의 책임이라는 의식이 많고, 정부와 사회의 부양의무를 강조하는 의식이 증가하고 있음을 보여 주고 있으며, 아들딸 구분 없이 자녀가 부양해야 한다는 의식을 가진 성인이 가족과 정부 사회가 공동으로 부양책임의식을 가져야 한다는 생각으로 바뀌어 가는 흐름을 보이고 있음을 알 수 있다. 또한 아들이 부양해야 한다는 의식(장남·아들들)은 1994년 31.0%, 1998년 29.4%, 2002년 29.0%로 시대가 변화하여 가면서 꾸준히 감소되고 있으며, 딸이 부양해야 한다는 의식은 흥미롭게도 1994년에는 거의 보이지 않다가 1998년 0.5%, 2002년 1.0%로 미미하지만 꾸준히 증가하고 있는 점을 발견할 수 있다.

4. 전통적인 효 의식과 아들선호사상

전통적인 생육·공경·봉양·양지의 효 등(효경)에서는 아들선호가 항상 중심에 있었고, 부모 부양에서도 아들(특히 장남)에게 기대하였다. 그러나 현대에서는 여전히 부양기대에서 아들을 선호하는 경향이 높기는 하지만 점차로 줄어들고 있으며 이는 전통적인 효 의식의 약화와 궤를 같이하고 있다.

5. 노인의 전통적인 효 의식과 아들선호사상에 영향을 미치는 요인

이상의 선행 연구를 통하여 볼 때 효 의식은 부모부양의식에 영향을 주는 기본 가치이므로(최정혜, 1998) 효 의식에 영향을 미치는 요인으로 부모부양의식에 영향을 주는 요인을 함께 고찰하고자 한다.

국내의 연구를 보면, 효 의식과 기혼자녀의 부모부양의식에 관한 연구를 포괄하여 관련 변수를 보면 교육수준, 연령, 경제적 상태, 형제 수, 동거기간(동거 여부 포함) 등이 효행에 대한 가치와 태도를 좌우하는 변인으로 나타났다(서병숙·이신숙, 1991). 즉 교육수준이 낮을수록, 연령(세대 개념을 포함)이 많은 기혼자녀일수록, 경제수준이 낮을수록, 형제 수가 4~5명인 집단에서, 부모와의 동거 기간이 길수록 부양의식이 높다고 보고되었다. 남녀의 성별(gender)에 관한 연구를 보면, 노부모에 대한 효 의식은 성별에 구분되지 않고 매우 높은 것으로 보고되고 있으며, 부양제공자와 대상자로서의 남녀 간 차이와 부양자로서의 역할이 남성과 여성에게 미치는 영향의 차이는 밝혀지지 않고 있다(박영란, 2000).

외국의 연구결과에 의하면 노인의 부양체계에 영향을 미치는 가장 중요한 요인은 가족의 크기, 성, 교육수준(노인과 성인자녀), 지역 특성(도시와 농촌), 소득변화, 현대화(산업화) 등을 중요한 요인으로 열거하고 있다. 그중에서도 가족의 크기와 성을 가장 중요한 요인으로 밝힌 연구(Dwyer & Coward, 1992 ; Pyke & Bengston, 1996)가 있는데, 이 연구에서는 아들보다 딸이 더 많이 부모를 돌보며 부모 역시 아들보다 딸의 보호를 선호하는 것으로 나타나 있고, 가족의 크기에서는 대가족에 속하는 사람들이 소가족에 속하는 사람들보다 더 전통적으로 부양기대가 크다고 보고하고 있다.

효 의식을 존경으로 보고 존경의 변화 요인으로 Ingersoll-Dayton & Saengtienchai(1999)는 가족구조와 가족기능의 변화(핵가족화와 여성의 취업), 교육(교육이 가정가치에 소홀을 가져온다), 소득 변화(소득이 증대하면 존경이 감소 경향을 띤다), 현대화(현대화되면 존경이 감소 경향을 띤다) 등을 꼽고 있다. 그리고 피부양노인에 관한 연구로 여성노인, 교육수준이 낮은 노인, 농촌노인이 전통적인 가족에 의한 부양기대의식이 더 높다고 보고한 연구(Kim, 1997)도 있다. 노인과 중년층의 아들선호사상에 영향을 미치는 요인에 관한 연구는 국내외에서 아직 발견하지 못하고 있다.

이상의 국내외 선행 연구를 검토하여 우리나라 노인의 전통적인 효 의식에 영향을 미치는 단편적인 요인을 종합적으로 검증해 보고자 하였고, 아들선호사상에 영향을 미치는 요인도 전통적인 효 의식과 아들선호사상의 관계에서 살펴본 바와 같은 맥락을 보이는 점이 많아 효 의식과 같은 요인으로 검증하여 보고자 하였다. 따라서 선행 연구를 포괄하여 노인의 인구사회학적 특성인 성, 연령, 교육 정도, 배우자 유무, 고용 여부, 가구소득 등을 그리고 노인가족의 인구사회학적 특성으로 자녀 수, 아들 유무, 자녀와의 동거 여부, 동거 가족 수 등을 또한 노인의 주관적 건강상태와 노인의 가족관계를 요인으로 하여 조사하고자 한다.

선행 연구에서는 노인집단과 중년집단에 각각 영향을 미치는 요인과 일반적 요인을 모두 투입하여 검증하고 있지만, 유의미한 요인은 서로 다를 수 있다고 판단된다. 노인집단과 중년집단은 연령의 차이뿐만 아니라 건강상태가 다르며, 우리나라의 급격한 사회변화 속에서 세대 간에 매우 다른 역사적·문화적 경험을 한 것으로 충분히 예측할 수 있기 때문이다. 유의미한 요인이 다를 것이라고 판단하여 노인집단과 중년집단을 분리하여 회귀분석을 시도하였다.

III. 연구내용 및 방법

1. 연구내용

선행 연구를 근거로, 본 연구에서는 현대사회에서의 효 의식을 '부모나 직계가족 연장자에게 구체적인 보살핌과 도움을 제공하는 일종의 서비스(성규탁, 1989)', '자식으로서의 책임감이나 의무감(Matthews et al., 1989)' 그리고 '노인의 그에 대한 기대감'으로 보고자 한다.

효 의식은 성인자녀가 노령부모의 기본적인 욕구를 충족시켜야 하는 의무로 보는 자녀의 부양책임(filial responsibility. Seelbach, 1978)과 이와 관련하여 노인들이 갖는 자녀의 부양책임에 대한 기대(filial responsibility expectation. Seelbach & Sauer, 1977)로 조작적 정의를 할 수 있다. 아들선호사상은 선행 연구를 기초로 노인의 부양에 아들을 딸보다 더 선호하는가 또는 아들이 딸보다 부모를 더 모셔야 하는 의무를 갖는다고 생각하는가를 기준으로 조작적 정의를 하였다.

본 연구의 내용은 ① 노인의 전통적인 효 의식과 아들선호사상의 정도를 파악, ② 65세 이상의 노인과 45~64세 장년층의 효 의식과 아들선호사상의 세대 간 차이 파악, ③ 노인의 전통적인 효 의식과 아들선호사상에 영향을 주는 요인을 파악하는 것이다.

2. 연구방법

본 조사는 2002년 2~3월 춘천과 서울에서 교육과 훈련을 받은 전문조사원이 직접 가정방문을 하여 면접조사를 실시하였다.

3. 조사대상자와 일반적 특성

본 논문의 연구대상자의 선정은 구별 무작위층화표집(random stratified sampling)과 구 내 동·통에 대한 집락표집(cluster sampling), 그리고 조사 구 내에서의 계통표집(systematic sampling)의 방법을 통해 이루어졌다. 서울 및 춘천 지역 45세 이상 64세 이하 장년층 성인 703명(평균연령 55.8세)과 65세 이상 노인 1,826명(평균연령 74.6세)을 대상으로 분석을 실시하였다.

총 2,529명 중 남성이 956명으로 37.8%, 여성이 1,573명 62.2%로 45세 이상 성비를 고려하여 수긍할 수 있는 비율이며, 서울 거주자는 1,009명으로 39.9%, 춘천 거주자는 1,520명으로 60.1%였다. 조사대상자의 57.5%가 배우자와 동거하고 있었으며, 연령대별로는 45~64세가 27.8%, 65~74세가 49.2%, 75~84세가 20.3%, 85세 이상은 2.7%였다. 교육 정도는 초등학교 중퇴/졸업이 37.1%로 가장 많고, 서당이나 무학이 29.9%, 중학교 11.4%, 고등학교 14.3%, 대학교 이상은 7.3%에 불과하였다. 종교는 불교 25.9%, 기독교 21.9%, 천주교 10.6% 순이었으며, 평균 생존 자녀 수는 3.8명이었다.

4. 측정도구

본 논문은 효 의식을 자녀에 대한 부양기대와 노인에 대한 부양책임으로 조작적 정의를 하고, 효 의식 측정을 위하여 실바흐(Seelbach)가 개발한 부양기대척도를 활용하여 성인의 부양책임과 노인의 부양기대를 측정하여 효 의식을 측정하는 데 부양지표로 사용하였다. 실바흐의 부양지표는 6개 문항으로 구성되어 있으며, 각각 5점 척도로 측정하도록 되어 있다. 실바흐의 지표를 살펴보면 다음과 같다(Seelbach, 1978).

① 결혼한 자녀는 부모 가까이 살아야 한다.

② 부모가 건강하지 못할 때, 자녀는 부모를 돌보아야만 한다.

③ 자녀는 부모에게 경제적 도움을 주어야 한다.

④ 자녀가 성장한 후 부모 가까이 산다면, 자녀는 일주일에 한 번은 부모를 방문해야 한다.

⑤ 먼 곳에 사는 자녀는 일주일에 한 번은 편지/전화를 해야 한다.

⑥ 자녀는 부모님에 대한 책임감을 느껴야 한다.

이 문항들의 내적일치도 계수 α는 .74이며, 변수를 제외할 경우에도 α는 .74~.69의 범위에 있었다.

아들선호사상의 측정도구는 그 조작적 정의에 따라 선행 연구에 근거하여 3개 문항 5점 척도로 도구화하였다.

① 노후를 위해 아들이 필요하다.

② 아들이 여럿이라면 장남이 모셔야 한다.

③ 딸은 친정부모보다 시부모를 모셔야 한다.

이 (세) 문항의 내적일치도는 α=.51이었으며, 변수를 제외할 경우 α의 범위는 .40~.41이었다. 구체적으로 독립변수를 포함하여 분석에 포함된 변수들을 살펴보면 〈표 1〉과 같다.

〈표 1〉 연구 변수와 측정값

구분	항목	측정
종속변수	노인의 효 의식 아들선호사상(종속변수는 각각 독립적으로 수행하였음)	자녀에 대한 규범적 기대 : 실바흐의 자녀 기대척도 노인부양에 대한 아들선호척도(선행연구 참조 도구화)
독립변수	노인의 인구사회학적 특성 – 성 – 연령 – 교육 정도	남성=0, 여성=1 만 나이로 측정, 연속변수 수학 연수로 구성된 연속변수

	– 배우자 유무	유=0, 무=1
	– 고용 여부	취업=0, 미취업=1
	– 가구소득	50만 원 단위의 등간척도로 구성
	노인가족의 인구사회학적 특성	
	– 자녀 수	연속변수
	– 아들 유무	유=0, 무=1
	– 자녀와의 동거 유무	동거=0, 비동거=1
	– 동거 가족 수	연속변수
	노인의 주관적 건강상태	– 5점 척도로 측정
	노인의 가족관계	
	– 자녀와의 관계	– 5점 척도로 측정
	– 배우자와의 관계	– 5점 척도로 측정

5. 분석방법

수집된 설문자료의 분석은 SAS프로그램을 사용하여 우선 노인과 장년층 성인의 효 의식과 아들선호사상을 중심으로 기술적 분석을 실시하였고, 노인과 장년층 성인의 세대 간 효 의식과 아들선호사상을 비교하기 위하여 t-검증을 시행하였으며, 마지막으로 효 의식과 아들선호사상에 영향을 주는 요인들을 검증하기 위하여 위계적 다중회귀분석을 실시하였다.

IV. 연구결과

1. 노인의 효 의식 및 아들선호사상

1) 노인의 효 의식 및 아들선호사상

〈표 2〉에 나타난 바와 같이 현세대의 노인은 전통적인 효 의식을 여전히 강하게 지니고 있음을 알 수 있다. '대체로 그렇다'와 '매우 그렇다'에 응답한 비율을 합하여 노인의 효 의식을 살펴보면, '결혼한 자녀는 부모 가까이 살아야 한다'고 응답한 경우는 57.48%, '부모가 건강하지 못할 때, 자녀는 부모를 돌보아야만 한다'고 응답한 경우는 87.12%로 나타났다. '자녀는 부모에게 경제적 도움을 주어야 한다'고 생각한 경우는 78.41%, '자녀가 성장 후 부모 가까이 산다면, 자녀는 일주일에 한 번은 부모를 방문해야 한다'는 34.05%, '먼 곳에 사는 자녀는 일주일에 한 번은 편지/전화를 해야 한다'는 74.36%, '자녀는 부모에 대한 책임

감을 느껴야 한다'는 87.39%로 나타났다.

현세대의 노인은 대부분 자녀가 부모에 대해 책임감을 느껴야 하며, 특히 부모가 건강을 상실하였을 때와 경제적으로 어려움이 있을 때에는 도와야 하며, 부모의 외로움을 덜어 주기 위해 편지나 전화를 일주일에 한 번은 해야 한다고 생각하고 있어 자녀로부터의 부양기대가 매우 높음을 알 수 있다. 한편 자녀가 부모와 가까이 살아야 한다거나(57.48%) 일주일에 한 번은 방문을 해야 하는 것(34.05%)에 대해서는 비교적 낮게 나타나 대부분의 자녀가 직장이나 교육을 이유로 농촌을 떠나 도시로 이주하여 부모와 떨어져 살 수밖에 없는 현실을 이느 정도는 받아들이고 있음을 알 수 있다.

<표 2> 노인의 효 의식

(단위 : 명, %)

내용	전혀 그렇지 않다	대체로 그렇지 않다	그저 그렇다	대체로 그렇다	매우 그렇다
결혼한 자녀는 부모 가까이에 살아야 한다	127(6.69)	499(27.34)	150(8.22)	810(44.38)	239(13.10)
부모가 건강하지 못할 때, 자녀는 부모를 돌보아야만 한다	6(0.33)	133(7.29)	96(5.26)	978(53.59)	612(33.53)
자녀는 부모에게 경제적 도움을 주어야 한다	22(1.21)	196(10.74)	176(9.64)	1,007(55.18)	424(23.23)
자녀가 성장 후 부모 가까이 산다면, 자녀는 일주일에 한 번은 부모를 방문해야 한다	42(2.30)	394(46.79)	220(12.05)	854(16.79)	315(17.26)
먼 곳에 사는 자녀는 일주일에 한 번은 편지/전화를 해야 한다	25(1.37)	257(14.08)	186(10.19)	945(51.78)	412(22.58)
자녀는 부모에 대한 책임감을 느껴야 한다	7(0.38)	95(5.21)	128(7.01)	985(53.97)	610(33.42)

<표 3>에서 '대체로 그렇다'와 '매우 그렇다'를 합하여 노인의 아들선호사상을 살펴보면 '노후를 위해 아들이 필요하다'고 응답한 경우는 77.92%, '아들이 여럿이라면 장남이 모셔야 한다'는 39.43%, '딸은 친정부모보다 시부모를 모셔야 한다'는 77.33%로 나타났다.

현세대의 노인은 아들에 대한 선호를 매우 강하게 지니고 있으나 장남의 책임에 대한 의식은 약화되어, 아들이 여럿인 경우 책임을 공동으로 부담하거나 장남이 아니더라도 형편이

<표 3> 노인의 아들선호사상

(단위 : 명, %)

내용	전혀 그렇지 않다	대체로 그렇지 않다	그저 그렇다	대체로 그렇다	매우 그렇다
노후를 위해 아들이 필요하다	64(3.51)	211(11.56)	128(7.01)	690(37.81)	732(40.11)
아들이 여럿이라면 장남이 모셔야 한다	264(14.46)	719(39.38)	123(6.74)	375(20.54)	345(18.89)
딸은 친정부모보다 시부모를 모셔야 한다	36(1.97)	227(12.43)	151(8.27)	734(40.20)	678(37.13)

되는 아들이 모셔야 한다고 생각하는 경향이 높아지는 것을 알 수 있다. 한편 딸에 대해서는 여전히 강한 전통적인 의식을 지니고 있어 아들로부터는 높은 부양을 기대하고 있으나 딸로부터는 부양을 거의 기대하지 않아 딸은 출가외인으로 시부모를 모셔야 한다고 생각하는 경우가 높게 나타났다.

2. 65세 이상 노인과 45~64세 장년의 효 의식 및 아들선호사상 비교

1) 45~64세 장년의 효 의식 및 아들선호사상

〈표 4〉에서 45~64세 장년층의 효 의식을 살펴보면, '결혼한 자녀는 부모 가까이에 살아야 한다'고 응답한 경우는 42.25%, '부모가 건강하지 못할 때, 자녀는 부모를 돌보아야만 한다'고 응답한 경우는 77.81%로 나타났다. '자녀는 부모에게 경제적 도움을 주어야 한다'고 생각한 경우는 56.90%, '자녀가 성장 후 부모 가까이 산다면, 자녀는 일주일에 한 번은 부모를 방문해야 한다'는 56.76%, '먼 곳에 사는 자녀는 일주일에 한 번은 편지/전화를 해야 한다'는 73.40%, '자녀는 부모님에 대한 책임감을 느껴야 한다'는 78.24%로 나타났다.

부모가 건강을 상실하거나 경제적으로 어려움을 겪는 경우 부모를 도와야 한다는 부양의식이 매우 높으며, 편지나 전화를 통해 부모의 안부를 챙기고 고독감을 덜어 주어야 하는 책임의식도 높게 나타났다.

45~64세 장년층의 아들선호사상은 '노후를 위해 아들이 필요하다'고 응답한 경우는 55.91%, '아들이 여럿이라면 장남이 모셔야 한다'는 20.05%, '딸은 친정부모보다 시부모를 모셔야 한다'는 62.16%로 노인층에 비해 크게 약화된 것으로 나타났다(〈표 5〉).

〈표 4〉 45~64세 장년의 효 의식

(단위 : 명, %)

내용	전혀 그렇지 않다	대체로 그렇지 않다	그저 그렇다	대체로 그렇다	매우 그렇다
결혼한 자녀는 부모 가까이에 살아야 한다	72(10.24)	272(38.69)	62(8.82)	245(34.85)	52(7.40)
부모가 건강하지 못할 때, 자녀는 부모를 돌보아야만 한다	13(1.85)	93(13.23)	50(7.11)	365(51.92)	182(25.89)
자녀는 부모에게 경제적 도움을 주어야 한다	25(3.56)	174(24.75)	104(14.79)	299(42.53)	101(14.37)
자녀가 성장 후 부모 가까이 산다면, 자녀는 일주일에 한 번은 부모를 방문해야 한다	37(5.26)	209(29.73)	58(8.25)	292(41.54)	107(15.22)
먼 곳에 사는 자녀는 일주일에 한 번은 편지/전화를 해야 한다	17(2.42)	115(16.36)	55(7.82)	369(52.49)	147(20.91)
자녀는 부모님에 대한 책임감을 느껴야 한다	14(1.99)	78(11.10)	61(8.68)	377(53.63)	173(24.61)

<표 5> 45~64세 장년의 아들선호사상

(단위 : 명, %)

내용	전혀 그렇지 않다	대체로 그렇지 않다	그저 그렇다	대체로 그렇다	매우 그렇다
노후를 위해 아들이 필요하다	69(9.82)	155(22.05)	86(12.23)	247(35.14)	146(20.77)
아들이 여럿이라면 장남이 모셔야 한다	156(22.19)	356(50.64)	50(7.11)	90(12.80)	51(7.25)
딸은 친정부모보다 시부모를 모셔야 한다	35(4.98)	166(23.61)	65(9.25)	264(37.55)	173(24.61)

2) 65세 이상 노인과 45~64세 장년의 효 의식 및 아들선호사상 비교

〈표 6〉에서 t-검증을 통해 65세 이상 노인과 45~64세의 장년층의 효 의식과 아들선호사상의 평균의 차이를 비교해 보면, '먼 곳에 사는 자녀는 일주일에 한 번은 편지/전화를 해야 한다'는 항목을 제외한 모든 항목에서 통계적으로 유의미한 차이가 나타나 노인이 장년층에 비해 전통적인 효 의식과 아들선호사상을 강하게 지니고 있음을 알 수 있다.

〈표 6〉 65세 이상 노인과 45~64세 장년의 효 의식 및 아들선호사상 비교

변수	내용	45~64세	65세 이상	차이	t	p
효 의식	결혼한 자녀는 부모 가까이 살아야 한다	2.90	3.29	-.39	-7.31	.000
	부모가 건강하지 못할 때, 자녀는 부모를 돌보아야만 한다	3.86	4.12	-.26	-6.61	.000
	자녀는 부모에게 경제적 도움을 주어야 한다	3.39	3.88	-.49	-11.29	.000
	자녀가 성장 후 부모 가까이 산다면, 자녀는 일주일에 한 번은 부모를 방문해야 한다	3.31	3.55	-.24	-4.74	.000
	먼 곳에 사는 자녀는 일주일에 한 번은 편지/전화를 해야 한다	3.73	3.80	-.07	-1.57	.076
	자녀는 부모님에 대한 책임감을 느껴야 한다	3.87	4.14	-.27	-7.22	.000
아들 선호 사상	노후를 위해 아들이 필요하다	3.34	3.99	-.65	-12.41	.000
	아들이 여럿이라면 장남이 모셔야 한다	2.32	2.90	-.58	-9.79	.000
	딸은 친정부모보다 시부모를 모셔야 한다	3.53	3.98	-.45	-9.10	.000

3. 노인의 전통적인 효 의식에 영향을 미치는 요인

65세 이상 노인의 전통적인 효 의식에 영향을 미치는 요인을 파악하기 위하여 위계적 다중회귀분석을 실시하였다(〈표 7〉). 모델 I은 노인의 인구사회학적 특성이 효 의식에 미치는 영향 정도를 보여 주는 것으로, 모델의 F값은 11.88, 유의도는 p<.001이므로 모델의 적정

성은 유의미하였고(이후 모든 모델에서 모델의 적절성은 유의미하게 검증되었으므로 모델의 적정성에 대해 별도의 언급은 하지 않겠다), 노인의 연령(β=.079, p<.001)과 교육 정도(β=-.109, p<.001), 그리고 가구소득(β=.181, p<.001)이 유의미한 영향을 미치고 있는 것으로 나타났으며, 모델의 설명력은 4.3%이었다. 즉 노인의 연령이 높을수록, 교육 정도가 낮을수록, 가구소득이 높을수록 효 의식은 높은 것으로 나타났다.

〈표 7〉 65세 이상 노인의 전통적인 효 의식에 영향을 미치는 요인

	모델 I	모델 II	모델 III	모델 IV
노인의 인구사회학적 특성				
– 성	.342	.271	.290	.170
– 연령	.079***	.097***	.098***	.085**
– 교육 정도	.109***	–.150***	–.134***	–.146***
– 배우자 유무	–.466	–.286	–.253	–.167
– 고용 여부	.287	.349	.454	.381
– 가구소득	.181***	.150*	.179**	.108
노인가족의 인구사회학적 특성				
– 자녀 수		–.207*	–.202*	–.252*
– 아들 유무		.726	.747	1.124
– 자녀와의 동거 유무		.018	–.010	.321
– 동거 가족 수		.085	.075	.001
노인의 주관적 건강상태			–.335**	–.453***
노인의 가족관계				
– 자녀와의 관계				.070
– 배우자와의 관계				.177*
R^2	.043	.067	.075	.070
R^2 change		.024	.008	–.005
F	11.88	8.92	9.10	4.97

* p<.05, ** p<.01, *** p<.001

모델 II는 모델 I에 노인가족의 인구사회학적 특성을 추가 투입하여 노인의 효 의식을 파악하였다. 노인의 연령(β=.097, p<.001)과 교육 정도(β=.150, p<.001)는 그 영향력이 강화되었고, 가구소득(β=.150, p<.05)은 그 영향력이 감소되었다. 자녀 수(β=.207, p<.05)가 새로운 유의미한 영향 요인으로 등장하였고, 자녀 수가 많으면 노인의 효 의식은 감소하는 것으로 나타났다. 모델의 설명력은 6.7%로 2.4% 향상되었다.

모델 III은 노인의 인구사회학적 특성과 노인가족의 인구사회학적 특성에 노인의 주관적 건강상태를 더하여 회귀분석하였으며, 효 의식에 유의미하게 영향을 미치는 요인으로 노인의 주관적 건강상태(β=.335, p<.01)가 매우 강하게 노인의 효 의식에 영향을 미치고 있음

을 알 수 있었다. 즉 주관적 건강상태가 나쁘면 노인의 효 의식은 상당히 강하였다. 또한 연령(β=.098, p<.001), 교육 정도(β=.134, p<.001), 가구소득(β=.179, p<.01), 자녀 수(β=.202, p<.05)가 유의미한 영향 요인으로 확인되었다. 모델의 설명력은 7.5%로 0.8% 향상되었다.

모델 IV는 모델 III에 노인의 가족관계를 더하여 노인의 효 의식을 파악하였다. 통계적으로 유의미한 요인은, 배우자와의 관계(β=.177, p<.05), 노인의 주관적 건강상태(β=.453, p<.001), 연령(β=.085, p<.01), 교육 정도(β=.146, p<.001), 자녀 수(β=.252, p<.05)로 나타났다. 노인 가족관계를 더하면 가구소득은 유의미한 요인이 되지 못하고 있으며, 배우자와의 관계가 새로운 주요한 영향 요인이 되고 있다. 즉 배우자와의 관계가 좋으면 효 의식은 높은 것으로 확인되었다. 모델의 설명력은 7%이다.

4. 65세 이상 노인과 45~64세 장년의 효 의식에 영향을 미치는 요인 비교

1) 45~64세 장년의 전통적인 효 의식에 영향을 미치는 요인

45~64세 장년의 경우, 65세 이상 노인의 경우와 같이 모델 I~IV로 설계하고 위계적 다중회귀분석을 하여 전통적 효 의식에 영향을 미치는 요인을 파악하였다(〈표 8〉). 그 결과 흥미롭게도 45~64세 장년은 모델 I~IV의 경우 모두 연령과 교육 정도만이 효 의식에 유의미한 영향을 주는 요인으로 확인되었다. 모델 IV의 경우, 연령(β=.109, p<.01)은 전통적인

〈표 8〉 45~64세 장년의 전통적인 효 의식에 영향을 미치는 요인

	모델 I	모델 II	모델 III	모델 IV
노인의 인구사회학적 특성				
- 성	.137	-.007	-.017	.104
- 연령	.086**	.103**	.104**	.109**
- 교육 정도	.107*	-.112*	-.114*	-.136*
- 배우자 유무	.758	-.634	-.644	-.167
- 고용 여부	.421	.590	.582	.776
- 가구소득	.005	-.035	-.036	-.001
노인가족의 인구사회학적 특성				
- 자녀 수		-.090	-.089	-.122
- 아들 유무		.367	.369	.499
- 자녀와의 동거 유무		.011	.008	-.057
- 동거 가족 수		.178	.178	.216
노인의 주관적 건강상태			.049	.009

노인의 가족관계				
- 자녀와의 관계				.172
- 배우자와의 관계				-.087
R^2	.042	.048	.048	.058
R^2 change	-	.006	.000	.010
F	4.82	3.02	2.75	2.61

* p<.05, ** p<.01, *** p<.001

효 의식에 정적인 영향을 주어 연령이 많아질수록 부양에 대한 책임과 기대가 커지고, 교육 정도(β=.136, p<.05)는 부적인 영향을 주어 교육 정도가 낮을수록 자녀에 대한 부양책임과 기대가 커진다. 모델의 설명력은 5.8%로 비교적 낮은 수준이었고, 모델의 F값은 2.61, 유의도는 p<.01로 모델은 적절하였다.

2) 65세 이상 노인과 45~64세 장년의 효 의식에 영향을 미치는 요인 비교

65세 이상 노인과 45~64세 장년의 효 의식에 영향을 미치는 요인을 비교하여 보면, 노인의 연령과 교육 정도는 두 연령층에 공통적으로 영향을 미치는 요인이며, 연령이 높아질수록 부양에 대한 책임과 기대 즉 효 의식은 커지고, 연령이 낮아질수록 효 의식은 낮아짐을 의미한다. 그리고 교육 정도가 낮을수록 효 의식이 큰 것으로 나타났다.

그러나 자녀 수와 노인의 주관적 건강상태, 배우자와의 관계는 65세 이상 노인의 효 의식에만 유의미한 영향을 주는 요인으로 나타나고 있다. 자녀 수가 많을수록 부양기대가 적고 효 의식도 낮으며, 노인의 주관적 건강상태도 건강할수록 부양에 대한 기대는 적고 의존적 경향이 감소하는 것이다. 배우자와의 관계는 좋을수록 자식에 의존하는 효 의식이 강한 것으로 나타났다.

5. 아들선호사상에 영향을 미치는 요인

65세 이상 노인의 아들선호사상에 영향을 미치는 요인을 파악하기 위하여 효 의식의 영향요인을 검증할 때와 같은 방식으로 노인의 인구사회학적 특성을 독립변수로 하는 모델 I, 모델 I에 노인가족의 인구사회학적 특성을 더한 모델 II, 모델 II에 노인의 주관적 건강상태를 더한 모델 III, 모델 III에 노인의 가족관계를 더한 모델 IV를 설계하여 위계적 다중회계분석을 실시하였다.

모델 I에서는 아들선호사상에 영향을 미치는 요인으로 연령(β=.059, p<.001), 교육 정도

(β=.131, p<.001), 고용 여부(β=.377, p<.05), 가구소득(β=.073, p<.05)이 유의미하게 나타났으며, 모델의 설명력은 8.4%이다. 연령이 많아질수록, 교육 정도가 낮을수록, 직업을 가지고 있는 경우, 가구소득이 높을수록 아들선호사상은 높은 것으로 나타났다.

모델 II에서는 연령(β=.053, p<.001), 교육 정도(β=.119, p<.001), 고용 여부(β=.328, p<.05)는 모델 I과 같은 유의미한 요인이며, 가구소득이 유의미한 요인에서 제외되고, 아들 유무(β=1.528, p<.001), 동거 가족 수(β=.162, p<.05)가 새로운 유의미한 요인으로 추가되었다. 즉 아들이 있고 동거 가족 수가 많으면 아들선호사상이 높다. 모델의 설명력은 11.0%이다.

모델 III에서는 연령, 교육 정도, 고용 여부, 아들 유무, 동거 가족 수 등 유의미한 요인의 β값과 유의도에서 모델 II와 거의 같은 값을 가지며, 모델의 설명력은 11.2%이다.

모델 IV에서는 노인의 주관적 건강상태(β=.248, p<.01), 자녀와의 관계(β=.149, p<.001)가 주요한 유의미한 요인으로 추가되었다. 즉 건강상태가 나빠지면, 그리고 자녀와의 관계가 좋으면 아들선호사상이 높게 나타나고 있다. 또한 연령(β=.047, p<.05), 교육 정도(β=.103, p<.001), 고용 여부(β=.440, p<.05), 아들 유무(β=1.465, p<.01), 동거 가족 수(β=.188, p<.05)

〈표 9〉 65세 이상 노인의 아들선호사상에 영향을 미치는 요인

	모델 I	모델 II	모델 III	모델 IV
노인의 인구사회학적 특성				
– 성	.018	.071	.077	.050
– 연령	.059***	.053***	.053***	.047*
– 교육 정도	−.131***	−.119***	−.114***	−.103***
– 배우자 유무	.121	−.208	−.198	−.167
– 고용 여부	.377*	.328*	.361*	.440*
– 가구소득	.073*	−.001	.008	−.047
노인가족의 인구사회학적 특성				
– 자녀 수		−.005	−.004	−.037
– 아들 유무		1.528***	1.534***	1.465**
– 자녀와의 동거 유무		−.193	−.202	−.283
– 동거 가족 수		.162*	.159*	.188
노인의 주관적 건강상태			−.104	−.248**
노인의 가족관계				
– 자녀와의 관계				.149
– 배우자와의 관계				.024
R^2	.084	.110	.112	.108
R^2 change	-	.026	.002	−.004
F	24.54	15.25	14.11	8.03

* p<.05, ** p<.01, *** p<.001

가 모델 III에서와 같이 유의미한 요인이며, 모델의 설명력은 10.8%이다.

65세 이상 노인의 경우와 같이 모델을 설계하여 45~64세 장년층의 아들선호사상에 미치는 영향을 검증하여 보면, 모델의 설명력은 13.1~19.6%로 65세 이상 노인의 모델보다 설명력이 높다. 모델 IV를 기준으로 그 요인을 살펴보면, 자녀와의 관계, 배우자와의 관계, 연령, 교육 정도, 고용 여부, 아들 유무 등으로 65세 이상 노인의 요인인 동거 가족 수와 노인의 주관적 건강상태가 제외되고, 배우자와의 관계가 추가되었다. 이는 65세 이상 노인층에서 동거 가족 수와 주관적 건강상태가 아들을 선호하는 요인으로 작용하고 장년층에서는 배우자와의 관계가 아들을 선호하는 요인이 되어, 즉 배우자와의 관계가 좋으면 아들을 선호하는 마음이 줄어듦을 보여 주고 있다. 이는 65세 이상 노인과 45~64세 장년층의 의미 있는 차이라 하겠다.

<표 10> 45~64세 장년의 아들선호사상에 영향을 미치는 요인

	모델 I	모델 II	모델 III	모델 IV
노인의 인구사회학적 특성				
− 성	−.158	−.030	−.040	−.112
− 연령	.114***	.092***	.093***	.085***
− 교육 정도	−.106***	−.093***	−.095***	−.094**
− 배우자 유무	.270	−.169	−.178	−.167
− 고용 여부	.329	.309	.301	.560*
− 가구소득	−.044	−.062	−.063	−.076
노인가족의 인구사회학적 특성				
− 자녀 수		.218	.219*	.189
− 아들 유무		1.403***	1.405***	1.682***
− 자녀와의 동거 유무		−.446	−.448	−.311
− 동거 가족 수		.224*	.223*	.213
노인의 주관적 건강상태			.046	.034
노인의 가족관계				
− 자녀와의 관계				.133*
− 배우자와의 관계				−.124*
R^2	.131	.176	.176	.196
R^2 change	-	.045	.000	.020
F	16.42	12.90	11.73	10.41

* p<.05, ** p<.01, *** p<.001

V. 요약 및 논의

1. 요약

첫째, 현세대 노인은 전통적인 효 의식을 여전히 강하게 지니고 있는 것으로 나타났다. 다만, 자녀가 부모와 가까이 살아야 한다거나(57.48%) 일주일에 한 번은 방문을 해야 하는 것(34.05%)에 대해서는 비교적 낮게 나타나 대부분의 자녀가 직장이나 교육을 이유로 농촌을 떠나 도시로 이주하여 부모와 떨어져 살 수밖에 없는 현실을 어느 정도는 받아들이고 있음을 알 수 있다. 한국보건사회연구원(2005)의 「2004년도 노인생활실태 및 복지욕구조사」에서도 가족이 중심이 되어 부모를 수발하겠다는 응답이 85.8%로 본 연구와 같이 전통적 효 의식이 아직도 강함을 보여 주고 있다.

둘째, 현세대 노인은 장년 집단(아들 필요 55.91%)에 비해 전통적인 아들선호사상을 강하게 지니고 있고(아들 필요 77.92%) 노후를 위해 아들이 필요하다고 생각하고 있으나, 장남의 부모부양책임에 대한 의식은 크게 약화되고 있는 것으로 나타났다. 아들이 여럿이라면 장남이 모셔야 한다고 생각하는 경우는 노인집단에서 39.43%, 장년집단에서 20.05%로 다 같이 비교적 낮게 나타나고 있으며, 장년집단에서 더욱 낮게 나타나고 있다. 한국보건사회연구원(2005)의 조사에서는 노인의 장남선호도가 56.0%, 형편이 되는 자식을 선호하는 응답(이 경우는 아들딸 구분 없음)이 30.6%이었다.

셋째, 현세대의 노인은 자녀로부터 높은 정도의 부양을 기대하고 있으나 이러한 기대는 아들로부터의 부양을 의미하며, 딸에 대해서는 출가외인이라는 전통적인 의식을 여전히 지니고 있어 딸은 친정부모보다 시부모를 모셔야 한다고 생각하는 비율이 77.33%로, 장년층의 62.16%보다도 매우 높게 나타났다. 한국보건사회연구원(2005)의 조사에서는 아들딸 구분이 일부 희석되고 있음을 보여 주고 있다.

넷째, 65세 이상 노인과 45~64세 장년집단 간에 효 의식과 아들선호사상에 유의미한 차이가 나타나 노인세대와 장년세대 간에 의식의 차이가 있음을 명확히 알 수 있다. 이러한 의식의 차이는 노인의 부양기대를 장년세대가 충족하지 못하는 세대 간의 갈등으로 연결되어 나타날 수 있다. 한국보건사회연구원(2005)의 조사에서도 장남을 선호하는 사상은 연령이 많아질수록 22.8%(24세 이하)에서 55.3%(75세 이상)까지 높아지고, 형편이 되는 자식을 선호하는 사상(아들딸 구분 없음)은 연령이 낮을수록 커서 28.7%(75세 이상)에서 66.5%(24세 이하)까지 이르고 있음을 보여 주고 있다.

다섯째, 노인의 전통적인 효 의식에 영향을 미치는 요인을 살펴본 결과, 주관적 건강상태가 나쁠수록 자녀로부터의 부양기대가 높아져 자녀에 대한 의존도가 높아지며, 배우자와의 관계가 좋을수록 전통적인 효 의식이 높아 자녀로부터 부양에 대한 기대가 높아지는 것을 알 수 있다. 또한 노인의 연령이 높을수록 전통적인 자녀부양기대가 높은 반면, 노인의 교육 정도가 높을수록 전통적인 효 의식은 낮아지며, 자녀 수가 많을수록 자녀로부터의 부양기대는 낮아지는 것으로 나타났다.

여섯째, 노인의 아들선호사상에 미치는 영향은 노인의 주관적 건강상태와 자녀와의 관계가 주요한 요인으로 나타나, 즉 노인의 주관적 건강상태가 나쁠수록, 그리고 자녀와의 관계가 좋을수록 노인의 아들선호사상은 높아지는 것으로 확인되었다. 또한 노인의 연령, 교육 정도, 고용 여부, 아들 유무, 동거 가족 수 등이 유의미한 요인으로 검증되었는데, 즉 노인의 연령이 높을수록, 교육 정도가 낮을수록, 노인이 직업을 가지고 있는 경우, 아들을 둔 경우, 동거 가족 수가 많을수록, 노인의 아들선호사상은 높아지는 것으로 파악되었다.

2. 정책적 함의

첫째, 본 연구의 결과 노인의 주관적 건강상태가 노인의 부양기대와 아들선호사상에 가장 중요한 영향을 주는 요인으로 검증됨에 따라 자녀에 대한 부양기대와 아들선호를 완화하기 위해서는 노인의 건강증진을 위한 정책적 배려가 필요하다.

둘째, 노인의 효 의식에 노인층에서는 자녀 수와 배우자와의 관계 등이 영향을 주는 유의미한 요인인 반면, 장년층에서는 이 요인들이 유의미한 요인이 아니다. 이는 노인의 부양기대감이 노인층에서는 자녀 수와 배우자와 같은 가족요인이 영향을 주지만 장년층에서는 가족요인이 영향을 주지 않는다는 의미이며, 노인 부양과 가족을 연결하는 정책적 함의를 가진다 하겠다. 셋째, 본 연구의 결과에서 보는 것처럼 전통적인 효 의식이 여전히 강하고 아들에 대한 기대도 여전히 커서 현세대 노인은, 자신의 노후를 준비하기보다는 자녀를 헌신적으로 돌보아 주고 노후에 자녀로부터의 부양을 기대하여 노후를 준비하지 못한 상태에서 노후를 맞이하게 되었다. 자녀에게 자신의 노후를 의지할 수밖에 없는 상황에서 자녀가 부모를 돌보지 않는 경우, 빈곤과 질병·소외로부터 아무런 보호도 받지 못한 채 내버려진 상태에 놓일 수밖에 없는 것이다. 이러한 노인들을 빈곤과 질병·소외로부터 보호할 수 있는 사회적 안전망의 제공이 요구된다.

넷째, 노인과 다음 세대 간의 효 의식과 아들선호사상의 차이는 세대 간의 갈등으로 이어질 수밖에 없으며, 이러한 갈등은 가족 간의 불화를 일으켜 고부간의 갈등, 부모부양을 둘러싼 형제간의 갈등, 부부간의 갈등 등을 일으키는 원인이 되기도 한다. 세대 간의 갈등을 해결하도록 도와주는 가족상담 및 세대통합프로그램의 개발이 요구된다.

다섯째, 앞으로의 노인세대는 한국 사회의 급격한 인구사회학적 변화를 받아들이고 자신의 노후를 준비해야한다. 노후의 다양한 삶의 영역(경제, 건강, 사회활동 등)에 대해 구체적인 내용과 방법을 교육하는 프로그램이 개발되어 미리 노후를 준비할 수 있도록 해야 한다.

　여섯째, 전통적인 효 의식의 정도는 점차 약화되어 서구의 개인주의사상이 널리 자리 잡고 있음에도 불구하고 아직까지 한국 사회구조와 관계의 뿌리는 유교적인 효사상에 있음을 부인할 수는 없다. 최근의 몇몇 연구에 의하면 효 의식 자체가 약화되었다기보다 효의 의미와 효를 표현하는 방식이 변화되었다는 것이다. 예를 들어 과거에는 부모에게 무조건적으로 순종하는 것을 효로 생각하였으나, 순종의 의미와 표현하는 방식이 부모의 의견을 예의바른 태도로 듣고 존중하며 중요하게 고려하는 행동으로 변화되었다는 것이다. 또한 젊은 세대의 경우 부모가 경제적으로 어렵거나 건강이 약화되었을 때는 부모를 부양하려는 태도가 강하게 나타나지만, 직장이나 친구문제 등 개인적인 일을 부모와 상의하지는 않는다는 것이다. 즉 부모부양의 양식이 변화되고 있다는 것이다. 따라서 효의 현대적인 의미와 표현방식을 찾아내는 노력이 필요하다.

참고문헌

권태환 · 김태헌 · 최진호(1995). 한국의 인구와 가족. 일신사.

김경신(1997). 부양 및 효에 관한 노인의 가치관 연구. 한국노년학연구 6(1), 51-66.

김두섭 · 박병진(2000). 사회구조의 변화와 중년층의효에 대한 태도. 노인복지정책연구총서 16, 111-152.

김익기 · 김동배 · 모선희 · 박경숙 · 원영희 · 이연숙 · 조성남(1999). 한국 노인의 삶 : 진단과 전망. 미래인
　　　력연구센터, 259-316.

모선희(2000). 효윤리의 현황과 과제. 노인복지정책연구총서 16, 63-84.

박영란(2000). 효관련 연구의 현황과 과제. 노인복지정책연구총서 16, 85-112.

박재간(1995). 고령화 사회의 위기와 도전. 서울 : 나남출판.

서병숙(1986). 부모노후의 책임의식에 관한 연구. 한국노년학 6, 101-120.

서병숙 · 이신숙(1991). 농촌 기혼여성 노부모 부양의식 수행도. 한국노년학 11(2), 191-211.

서선희(1998). 한국적 효 개념의 특수성. 한국노년학 18(3), 142-154.

성규탁(1989). 현대 한국인의 효행에 관한 연구 : 가족 중심적 부모부양의 이념과 실천. 한국노년학 9, 28-43.

＿＿＿＿(1990). 한국 노인의 가족중심적 상호부조망 : 강화하는 문화적 전통. 한국노년학 10(1), 163-181.

＿＿＿＿(1994). 현대 한국인이 인식하는 효 : 척도와 차원. 한국노년학 14(1), 50-68.

＿＿＿＿(1995). 한국인의 효행의지와 연령층들 간의 차이. 한국노년학 15(1), 1-14.

옥경희(1996). 중년기 자녀의 노부모 부양 : 의무에서 성숙의 차원으로. 한국가정관리학회지 14(2), 265-276.

윤종주(1985). 노년화에 관한 인구학적 고찰. 한국노년학 5(1), 46-53.

이가옥 · 서미경 · 고경환 · 박종돈(1994). 노인생활실태분석 및 정책과제. 한국보건사회연구원.

이계학(1995). 한국인의 전통가정 교육사상의 현재적 조명 : 효와 엄부자모를 중심으로. 1995년 춘계학술
　　　대회.

임종권(1985). 한국 노인의 생활실태. 서울 : 한국인구보건연구원.

정옥분 · 김관웅 · 김동춘 · 유가효 · 윤종희 · 정현희 · 최경순 · 최영희(1996). 한국인의 효인식 및 실천정도
　　　에 대한 연구. 대한가정학회지 34(6), 387-403.

차흥봉 · 최성재 · 이가옥 · 윤현숙 · 서혜경 · 박경숙(2000). 고령사회의 장기요양보호. 도서출판 소화.

최정혜(1998). 기혼자녀의 효 의식, 가족주의 및 부모부양의식. 한국노년학 18(2), 47-63.

통계청(1994). 사회통계조사보고서. 가족, 복지, 노동부분.

＿＿＿＿(1998). 사회통계조사보고서. 가족, 복지, 노동부분.

＿＿＿＿(2002). 사회통계조사보고서. 가족, 복지, 노동부분.

한국보건사회연구원(2005). 2004년도 전국노인생활실태 및 복지욕구조사.

Dwyer, J. W. & Coward, R.(1992). *Gender, Families, and Elder Care*. Newbury Park : Sage Publications.

Ingersoll-Dayton, B. & Saengtienchai, C.(1999). Respect for the Elderly in Asia. *International Journal of Aging and Human Development* 48(2), 113-130.

Kim, C. S.(1997). Who Should Take Responsibility for Supporting the Elderly : Views of the Korean Elderly. *PSC Research Report* No.97-398. University of Michigan.

Liu, W. T.(1986). Culture and Social Support. *Research on Aging* 8(1), 57-83.

Matthews, S. H., Werkner, J. E. & Delaney, P. J.(1989). Relative Contributions of Help by Employed and Nonemployed Sisters to Their Elderly Parents. *Journal of Gerontology : Social Sciences* 44(1), 36-44.

Pyke, K. & Bengtson, Y.(1996) Caring More or Less : Individualistic and Collectivist Systems of Family Eldercare?. *Journal of Marriage and the Family* 58(2), 379-392.

Seelbach, W. C.(1978). Correlates of Aged Parents' Filial Responsibility Expectations and Realizations. *The Family Coordinator* 27(4), 341-350.

Seelbach, W. C. & Sauer, W. J.(1977). Filial Responsibility Expectations and Morale among Aged Parents. *The Gerontologist* 17(6), 429-499.

* 본 논문은 한국노년학 제25권 제3호(2005)에 게재되었음을 밝혀 둔다.

노인과 가족

초판발행 2014년 11월 20일

편 저   한림대학교 고령사회연구소
전 화   033) 248-3097
홈페이지 http://web.hallym.ac.kr/~aging/

발행인   고화숙
발행처   도서출판 소화
등 록   제13-412호
주 소   서울시 영등포구 버드나루로 69
전 화   02) 2677-5890
팩 스   02) 2636-6393
홈페이지 www.sowha.com

ISBN 978-89-8410-461-7 93330

값 13,000원